Le Christ
philosophe

Frédéric Lenoir

Le Christ
philosophe

Plon

ISBN 978-2-7578-0904-4
(ISBN 978-2-259-20489-7, 1re publication)

© Plon, 2007

Le code de la propriété intellectuelle interdit les copies ou reproductions destinées à une utilisation collective. Toute représentation ou reproduction intégrale ou partielle faite par quelque procédé que ce soit, sans le consentement de l'auteur ou de ses ayants cause, est illicite et constitue une contrefaçon sanctionnée par les articles L. 335-2 et suivants du Code de la propriété intellectuelle.

Prologue

Jésus face au Grand Inquisiteur

« L'action se passe en Espagne, à Séville, à l'époque la plus terrible de l'Inquisition, lorsque chaque jour s'allumaient des bûchers à la gloire de Dieu. » Ainsi débute l'épisode du Grand Inquisiteur, dans *Les Frères Karamazov*, le chef-d'œuvre de Dostoïevski. Bien que ne partageant pas la foi chrétienne de l'écrivain russe, Freud considérait ce roman comme « le plus imposant qui ait jamais été écrit » et l'histoire du Grand Inquisiteur comme « une des plus hautes performances de la littérature mondiale [1] ».

Dans ce texte d'une vingtaine de pages, Dostoïevski raconte une légende : celle du retour du Christ sur terre, à Séville, au XVIe siècle. Il est apparu doucement, sans se faire remarquer, et, curieusement, tous le reconnaissent. « Silencieux, il passe au milieu de la foule avec un sourire d'infinie compassion. Son cœur est embrasé d'amour, ses yeux dégagent la Lumière, la Science, la Force, qui rayonnent et éveillent l'amour dans les cœurs. » Le peuple est comme aimanté et le suit dans l'allégresse. Il arrive sur le parvis de la cathédrale et ressuscite une petite fille que l'on s'apprêtait à enterrer. C'est alors qu'arrive le cardinal Grand Inquisiteur, le maître des lieux, qui a déjà fait brûler une centaine d'hérétiques en cette même place. « C'est un grand vieillard, presque nonagénaire, avec un visage desséché, des yeux caves, mais où luit encore une étincelle. » Il a tout vu : l'arrivée de l'homme, la foule en liesse, le miracle. Il donne l'ordre de faire arrêter le Christ. « Si grande est sa puissance et le peuple est tellement habitué à se soumettre, à lui obéir en tremblant, que la foule s'écarte devant ses sbires. » On enferme le prisonnier dans une étroite cellule du bâtiment du Saint-Office. À la nuit tombée, le Grand Inquisiteur vient lui rendre visite, seul. « C'est Toi, Toi ? l'apostrophe-t-il. Pourquoi es-tu venu nous déranger ? » Le prisonnier ne dit rien. Il se contente de regarder le vieillard. Alors celui-ci reprend : « N'as-tu pas dit bien souvent : " Je veux vous rendre libres. " Eh bien ! Tu les as vus les hommes " libres ", ajoute le vieillard d'un air sarcastique. Oui cela nous a coûté cher, poursuit-il en le regardant avec sévérité, mais nous avons enfin achevé cette œuvre en ton nom. [...] Sache que jamais les hommes ne se sont crus aussi libres qu'à présent, et pourtant, leur liberté, ils l'ont humblement déposée à nos pieds. »

Puis le cardinal explique à Jésus qu'il n'aurait jamais dû résister aux trois tentations diaboliques : changer les pierres en pains, se jeter du haut du pinacle du Temple et demander aux anges de le sauver, et accepter de régner sur tous les royaumes du monde (Matthieu, 4, 1-11). Car, poursuit-il, il n'y a que trois forces qui peuvent subjuguer la conscience humaine : le miracle, le mystère et l'autorité. « Et toi tu veux aller au monde les mains vides, en prêchant aux hommes une liberté que leur sottise et leur ignominie naturelle les empêchent de comprendre, une liberté qui leur fait peur, car il n'y a, et il n'y a jamais rien eu, de plus intolérable pour l'homme et pour la société ! [...] Il n'y a pas, je te le répète, de souci plus cuisant pour l'homme que de trouver au plus tôt un être à qui déléguer ce don de la liberté. [...] Là encore tu te faisais une trop haute idée des hommes, car ce sont des esclaves. [...] Nous avons corrigé ton œuvre en la fondant sur le *miracle*, le *mystère*, l'*autorité*. Et les hommes se sont réjouis d'être de nouveau menés comme un troupeau et délivrés de ce don funeste qui leur causait de tels tourments. [...] Demain, sur un signe de moi, tu verras ce troupeau docile apporter des charbons ardents au bûcher où tu monteras, pour être venu entraver notre œuvre. »

L'Inquisiteur se tait. Il attend avec nervosité la réponse du prisonnier qui l'a écouté pendant des heures en le fixant de son regard calme et pénétrant. « Le vieillard voudrait qu'il lui dise quelque chose, fût-ce des paroles amères et terribles. Tout à coup, le prisonnier s'approche en silence du nonagénaire et baise ses lèvres exsangues. C'est toute la réponse. Le vieillard tressaille, ses lèvres remuent ; il va à la porte, l'ouvre et dit : " Va-t'en et ne reviens plus... plus jamais ! " Et il le laisse aller dans les ténèbres de la ville. »

Une incroyable perversion

Cette légende du Grand Inquisiteur traduit en termes romanesques ce que fut en certains points essentiels la réalité de l'histoire du christianisme : une inversion radicale des valeurs évangéliques. Dostoïevski met l'accent sur ce qui lui semble le plus important dans cette trahison : le message de liberté du Christ a été rejeté par l'Église, au nom de la faiblesse humaine, afin d'asseoir son pouvoir. Il entend montrer que l'institution ecclésiale a cédé aux tentations diaboliques auxquelles Jésus avait su résister. Au cours de son histoire, elle a progressivement succombé à la tentation d'aliéner les consciences humaines en apportant aux hommes ce qu'ils désirent le plus : le miracle, le mystère et l'autorité. En d'autres termes, elle leur a offert la *sécurité*, sous les trois formes du miracle du pain (elle les nourrit et prend soin de leurs besoins vitaux), du mystère qui fonde sa légitimité et rassure (le dogme) et d'un pouvoir incontestable qui apporte l'ordre. Ce faisant, elle les a aliénés, avec leur consentement, dans la certitude d'agir pour leur bien. Le choix de l'interlocuteur du Christ imaginé par Dostoïevski n'est évidemment pas neutre. Car l'Inquisition, c'est cette incroyable perversion, en opposition radicale avec le message des Évangiles et même totalement inconcevable aux temps héroïques de l'Église primitive, à laquelle arrive progressivement l'institution au fil des siècles : torturer et tuer des gens pour leur bien, au nom de la charité chrétienne.

Bien sûr, l'histoire du christianisme ne se résume pas aux bûchers de l'Inquisition, ni aux conversions forcées, ni aux États pontificaux, ni aux croisades, ni à la débauche sexuelle des papes de la Renaissance ou aux prêtres pédophiles actuels, ni à la condamnation de Galilée, ni au massacre des Juifs et des païens. L'histoire du christianisme, c'est aussi celle des évêques qui créent des asiles pour recueillir les pauvres et les malades, des martyrs qui refusent d'abjurer leur foi, des moines qui renoncent à tout pour prier pour le monde, des saints qui embrassent les lépreux et consacrent leur vie aux plus démunis, des bâtisseurs de cathédrales et des chefs-d'œuvre artistiques inspirés par la foi, des missionnaires qui créent des écoles et des dispensaires, de savants théologiens qui fondent des universités, des simples et innombrables fidèles qui pratiquent le bien au nom de leur foi. J'y reviendrai au cours cet ouvrage. Mais tout ce que les chrétiens et l'Église ont fait de bien en ce monde ne pourra jamais supprimer le scandale et l'interrogation face à la pratique inquisitoriale mise en œuvre et légitimée pendant cinq siècles. Cette subversion des valeurs – appeler un bien « mal » et un mal « bien » – à des fins de pouvoir est pire que de dire : « Je vais te tuer parce que je te considère comme dangereux pour moi ou pour l'idéologie dont je suis le gardien. » Un régime autoritaire ou totalitaire est toujours détestable. Les Grecs et les Romains persécutaient ceux qui refusaient de rendre un culte aux dieux de la cité ou aux empereurs ; l'islam conquérant ne s'est pas privé d'humilier ou de tuer les infidèles qui refusaient de se soumettre à la loi islamique. Hitler a éliminé sans scrupules des millions de Juifs pour des motifs raciaux, leur déniant toute humanité. La liste des victimes des totalitarismes et de l'intolérance est longue. Mais il y a une perversion spécifique à l'Inquisition : on torture des corps pour le bien des âmes ; on viole les consciences au nom de la sauvegarde de leur liberté.

Chrétienté contre christianisme

Je crois que cette perversion extrême a pu avoir lieu parce que le message sur lequel elle s'est appuyée visait des hauteurs inégalées. Le christianisme a pu atteindre des abîmes d'horreur, parce qu'il propose à des hommes faibles de gravir des sommets vertigineux. Comme le dit l'adage médiéval : « La corruption du meilleur, c'est le pire » (*Corruptio optimi pessima*). L'exemple de l'Inquisition est frappant parce qu'il oppose deux points radicalement antinomiques : le message révolutionnaire du Christ qui cherche à émanciper l'individu du poids du groupe et de la tradition en faisant de sa liberté de choix un absolu, et la pratique de l'institution ecclésiale qui en arrive à nier cette liberté intérieure pour sauvegarder les intérêts du groupe et de la tradition. Cette inversion radicale est loin d'être unique dans l'histoire du christianisme. L'Église n'a pas simplement été en-deçà, ou à côté, des exigences de celui dont elle se réclame. Elle n'a pas simplement diminué, transformé, attiédi son message. En certains points essentiels, et en tant qu'institution, elle l'a totalement retourné. Elle l'a subverti. Les penseurs qui ont le mieux su pointer cette subversion et qui l'ont dénoncée avec le plus de force ne sont pas des hérauts de l'athéisme... mais des chrétiens convaincus. La raison en est simple : parce qu'ils connaissaient bien le message des Évangiles, parce qu'il en avaient admiré la profondeur et goûté la saveur, ils étaient sensibles plus que tout autre, plus que les chrétiens tièdes, les non-chrétiens et les athées, à sa subversion.

Le philosophe danois Søren Kierkegaard fait partie de ceux-là. Penseur incisif et original, c'est avant tout un chrétien fervent et tourmenté qui a tenté de mettre en congruence sa vie et sa foi. Il récusait pour lui-même le titre de chrétien, tant il s'en sentait indigne. À ma connaissance, peu de libertins, de philosophes athées, de libres-penseurs anticléricaux ont écrit des pages aussi virulentes contre l'Église que ce grand croyant. L'Église qu'il critique, lui, né en 1813 au sein du protestantisme danois, est d'abord celle qu'il a sous les yeux et dont il connaît bien les pratiques. Mais au-delà de l'Église réformée danoise, c'est toute l'institution ecclésiale qu'il dénonce, et ce depuis le

IVe siècle et l'avènement du christianisme comme religion officielle de l'Empire romain. Selon lui, depuis cette première compromission avec le pouvoir temporel, « la chrétienté », c'est-à-dire la société européenne devenue chrétienne sous l'égide de l'Église, n'a cessé de tourner le dos au message du Nouveau Testament et le christianisme véritable s'en est trouvé totalement altéré. Il n'a pas de mots assez durs pour dénoncer la chrétienté comme « ce crime [2] », « cette illusion [3] », « ce faux [4] », « cette insipide limonade [5] », « ce marivaudage écœurant [6] ».

Parce qu'elle maintient l'illusion que son discours et ses pratiques sont ceux du christianisme, alors qu'il n'en est rien, l'Église rend le véritable christianisme inaccessible aux hommes, elle le *dissimule*. « Une humanité révoltée contre Dieu, secouant le joug du christianisme, serait bien moins dangereuse que cette escroquerie qui a supprimé le christianisme en favorisant son extension de manière frauduleuse [7] », écrit-il encore. Kierkegaard accuse les clercs d'être responsables de cette escroquerie, mais il n'est pas tendre non plus pour les millions de fidèles qui y participent sans broncher, se rendant ainsi complices du mensonge. Pourtant, il suffit de comparer le culte officiel aux textes évangéliques pour constater la contradiction abyssale, qui devient risible : « Dans la somptueuse cathédrale, voici paraître le Très Révérend et Très Vénérable prédicateur secret et général de la Cour, l'élu du grand monde ; il paraît devant un cercle choisi d'une élite choisie et il prêche avec émotion sur ce texte qu'il a lui-même choisi : " Dieu a choisi ce qui est humble et méprisé dans le monde " – et personne ne rit [8] ! »

Le philosophe danois explique cette inversion des valeurs évangéliques par l'exigence presque insoutenable du message christique qui oblige l'homme à se

tenir debout : « Toute la chrétienté n'est autre chose que l'effort du genre humain pour retomber sur ses quatre pattes, pour se débarrasser du christianisme [9]. »
Dès lors que seuls des individus courageux, lucides, prêts à faire un effort sur eux-mêmes sont capables de mettre en pratique le message des Évangiles, il s'avère inutile, et même dangereux, de vouloir convertir le grand nombre. C'est la raison pour laquelle Kierkegaard s'oppose fermement à la pratique du baptême des nouveau-nés et rappelle que les premiers chrétiens étaient tous des adultes convertis, conscients de leur engagement dans une voie spirituelle accessible à tous, mais exigeante. Ce qui a perverti le christianisme, c'est donc son succès et sa propagation trop rapides. Dans une telle optique, on peut penser que Constantin, Théodose, Clovis et Charlemagne ont fait plus de mal au christianisme authentique que tous les empereurs romains qui avaient persécuté les chrétiens, les rendant plus forts et plus fidèles encore au message du Christ. « Le christianisme a été aboli par sa propagation, par ces millions de chrétiens de nom dont le nombre cache l'absence de chrétiens et l'irréalité du christianisme [10]. »

Cette thèse a évidemment scandalisé les Églises. Mais elle a trouvé aussi un écho profond chez certains penseurs chrétiens depuis cent cinquante ans. Un autre électron libre du christianisme a récemment repris cette critique en s'interrogeant plus longuement sur la manière dont s'est opérée cette inversion : Jacques Ellul (1912-1994). Cet intellectuel atypique, à la fois juriste, historien, théologien, sociologue, est aussi issu du protestantisme. Il a été l'un des tout premiers penseurs à dénoncer, dès les années cinquante, la nouvelle idéologie de la technique, et ses conséquences désastreuses, notamment, pour l'environnement. Chrétien lucide et engagé, il publie en 1984 un essai au titre on ne peut plus explicite : *La Subversion du christianisme*. La question qui parcourt tout l'ouvrage est sans nuance : « Comment se fait-il que le développement de la société chrétienne et de l'Église ait donné naissance à une société, à une civilisation, à une culture en tout inverses de ce que nous lisons dans la Bible, de ce qui est le texte indiscutable à la fois de la Torah, des prophètes, de Jésus et de Paul ? Je dis bien en tout ? Ce n'est pas sur un point qu'il y a eu contradiction, mais sur tous les points [11]. »

Ellul explique que le christianisme historique est devenu une religion, une morale et un pouvoir qui s'est enrichi. Or, tout le message du Nouveau Testament était subversif par rapport à la religion, à la morale, au pouvoir et à l'argent. En tournant le dos au message de ses fondateurs, l'institution ecclésiale a donc, à son tour, subverti le christianisme. Elle l'a ramené au rang d'une religion (avec ses rituels et ses dogmes) et d'une morale (du devoir et de la soumission) comme tant d'autres, et elle s'est laissé corrompre par le pouvoir et par l'argent. Ellul parachève la critique du philosophe danois en montrant que la nouveauté profonde du message du Christ a été oubliée et même transformée en son exact contraire. Le christianisme dès lors est *illisible* pour ceux qui ne connaissent pas ses textes fondateurs. C'est sans doute l'une des raisons qui m'ont poussé à écrire ce livre.

L'« anticléricalisme » du Christ

J'ai découvert les Évangiles à l'âge de dix-neuf ans. Ma pensée commençait alors à se forger au contact des grands philosophes, mais je ne connaissais le christianisme que par les faibles réminiscences de mon éducation catholique et surtout par ses égarements historiques qui ne me donnaient guère envie de plonger plus avant dans la connaissance de la religion de mes ancêtres. Le bouddhisme, à la rigueur, mais le christianisme ! La découverte de l'Évangile de Jean a été un éblouissement qui m'a fait apercevoir la modernité et l'universalité d'un message qui dépasse de très loin le cadre culturel dans lequel il est né et s'est développé. Les Évangiles n'ont dès lors cessé de m'interroger et de m'accompagner. J'étudie depuis bientôt trente ans la philosophie et l'histoire des religions et rares sont les textes qui m'ont autant surpris et touché par leur profondeur et leur humanité.

Combien de fois ai-je entendu de justes et violentes critiques contre la religion chrétienne, face auxquelles je ne pouvais m'empêcher de répondre, à la manière de Voltaire ou de Kierkegaard : Tout cela n'a rien à voir avec le message évangélique ! Il y aurait un livre entier à écrire sur les colères du Christ, et l'on verrait qu'elles sont presque toutes à l'encontre de ses disciples (qui ne comprennent rien à son message et qui veulent – déjà ! – le transformer) et des hommes religieux de son époque (scribes, pharisiens, prêtres) dont il dénonce l'hypocrisie, le formalisme, le dogmatisme, le moralisme ou la lecture fondamentaliste des textes. À qui Jésus lance-t-il les formules devenues célèbres : « Arrière Satan » (*Vade retro satana*) ? et : « Passe derrière moi Satan » ? À Judas qui l'a livré ? À Pilate qui va le crucifier ? Non. Au Diable qui le tente dans le désert en lui proposant de régner sur tous les royaumes de la terre, il répond : « Arrière Satan * »

---

* Toutes les citations de la Bible sont extraites de *La Bible de Jérusalem*, traduction de l'École biblique et archéologique française de Jérusalem (Cerf, 2003).

(Matthieu, 4, 10). Et à Pierre, le premier des apôtres, lorsque celui-ci rejette avec vigueur les paroles de Jésus annonçant à ses disciples de manière prophétique qu'il va monter à Jérusalem et y mourir, il lance : « Passe derrière moi Satan, car tes pensées ne sont pas celles de Dieu, mais celles des hommes » (Marc, 8, 33). Comme si le refus de Pierre d'accepter la fin tragique du Christ annonçait le refus ultérieur des successeurs de Pierre d'accepter la Croix, c'est-à-dire d'*être fidèles à la vérité quel qu'en soit le prix à payer.* Car la croix du Christ ce n'est pas, et j'y reviendrai, comme on a pu le comprendre dans le cadre d'une théologie doloriste et sacrificielle, le Fils qui souffre pour apaiser la colère du Père. Une telle image contredit tout l'enseignement du Christ et sa révélation d'un Dieu amour. Jésus accepte sa mort parce qu'il n'y a pas d'autre issue possible pour rester fidèle à son message qui devient intolérable aux autorités religieuses de son époque. Il fallait, soit qu'il se taise et disparaisse, soit qu'il renie son message, soit qu'il l'assume jusqu'au bout et accepte le prix à payer. Une lecture attentive des Évangiles le montre bien : Jésus n'est pas mort parce que Dieu avait besoin de souffrances, mais simplement parce qu'il a été fidèle à ce qu'il appelle « la volonté de son Père ». À Pilate qui l'interroge et qui a droit de vie et de mort sur lui, Jésus répond : « Je ne suis né et je ne suis venu dans le monde que pour rendre témoignage à la vérité » (Jean, 18, 37). Jésus est mort pour avoir rendu témoignage jusqu'au bout à la vérité qu'il est venu apporter. C'est sans doute la raison pour laquelle sa parole sonne encore si juste deux mille ans après.

Les Évangiles nous montrent qu'il n'a cédé en rien. Ni à la tentation diabolique de transformer les pierres en pain pour éblouir les foules ; ni au désir du peuple d'en faire un roi ; ni aux injonctions de ses apôtres de s'enfuir plutôt que d'aller à une mort certaine en montant à Jérusalem. Il n'a cédé en rien. Kierkegaard, encore lui, se pose cette étrange question : « De quoi se ressouvient-on dans l'éternité ? » Sa réponse est la suivante : « D'une seule chose : d'avoir souffert pour la vérité. » Même si une telle réponse porte évidemment l'empreinte des tourments et des luttes de son auteur, je crois qu'elle dit quelque chose de profond. Elle s'éclaire au regard de la vie du Christ : ce qu'il y a de plus déterminant dans une vie, ce qui est éternel – qu'on l'entende, selon qu'on est croyant ou non, au sens réel ou symbolique –, ce n'est pas ce qu'on a dit de bien ou ce qu'on a réalisé de grand. Ce sont les moments où nous avons su rester vrais, malgré tout ce qu'il nous en a coûté et surtout lorsque cela nous a coûté. Nous faisons tous cette expérience. Elle peut parfois conduire jusqu'à la mort. Qu'ils soient croyants ou athées, des millions d'hommes et de femmes ont péri ou se sont mis en danger pour être restés fidèles à la vérité de la dignité humaine, pour ne pas avoir trahi un ami ou un compagnon de résistance, pour avoir refusé de se soumettre à un acte dégradant ou criminel. Nul n'oubliera, par exemple, le geste du jeune Chinois qui s'est dressé au péril de sa vie face aux chars sur la place Tian'anmen en juin 1989. Ces hommes et ces femmes ont rendu, jusqu'à la plus grande extrémité, témoignage à la vérité de la dignité humaine. Ce sont les vrais saints de l'histoire de l'humanité.

Tout au long de son histoire, l'Église a rendu de grands services aux pauvres et aux déshérités, elle a permis à des saints d'éclore, elle n'a jamais cessé d'annoncer l'Évangile. Grâce à elle, et quels que

Prologue

soient ses égarements, la parole du Christ a été transmise jusqu'à nos jours et elle a été traduite à peu près dans toutes les langues. L'Église a bien rempli cette mission de transmission. Mais ce qu'elle a souvent évité, c'est de mettre ses pratiques en accord avec le message qu'elle annonçait lorsque cela lui a semblé menaçant pour sa propre existence ou pour son essor. Les premiers chrétiens ont préféré mourir plutôt que de se renier. Un grand tournant a eu lieu lorsque le christianisme est devenu la religion officielle de l'Empire romain. De persécutés à cause de leur foi, ils sont rapidement devenus persécuteurs au nom de leur foi. Les hommes d'Église ont été éblouis par le succès foudroyant de leur religion et ont pris goût au pouvoir. L'institution s'est fortifiée et s'est progressivement davantage préoccupée d'elle-même que de sa finalité première. L'Évangile a continué d'être annoncé, mais l'écart n'a cessé de se creuser entre les commandements du Christ et les pratiques de l'institution ecclésiale qui répondaient de plus en plus au besoin d'assurer sa survie, son développement, sa domination.

Bien entendu, l'Inquisition a finalement été supprimée au XVIIIe siècle. Mais pourquoi ? Parce que l'institution aurait pris conscience de s'être abominablement égarée et se serait amendée ? Non. Simplement parce qu'elle n'avait plus les moyens de sa volonté de domination. Parce que la séparation de l'Église et de l'État (parfaitement conforme au message du Christ) lui a enlevé le « bras séculier » sur lequel elle s'appuyait pour faire périr les hérétiques. Parce que les humanistes de la Renaissance et les philosophes des Lumières sont passés et qu'ils ont réussi à faire de la liberté de conscience un droit fondamental de tout être humain. Aujourd'hui ces idées se sont imposées à tous en Occident, croyants et non-croyants. Non seulement elles ne sont pas advenues par l'Église, mais contre l'Église, qui a lutté de toutes ses forces (déclinantes) pour essayer de conserver son pouvoir et ses prérogatives. Le grand paradoxe, l'ironie suprême de l'histoire, c'est que l'avènement moderne de la laïcité, des droits de l'homme, de la liberté de conscience, de tout ce qui s'est fait aux XVIe, XVIIe et XVIIIe siècles contre la volonté des clercs, s'est produit par un recours implicite ou explicite au message originel des Évangiles. Autrement dit, ce que j'appelle ici « la philosophie du Christ », ses enseignements éthiques les plus fondamentaux, ne parvenait plus aux hommes par la porte de l'Église... alors elle est revenue par la fenêtre de l'humanisme de la Renaissance et des Lumières ! Pendant ces trois siècles, alors même que l'institution ecclésiale crucifie l'enseignement du Christ sur la dignité humaine et la liberté de conscience par la pratique inquisitoriale, celui-ci ressuscite par les humanismes.

Le Christ philosophe

Ce paradoxe constitue le thème majeur du livre. Dans un essai qui a fait date, *Le Désenchantement du monde* [12], Marcel Gauchet a montré comment le christianisme a été historiquement la « religion de la sortie de la religion ». Je reprendrai ici à ma manière cette thèse capitale qui permet de comprendre qu'il est erroné de vouloir opposer le christianisme à la modernité. On peut certes opposer la modernité à l'institution catholique qui a lutté contre l'émancipation de la société de sa tutelle, mais certainement pas au message des Évangiles et à certains de ses développements historiques et intellectuels, comme l'ont d'ailleurs souligné avant Gauchet des penseurs comme Tocqueville, Weber et même Nietzsche ! Cette réflexion sur le message éthique du Christ et sur son rôle-clef dans l'avènement de la modernité occidentale nourrit de manière singulière les débats actuels sur le christianisme. Elle éclaire la question du rôle de la religion chrétienne dans la construction de l'identité européenne (le débat sur les « racines chrétiennes » de l'Europe), mais aussi celle sur l'avenir du christianisme en Occident.

Un mot à propos du titre quelque peu paradoxal du livre : *Le Christ philosophe*. Comment peut-on associer la philosophie, discipline qui renvoie dans notre univers culturel à la connaissance par les seuls efforts de la raison, au « Christ », personnage qui a délivré son message en référence constante à Dieu ? L'objection est évidente, et je l'accepte pleinement. La philosophie chrétienne est, à strictement parler, un non-sens. Lorsqu'elle se lie à la foi, la philosophie devient servante de la théologie et perd son statut de philosophie. En même temps, le message de Jésus peut être lu à plusieurs niveaux. On a surtout retenu la dimension religieuse : Jésus est un réformateur du judaïsme ou le fondateur de la religion chrétienne. En réalité, le Christ a surtout initié une nouvelle voie spirituelle fondée sur la rencontre avec sa propre personne. Mais il a aussi transmis un enseignement éthique à portée universelle : non-violence, égale dignité de tous les êtres humains, justice et partage, primat de l'individu sur le groupe et importance de sa liberté de choix, séparation du politique et du religieux, amour du prochain allant jusqu'au pardon et à l'amour des ennemis. Cet enseignement est fondé sur la révélation d'un Dieu amour et s'inscrit donc dans une perspective transcendante. Il n'en demeure pas moins qu'il s'inscrit aussi dans une profonde rationalité. Ce message éthique est une véritable *sagesse*, au sens où l'entendaient les philosophes grecs. À telle enseigne que les philosophes des Lumières sont parvenus à émanciper les sociétés européennes de l'emprise des Églises en prenant appui sur cet enseignement, leur projet rationnel d'une morale laïque et des droits de l'homme apparaissant finalement comme une éthique chrétienne sans Dieu et décléricalisée. Pour bien faire apparaître dans le titre de cet ouvrage le fait que j'entendais présenter au lecteur le message le plus universel du Christ, une sagesse qui dépasse largement le cercle des croyants et le catéchisme des Églises, il m'est apparu opportun de présenter le Christ sous les trait du philosophe. Car n'est-il pas tout à la fois un prophète juif, un thaumaturge et un grand sage dans la ligné du Bouddha et de Socrate ? Les croyants ajouteront : Fils de Dieu.

Je ne suis pas le premier, bien évidemment, à considérer le Christ aussi comme un philosophe et à parler de son message le plus universel comme d'une philosophie. J'ai découvert la formule « philosophie du Christ » il y a quelques années, sous la plume d'Érasme. J'écrivais un roman [13] dont l'action se situe au XVIe siècle et je cherchais un modèle historique pour l'un de mes personnages, emblématique de l'humanisme de la Renaissance. La figure d'Érasme s'est naturellement imposée. Je n'avais fait que survoler sa pensée lors de mes études de philosophie. Je me suis donc plongé dans ses œuvres complètes. Comme presque tous les penseurs de son époque, Érasme est inclassable selon nos catégories universitaires actuelles : né aux Pays-Bas, mais ayant inlassablement parcouru l'Europe, profondément catholique et viscéralement anticlérical, à la fois philosophe, théologien, grammairien, pamphlétaire, il affirme qu'on ne peut sérieusement étudier le Nouveau Testament sans parler le grec, le latin et l'hébreu ! Bref, c'est un érudit touche-à-tout qui entendait embrasser le savoir universel... ce qui était presque encore possible à son époque. Il utilise pour la première fois cette formule de « philosophie du Christ » – qu'il emprunte aux pères apologistes alexandrins du IIe siècle – dans une lettre à Paul Volz. Il évoque un projet de pédagogie humaniste qui viserait à rendre accessible l'essentiel du christianisme sans avoir recours à tous les arguments théologiques qui le compliquent : la philosophie du Christ.

Le présent ouvrage commençait à germer dans mon esprit et j'ai songé que la partie consacrée à l'exposé du message fondamental de Jésus – par-delà les expressions et les commentaires théologiques qui l'alourdissent – faisait bien écho au projet d'Érasme. De plus, la référence à Érasme sonne juste par rapport à mon propos, qui consiste à montrer comment la parole évangélique est revenue se planter au cœur de la modernité dans une perspective humaniste.

Une biographie incertaine, un message révolutionnaire

Une brève explication enfin sur la méthode employée ici. Dans le premier chapitre, qui présente la vie de Jésus, je fais une critique des sources en m'appuyant sur les recherches les plus récentes des historiens et des exégètes. On verra alors combien il est difficile d'avoir des certitudes sur la réalité historique des nombreux événements de la vie de Jésus et de ses paroles relatés par les Évangiles. Par la suite, et notamment dans le chapitre suivant consacré au message du Christ, je cesserai de m'interroger pour savoir si telle parole est authentique ou si tel événement a vraiment eu lieu, car ce n'est plus l'essentiel de mon propos. Dans leur forme définitive, les Évangiles ont été écrits par des communautés croyantes plusieurs décennies après la mort de Jésus. C'est beaucoup mieux que les Sutras du Bouddha qui ont été mis par écrit près de cinq siècles après sa mort! Mais c'est quand même trop loin, et trop faiblement attesté par des sources extérieures pour qu'on puisse se faire une opinion certaine sur ce qui relève de la réalité historique et de la construction théologique. Les personnes et les groupes qui ont écrit les Évangiles cherchaient en effet tout autant à convaincre leurs interlocuteurs qu'à rendre compte de manière objective des faits. Ces textes ne sont donc pas des reportages journalistiques qui visent simplement à informer, mais des récits engagés qui visent à la fois à informer et à enseigner. Malgré tous les efforts de l'exégèse scientifique moderne, il est très difficile de séparer les deux dimensions. Et, en définitive, cela n'est pas capital pour mon propos.

Car je ne cherche pas avant tout ici à établir une biographie historique de Jésus, mais surtout à comprendre le message des Évangiles et l'événement spirituel qui est à leur source. Ce qui compte dès lors, c'est ce que disent ces textes *tels qu'ils existent* et l'influence qu'ils ont eue dans l'histoire. Quand Matthieu fait dire à Jésus : « Ne jugez pas », même si cette parole n'a pas été prononcée par Jésus, ou dite exactement de cette manière, ce qui est important c'est qu'elle existe. Car elle fonde une manière de vivre. En tant que philosophe, je lis les Évangiles comme je lis Platon : nul ne saura jamais ce qu'a dit vraiment Socrate, mais ce que Platon lui fait dire dans ses *Dialogues* constitue un enseignement d'une grande profondeur. De la même manière, je n'ai aucune certitude rationnelle sur l'authenticité des paroles de Jésus, mais cela ne change rien à mon propos : montrer que la sagesse du Christ, telle qu'elle nous est rapportée dans les Évangiles, apporte dans l'histoire humaine un bouleversement considérable. À tel point que ce message beaucoup trop révolutionnaire a été ensuite, à certaines périodes, gravement perverti et retourné par ceux qui avaient à charge de le transmettre. C'est ce que je m'emploierai à montrer dans les chapitres suivants, qui rendent compte de manière très synthétique de l'histoire du christianisme et de son rôle dans l'avènement de la modernité occidentale.

Reprenant un ton plus personnel, je reviendrai dans l'épilogue sur la question posée par Dostoïevski de la liberté humaine, qui est au cœur de l'enseignement du Christ. Pour cela, je me pencherai au plus près de chaque mot sur un passage assez extraordinaire de l'Évangile de Jean, la rencontre de Jésus et de la femme samaritaine, tentant d'en montrer la signification aux conséquences dévastatrices pour toute institution religieuse : la désacralisation totale du monde au profit d'une seule sacralité : la conscience humaine. Ou, pour le dire autrement : je crois que Jésus entendait moins fonder une nouvelle religion que libérer l'être humain du poids des traditions religieuses, quelles qu'elles soient, en mettant l'accent sur la liberté individuelle et l'intériorité de la vie spirituelle. C'est le propre des plus grands sages de l'histoire de l'humanité.

Notes

1. Texte écrit par Freud en 1928, traduit et publié en français par J.-B. Pontalis dans l'édition Folio (Gallimard) des *Frères Karamazov*. Les extraits du roman qui suivent sont tirés de la même édition traduite par Henri Mongault.
2. *Vingt et un articles*, in *Œuvres complètes*, tome 19, éditions de l'Orante, Paris, 1982, p. 41.
3. *Ibid.*, p. 55.
4. *Ibid.*, p. 78.
5. *L'Instant, ibid.*, p. 294.
6. *Ibid.*, p. 210.
7. *Vingt et un articles, op. cit.*, p. 45.
8. *Ibid.*, p. 199.
9. *Ibid.*, p. 179.
10. *Ibid.*, p. 145.
11. J. Ellul, *La Subversion du christianisme*, Seuil, Paris, 1984, p. 9.
12. Gallimard, 1985.
13. *L'Oracle della Luna*, Albin Michel, 2006.

I

L'histoire de Jésus et le Jésus de l'Histoire

Jésus a-t-il réellement existé ? Pendant dix-huit siècles, cette question ne s'est pas posée en Occident. En chrétienté, on ne s'interrogeait pas plus sur la réalité de l'existence de Jésus que sur l'authenticité et l'historicité des événements merveilleux relatifs à sa vie, enseignés au catéchisme et à la messe dominicale où tout le monde se retrouvait. À la fin du XVIIIe siècle, sous l'effet conjugué des Lumières philosophiques et du développement des sciences, l'Europe passe tous les savoirs traditionnels au crible de la raison critique. Une poignée d'exégètes et de théologiens allemands appliquent la méthode scientifique à la religion chrétienne et à ses sources bibliques. En France, malgré l'opposition de l'Église catholique, ce mouvement est relayé dans la première moitié du XIXe siècle par l'école dite de Strasbourg : des chercheurs comme Édouard Reuss (1804-1891) ou Timothée Colani (1824-1888), les futurs fondateurs de la *Revue de théologie*, commencent à diffuser, auprès d'un petit milieu de spécialistes, les éléments du débat allemand qu'ils alimentent avec leurs propres études. Aucune publicité n'entoure ces travaux qui suscitent la méfiance de la hiérarchie ecclésiale, alors que leurs auteurs ne cherchent pas à nier l'existence de Jésus, mais à mieux connaître un Jésus débarrassé de la gangue de la foi [1].

La recherche historique et critique sur les textes fondateurs du christianisme aurait pu rester confidentielle, mais c'est sans compter avec l'arrivée d'un trublion, écrivain reconnu et proche des exégètes strasbourgeois. Ernest Renan s'empare en effet du sujet « Jésus », lui offre sa plume et publie en 1863 *La Vie de Jésus* qui devient un best-seller malgré la double levée de boucliers, de l'Église qui l'accuse de chercher à ébranler la foi, et des exégètes qui lui reprochent de présenter un personnage trop romanesque. Le public, lui, s'arrache ce livre qui lui offre un Jésus inédit. En préface de sa treizième édition, Renan explique sa démarche d'une manière que ne renieraient pas les exégètes modernes : « Si les Évangiles sont des livres comme d'autres, j'ai eu raison de les traiter de la même manière que l'helléniste, l'arabisant et l'indianiste traitent les documents légendaires qu'ils étudient. » Et il se positionne en historien qui « n'a qu'un souci, l'art et la vérité », par opposition au théologien qui « a un intérêt, c'est son dogme ». Renan a ouvert une brèche dans l'esprit du public cultivé et les exégètes poursuivent leurs travaux, s'appuyant sur de nouveaux éléments de la recherche historique et archéologique et défrichant des pistes inédites.

Quand l'exégèse devient une science

Le bilan de ces deux siècles d'exégèse scientifique permet de connaître infiniment mieux le contexte dans lequel ont été écrits les récits du Nouveau Testament et l'intention de leurs auteurs. Il permet aussi, même très imparfaitement, d'essayer d'opérer un tri

L'histoire de Jésus et le Jésus de l'Histoire

critique entre les passages qui ont le plus de vraisemblance historique et ceux qui semblent surtout relever du récit mythique. Les exégètes sont d'ailleurs rarement d'accord entre eux tant il est difficile de faire la part des choses. Le seul véritable consensus chez les chercheurs, de quelque horizon qu'ils soient, c'est la certitude de l'existence historique de Jésus.

Certes, nous n'avons pas de preuve scientifique absolue de son existence, comme il peut y en avoir par exemple pour Jules César, à travers des monnaies, des traces archéologiques et des textes très variés. Néanmoins, suffisamment d'éléments permettent d'affirmer l'existence bien réelle d'un Juif nommé Jésus, probablement né à Nazareth en Galilée (et non à Bethléem en Judée) quelques années avant le début de notre ère (et non en l'an 0), crucifié à Jérusalem sous Ponce Pilate, dans les années 30, après une courte vie publique dont les grandes lignes sont rapportées par des sources chrétiennes, notamment testamentaires, mais aussi par quelques sources non chrétiennes, voire des sources hostiles au Nazaréen. Aucun chercheur reconnu n'affirme la thèse inverse, qui pose en effet beaucoup plus de problèmes à résoudre pour expliquer comment une telle histoire aurait pu être inventée de toutes pièces, par autant d'acteurs différents et avoir un tel impact. Les membres de l'Union rationaliste, dernier bastion scientiste à affirmer que Jésus est un personnage mythique, ont beau pointer les contradictions contenues dans les diverses sources chrétiennes pour expliquer que tout cela n'est qu'une fable inventée par l'Église naissante, leur argument se retourne finalement contre eux. Si on avait voulu inventer une fable, on l'aurait rendue cohérente ! On n'aurait pas « inventé » des contradictions entre les quatre Évangiles ! Et pas seulement les contradictions, mais aussi tant de paroles gênantes, incompréhensibles, dérangeantes pour toute institution religieuse, comme je le montrerai plus loin. Et puis quelle idée d'inventer une religion fondée sur un échec aussi flagrant que celui de Jésus : mourir crucifié et abandonné par ses propres disciples. Cela peut nous paraître aujourd'hui admirable, ou émouvant, parce que nos consciences sont imprégnées de christianisme, mais à l'époque c'était à proprement parler « incroyable », et même scandaleux, qu'un prétendu envoyé de Dieu ait pu avoir un tel destin.

Le fait que l'Église n'ait pas osé toucher à ces textes qui remontent par la tradition orale aux témoins oculaires du Christ, montre qu'elle les considérait comme véridiques. Les contradictions des sources sur la vie de Jésus – qui ne changent rien à l'essentiel de sa vie et de son message – plaident finalement davantage en faveur de son existence historique et de la relative fiabilité des sources (il peut y avoir des failles de mémoire des témoins, des interprétations divergentes des événements, des ajouts à visée apologétique) qu'en faveur du complot de l'Église. Pour le dire en un mot : la thèse de l'invention totale est beaucoup plus irrationnelle que celle de la réalité de l'existence historique du Christ.

L'image du Jésus historique qui s'est progressivement dessinée sous la plume des historiens a-t-elle brouillé celle du Jésus de la foi ? Les théologiens préfèrent dire qu'elle l'a éclairée de lumières nouvelles, pour reprendre les mots de l'exégète Ernst Käsemann lors d'une conférence donnée en Allemagne, en 1953, devant un public effarouché par l'audace de ses thèses. Trois ans plus tôt, en France, Maurice Goguel notait, dans son *Jésus* : « L'histoire a pour seule fonction de constater les faits et de chercher à découvrir les liaisons qu'il y a entre eux. Elle n'a pas compétence pour en donner une explication dernière. Cela n'exclut aucunement qu'il y ait un autre point de vue auquel il puisse être aussi légitime de se placer pour chercher une explication dernière. L'homme religieux la trouve dans l'idée d'une intervention de Dieu. L'histoire n'est aucunement fondée à lui en contester le droit, pas plus qu'elle n'est capable de justifier la position qu'il prend [2]. »

Les sources non chrétiennes

Les références écrites à Jésus de Nazareth sont rares dans les sources non chrétiennes, mais elles contribuent à asseoir l'existence historique du personnage.

Flavius Josèphe

L'un des plus importants témoignages est celui de Flavius Josèphe (v. 37-v. 100), un historien juif de langue grecque, consigné dans ses *Antiquités juives*, rédigées vers 92 ou 93. Plusieurs versions des quelques lignes qu'il consacre à Jésus ont circulé dans les milieux chrétiens où elles ont subi des rajouts – telle l'expression « c'est le Messie » pour désigner Jésus, ou encore l'affirmation de son apparition au troisième jour après sa mort. Le théologien américain John Meier a recoupé ces versions, il les a expurgées des actes de foi, et les a comparées à d'autres passages des *Antiquités* [3]. Il estime « probable » que Flavius Josèphe ait écrit : « Vers le même temps survint Jésus, un homme sage (si toutefois il faut l'appeler un homme). Car il était en effet faiseur de prodiges, le maître de ceux qui reçoivent avec plaisir des vérités. Il se gagna beaucoup de Juifs et aussi beaucoup du monde hellénistique. Et Pilate l'ayant condamné à la croix, selon l'indication des premiers d'entre nous, ceux qui l'avaient d'abord chéri ne cessèrent pas de le faire. Et jusqu'à présent la race des chrétiens, dénommée d'après celui-ci, n'a pas disparu [4]. » Josèphe mentionne Jésus dans un deuxième passage des *Antiquités*, où il décrit la période transitoire entre la mort du procurateur Festus et la nomination de son successeur Albinus, en 62. Le grand prêtre Hanne le Jeune profita de cette latence pour édicter lui-même les peines de mort – une prérogative des autorités romaines. Il « convoqua un sanhédrin de juges et il fit comparaître le frère de Jésus appelé Christ ainsi que quelques autres. Il les accusa d'avoir transgressé la loi et il les livra pour qu'ils soient lapidés [5] ».

Tacite et Pline le Jeune

Les autres sources non chrétiennes sont plus allusives. L'essentiel de l'une d'entre elles est perdu : il s'agit de la partie des *Annales* de l'historien romain Tacite (57-120) couvrant la période de la vie publique de Jésus. Cependant, dans un autre passage des *Annales*, Tacite décrit l'incendie de Rome en 64, dont la rumeur publique attribuait la responsabilité à Néron. Il poursuit : « Aussi, pour anéantir la rumeur, Néron supposa des coupables et infligea des tourments raffinés à ceux que leurs abominations faisaient détester et que la foule appelait *chrestiani* [chrétiens]. Ce nom leur vient de Christus [Christ] que, sous le principat de Tibère, le procurateur Ponce Pilate avait livré au supplice ; réprimée sur le moment, cette détestable superstition perçait de nouveau, non seulement en Judée où le mal avait pris naissance, mais encore dans Rome où tout ce qu'il y a d'affreux et de honteux dans le monde afflue et trouve une nombreuse clientèle [6] ».

L'histoire de Jésus et le Jésus de l'Histoire

Une troisième source historique est une lettre de Pline le Jeune, proconsul de la province romaine de Bithynie (Asie Mineure), adressée vers 112 à l'empereur Trajan pour l'informer des nombreux crimes dont il accuse les « chrétiens », notamment leur refus du culte de l'empereur auquel ils substituent des réunions à jour fixe, à l'aube, durant lesquelles ils entonnent des chants au « Christ comme à un dieu ». Pline précise que les chrétiens ne sont pas coupables d'autres crimes qui leur sont imputés, dont le cannibalisme et l'inceste, mais qu'il en a néanmoins exécuté quelques-uns qui ne bénéficiaient pas de la citoyenneté romaine, et envoyé les autres à Rome pour y être jugés [7].

Le Talmud de Babylone

Les écrits religieux juifs de l'époque de Jésus évoquent à peine les multiples prophètes et prédicateurs qui sillonnaient une Palestine où le judaïsme, loin d'être monolithique, était traversé par une multitude de courants. Deux références à Jésus figurent dans le traité Sanhédrin du Talmud de Babylone – pour le condamner en termes très vifs. Le verset 43a cite un certain Yeshu qui « a pratiqué la sorcellerie et a séduit et égaré Israël » avant d'être pendu, à la veille de la Pâque. Ce verset évoque un héraut qui, durant quarante jours, a appelé les témoins à se présenter pour la défense du magicien [8]. Le verset 170b reprend la même accusation à l'encontre de « Yeshu [qui] pratiquait la magie et égarait Israël ». En revanche, aucune allusion à Jésus ne figure dans les manuscrits de Qumran, la bibliothèque des esséniens, un groupe juif qui vivait dans l'ascèse et l'observance stricte de la Loi et pratiquait la purification par l'eau [9]. Rien, dans les recherches sur le Jésus historique, ne laisse d'ailleurs envisager qu'il ait fréquenté ce groupe, même si certains aspects de son enseignement portent la trace d'une probable influence essénienne.

Les sources chrétiennes

Jésus savait très probablement lire et écrire, mais il n'a laissé aucune œuvre manuscrite. L'essentiel de ce que nous savons du personnage provient de ce qui a été rédigé par ses fidèles, vingt ans au moins après sa mort.

Les écrits canoniques

La source principale est le récit consigné dans les quatre Évangiles de Matthieu, Marc, Luc et Jean ; Matthieu donne une double définition du mot « évangile » : la « proclamation de la Bonne Nouvelle » (4, 23 et 9, 35) et le récit de la vie de Jésus (24, 14 et 26, 13). Dans une moindre mesure, des éléments sont fournis par les épîtres de Paul. Par ailleurs, certains écrits apocryphes, non intégrés dans le canon chrétien et longtemps négligés, retiennent aujourd'hui l'attention des historiens et des exégètes, suffisamment outillés pour les analyser et en retirer des éléments factuels. La mise par écrit de la vie de Jésus est-elle intervenue trop tard pour qu'une valeur historique soit accordée à ces documents ? Cette thèse, un temps soutenue, est écartée par les avancées de l'exégèse moderne.

L'Évangile le plus ancien, celui de Marc, a été composé entre 66 et 70, à un moment où des compagnons de Jésus, témoins directs des événements, sont encore en vie. En 180, Irénée décrit Marc comme « le disciple et l'interprète de Pierre [qui] nous transmit par écrit ce que prêchait Pierre [10] ». Dans son *Histoire ecclésiastique*, Eusèbe de Césarée, un historien du IVe siècle, rapporte le témoignage de Papias, évêque, en 120, de Hiérapolis (à cent kilomètres d'Éphèse), qui confirme les fonctions de Marc et son travail ultérieur d'écriture : « [Marc] a écrit avec exactitude, mais pourtant sans ordre, tout ce dont il se souvenait qui avait été dit et fait par le Seigneur. Car il n'avait pas entendu ni accompagné le Seigneur ; mais plus tard, comme je l'ai dit, il a accompagné Pierre. Celui-ci donnait ses enseignements selon les besoins, mais sans faire une synthèse des paroles du Seigneur. Marc n'a pas commis d'erreurs en écrivant comme il se souvenait. Il n'a eu qu'un seul dessein, ne rien laisser de côté de ce qu'il avait entendu et de ne pas se tromper dans ce qu'il rapportait [11]. » Outre les souvenirs de Pierre, Marc s'est probablement appuyé sur des traditions orales transmises dans les premières communautés (comme on le faisait couramment à cette époque) pour écrire son Évangile qui présente un Jésus adulte et s'interrompt juste après la Passion.

Les Évangiles de Matthieu et Luc vont de pair. Ils ont été écrits entre 80 et 90, le premier par un Juif christianisé de Syrie, le second par un païen converti de langue grecque, vivant à Antioche. Les deux évangélistes se sont certainement inspirés de Marc (Luc reconnaît l'apport de prédécesseurs qui ont fondé leurs récits sur « des événements qui se sont accomplis parmi nous »), mais sans en reprendre l'ordre chronologique exact et en y rajoutant, outre deux chapitres sur l'enfance, un ensemble commun de deux cent trente paroles inédites de Jésus. Ces paroles (ou *logia*), identifiées dans la deuxième moitié du XIXe siècle par des exégètes allemands, sont connues sous le nom de Q (de l'allemand *Quelle*, ou source). La thèse dominante est que Q a existé sous la forme d'une compilation qui a disparu avant la fin du Ier siècle.

L'Évangile de Jean, le plus tardif, a été rédigé vers l'an 100 et s'adresse à un public helléniste. Il est très différent des trois précédents, dits synoptiques, parce qu'ils peuvent être disposés en colonnes et comparés – ils utilisent les mêmes expressions et le même plan malgré des divergences chronologiques : l'activité de Jésus en Galilée et un seul déplacement à Jérusalem suivi de la crucifixion. Bien qu'il fasse lui aussi référence aux témoignages oculaires, Jean situe l'essentiel du ministère de Jésus en Galilée et en Judée, et il le montre à quatre reprises au moins à Jérusalem. Comme Marc, Jean n'évoque pas l'enfance de Jésus. Mais, à la différence des Synoptiques qui présentent l'enseignement du Christ sous forme de paroles courtes et de paraboles juxtaposées, l'Évangile johannique est constitué de grands discours unifiés. Et il expose des thèmes peu présents chez les autres évangélistes : la vie éternelle, la lumière opposée aux ténèbres, les miracles qui deviennent des « signes ».

Le Nouveau Testament comprend vingt-trois autres documents : des lettres ou épîtres adressées à des individus ou à des communautés, les Actes des Apôtres attribués à Luc retraçant la diffusion du message chrétien jusqu'à Rome, et enfin l'Apocalypse, un livre atypique consacré à la fin des temps. Les Actes et les épîtres, bien qu'orientés vers le présent et l'avenir de l'Église et s'adressant à un public qui connaît Jésus, recèlent des références à sa vie. Les sept lettres de Paul, dont l'authenticité est incontestable, sont les plus intéressantes, en raison de leur antériorité – les premières datent d'une vingtaine d'années après la crucifixion. Né vers l'an 10 dans une famille juive de Tarse, en Cilicie, contemporain donc de Jésus, l'Apôtre des Nations a commencé par persécuter les chrétiens avant de se convertir sur le chemin de

Damas ; dès lors farouchement chrétien, il a prêché entre 40 et 60, donc avant le début de la rédaction des Évangiles. Même s'il n'a pas lui-même rencontré Jésus, il a été proche d'un certain nombre de disciples et d'apôtres, dont Pierre (Galates, 1-2) et Jacques « le frère de Jésus ». À ses correspondants, Paul rappelle des éléments factuels : Jésus était juif de la lignée de David et fut le « ministre des circoncis » prêchant au peuple d'Israël (Romains, 15, 8) ; il a interdit le divorce (I, Corinthiens, 7, 10-11), a insisté sur le fait que l'ouvrier mérite salaire (I, Corinthiens, 9, 14), et a prêché une loi reposant essentiellement sur l'amour du prochain (Galates, 5, 14). Il assure savoir ce qui s'est produit « la nuit où [Jésus] était livré » (I, Corinthiens, 11, 23), et affirme la responsabilité des autorités juives dans la mort de Jésus. Il parle enfin de la Résurrection.

Les écrits apocryphes

Les vingt-sept livres du Nouveau Testament constituent le canon établi par l'Église. Le terme « canonique » désignant cet ensemble est utilisé pour la première fois par Athanase d'Alexandrie, en 367. Au concile de Carthage, en 397, ces livres sont déclarés « Écritures divines » et les autres écrits, épîtres et évangiles des trois premiers siècles, sont écartés du « canon [12] ». Certains ont été jugés non crédibles au regard de ce que la tradition savait du Jésus de l'histoire ; c'est le cas, en particulier, des Évangiles dits de l'enfance, comme le Protoévangile de Jacques ou l'Évangile de l'enfance selon Thomas, datant tous deux du IIe siècle, qui retracent les premières années de la vie de Jésus et fourmillent d'anecdotes merveilleuses et de miracles accomplis par un « petit Jésus » qui donne par exemple vie à des oiseaux d'argile.

D'autres écrits s'éloignaient de la doctrine chrétienne au profit d'éléments issus de la gnose, un courant qui prétend libérer l'homme de la chair à l'issue d'un parcours initiatique offrant l'accès à la Lumière et aux secrets de l'univers; c'est le cas de l'Évangile de Judas, redécouvert il y a peu de temps. Enfin, certains textes, pourtant cités par les premiers Pères de l'Église, ne nous sont parvenus que sous forme de fragments; il en va ainsi de l'Évangile des Nazaréens, l'Évangile des Ébionites, ou encore celui des Hébreux, écrits au IIe siècle.

La valeur historique de rares apocryphes s'est récemment imposée. C'est le cas de l'Évangile de Thomas, cité par des Pères du IIIe siècle, dont une version copte, datant de 350, a été retrouvée en 1945, à Nag Hamadi, en Égypte. Des chercheurs n'excluent pas que ce « cinquième Évangile » ait été, dans sa forme originale, antérieur à l'Évangile de Marc, avant que les gnostiques y apposent leur empreinte au IIe siècle pour décrire Jésus comme le Fils éternel qui ne s'est pas vraiment incarné dans la matière, mais qui est venu dans ce monde mauvais, créé par un dieu mauvais, afin de réveiller les esprits et les aider à se libérer. Dénué de récits ou de paraboles, cet Évangile est constitué de cent quatorze paroles ou *logia* de Jésus, précédées chacune de la mention « Jésus a dit ». Pour une moitié d'entre elles, des correspondances existent avec les Évangiles canoniques : « Jésus a dit : La moisson est abondante mais les ouvriers sont peu nombreux. Priez donc le Seigneur d'envoyer des ouvriers à la moisson » (*logion* 73) avec des équivalences chez Matthieu (9, 37) et Luc (10, 2). Des *logia* inédits pourraient vraisemblablement avoir été prononcés par Jésus : « Jésus a dit : soyez des passants » (*logion* 42) ; « Jésus a dit : celui qui est près de moi est près du feu, et celui qui est loin de moi est loin du royaume » (*logion* 82). Un dernier groupe de *logia*, typique de la pensée gnostique, a probablement été fabriqué, tel celui-ci, qui ouvre l'Évangile : « Et il a dit : Celui qui parvient à l'interprétation de ces paroles ne goûtera point la mort [13]. »

Les critères d'authenticité

Ces sources chrétiennes, dont la valeur est incontestable sur le plan de la foi, sont exploitées avec prudence par les chercheurs dont l'une des tâches essentielles consiste à essayer de séparer le matériau historique des enjolivements rajoutés pour donner une plus grande ampleur au message de Jésus. De sévères critères d'authenticité ont été établis et appliqués à chaque verset. Un critère essentiel est celui de « l'embarras ecclésiastique » (appelé par Jacques Schlosser le critère du « ça ne s'invente pas ») : ce sont les actions et paroles de Jésus qui, bien qu'embarrassantes pour les premiers chrétiens, ont été maintenues dans le corpus. Ainsi, l'appartenance du traître Judas au groupe des Douze choisis par Jésus. Ou le baptême de Jésus, présumé sans péché, par Jean Baptiste qui, d'une part, lui était inférieur, d'autre part, proclamait un baptême « pour la rémission des péchés » : Marc se contente de rapporter l'événement (1, 4-11), Matthieu affirme que Jésus en donna l'ordre à Baptiste après le refus de ce dernier de baptiser un supérieur (3, 13-17), Luc parle du baptême sans citer le Baptiste (3, 19-22) et Jean ne le relate pas. Le critère de l'embarras s'applique également au propos qui traite Jésus « de glouton et d'ivrogne, ami des publicains et des pécheurs » (Luc, 7, 34) ; au fait que Jésus, pourtant reconnu par les chrétiens comme être divin, admette ne pas connaître le jour et l'heure exacts de la fin du monde, seul le Père, pas même le Fils, les sachant (Marc, 13, 32) ; à son cri sur la Croix : « Mon Dieu, mon Dieu, pourquoi m'as-tu abandonné ? » (Marc, 15, 34 et Matthieu, 27, 46.)

Un second critère, dit de la discontinuité ou de l'originalité radicale, concerne les actes et propos totalement neufs, les idées inédites [14]. S'inscrivent par exemple dans ce cadre le refus du jeûne exigé par la Loi juive (Marc, 2, 18-22), l'interdiction du divorce (Marc, 10, 2-12 et Luc, 16, 18), ou encore cette phrase étonnante : « Je voyais Satan tomber du ciel comme l'éclair » (Luc, 10, 18), qui exprime la chute déjà effective du Mal.

Le troisième critère est celui de l'attestation multiple, c'est-à-dire la répétition d'un même élément dans plusieurs Évangiles : c'est le cas pour les *logia* concernant la destruction du Temple ou ceux de la Cène. Les historiens accordent enfin une grande importance au critère de cohérence (l'adéquation des actes de Jésus avec son enseignement), et à la plausibilité historique des faits avancés, l'histoire d'un Juif qui vécut en Galilée à l'aube du 1er siècle...

La vie de Jésus

Dans leurs Évangiles, Matthieu et Luc affirment la conception virginale de Jésus et situent sa naissance à Bethléem, dans les dernières années du règne d'Hérode le Grand (37-4 avant notre ère). Luc précise que Joseph et Marie s'étaient rendus à Bethléem pour le recensement organisé sous le règne de Quirinus, qui n'a pourtant gouverné la Syrie qu'à partir de l'an 6. Les historiens estiment plus plausible que le Nazaréen soit né vers –5 ou –6, tout à la fin du règne d'Hérode,

L'histoire de Jésus et le Jésus de l'Histoire

à Nazareth, la ville d'origine de Joseph et Marie (Luc, 2, 4). C'est d'ailleurs là que Luc situe l'Annonciation, et c'est de Nazareth que Marie se rend en Judée pour une visite à sa parente Élisabeth qui vient de concevoir le futur Jean Baptiste. La désignation de Bethléem serait un enjolivement théologique destiné à rattacher Jésus à la lignée de David : selon la tradition juive, fondée sur la promesse de Yahvé (« J'élèverai ta descendance après toi »), le Messie sera issu de cette lignée. Pour les premiers chrétiens, cet élément est capital, et Paul ne manque pas de le relever dans ses épîtres (Romains, 1, 3).

La Palestine au temps de Jésus

La famille de Jésus est très pieuse – comme l'est, dans son ensemble, l'univers rural palestinien, très attaché à la Loi, pratiquant la circoncision, respectant le shabbat et les fêtes et accomplissant des pèlerinages au Temple. À sa naissance, elle le présente au Temple de Jérusalem. Elle donne à ses enfants de sexe masculin des noms de patriarches bibliques : Joseph, Simon, Jude, ou encore Yeshua, le nom hébreu de Jésus, diminutif de Yehoshua (Josué), le successeur de Moïse qui fit entrer le peuple d'Israël en Terre promise. Yeshua restera un nom très répandu chez les Juifs jusqu'au IIe siècle, quand il cesse d'être donné pour se démarquer du Jésus des chrétiens.

Joseph et les siens ont peut-être fui en Égypte quand Jésus était un *paidion* (terme utilisé par Matthieu, signifiant un petit enfant plutôt qu'un nouveau-né) pour le sauver du massacre des garçons de moins de deux ans ordonné par Hérode. Ils reviennent ensuite à Nazareth, une bourgade galiléenne de près de deux mille habitants. Depuis la conquête de Jérusalem par Pompée, en – 63, la Palestine est en crise.

Occupée par les Romains, culturellement hellénistique, cultuellement juive, elle est le théâtre d'une agitation politico-religieuse menée par des groupes nationalistes juifs qui lient la pureté du peuple à la renaissance du royaume d'Israël, et par des mouvements messianiques guidés par des « prophètes » retirés dans le désert ou prêchant aux populations. Flavius Josèphe décrit (et condamne) ces mouvements et leurs meneurs qui sont alors fort populaires : Theudas, que des foules suivent vers 44 pour assister au partage des eaux du Jourdain qu'il promet, et qui fut capturé et décapité ; des anonymes assurant qu'ils montreront des prodiges à ceux qui viennent avec eux. Certains de ces prophètes se déclarent rois, tels Judas, fils d'Ezechias, ou encore Simon, l'esclave d'Hérode ; les Romains et les notables les perçoivent comme une menace, et craignent la sédition à travers leurs discours religieux.

Le judaïsme est par ailleurs divisé en quatre grands groupes cités par Flavius Josèphe dans ses *Antiquités*. Les sadducéens, notables et prêtres de haut rang, gèrent le Temple où tous les Juifs viennent pratiquer les sacrifices et les rites de purification par l'eau ; compromis avec l'occupant romain, ils collectent des impôts et ont un pouvoir administratif et politique sur la communauté. Les pharisiens, numériquement majoritaires, prônent l'autorité égale de la Torah et du Temple ; obsédés par la pureté jusqu'à refuser les contacts avec les païens, attachés à l'observance stricte de la Loi, ils sont dans l'attente d'un « fils de David », un oint, un Messie. Les divergences doctrinales sont considérables entre sadducéens attachés au judaïsme antique, et pharisiens qui cherchent à actualiser la Loi et y intègrent des données eschatologiques débordant le Pentateuque : « Les sadducéens disent en effet qu'il n'y a pas de résurrection, ni ange, ni esprit, tandis que les pharisiens professent l'un et l'autre », notent les Actes des Apôtres (23, 8). Les pharisiens sont eux-mêmes divisés en plusieurs tendances, plus ou moins légalistes. Les esséniens constituent le troisième groupe. Ascètes contemplatifs, retirés dans le désert où ils vivent en communautés, ils multiplient bains de purification et prières collectives, rejettent l'autorité du Temple et ne participent pas aux fêtes. Des cellules rattachées au monastère de Qumran se multiplient à l'écart des villages. On sait aujourd'hui que plusieurs formes d'essénisme ont existé, ainsi qu'une multitude de mouvements issus de la merkebah, la mystique juive dont les maîtres sont réputés pour leurs pouvoirs magiques. Flavius Josèphe cite enfin un quatrième groupe, des révoltés qui prônent la violence armée au nom de Dieu, plus tard appelés les zélotes. Tous ces groupes restent néanmoins liés par la Torah et le monothéisme, ainsi que par leur sentiment d'appartenance à un même peuple.

Une famille juive

On ignore tout des trente premières années de la vie de Jésus, appelées par la tradition chrétienne « les années cachées ». Luc note que « l'enfant grandissait, se fortifiait » (2, 40) et « croissait en sagesse, en taille et en grâce devant Dieu et devant les hommes » (2, 52). Il rapporte que sa famille se rendait chaque année au Temple pour la Pâque (2, 41), mais sa description de la discussion que Jésus y a menée, à l'âge de douze ans, avec les docteurs de la Loi (2, 42-50), n'est pas attestée par les historiens. Ce que nous savons de la Palestine de l'époque permet d'émettre quelques hypothèses. Jésus est « le premier-né » du charpentier Joseph (une dénomination qui correspond au menuisier d'aujourd'hui), ce qui le rattache aux classes moyennes inférieures de la société. Comme la plupart des enfants juifs, il est instruit jusqu'à la puberté à l'école de la synagogue ; en tant que fils aîné, il a peut-être complété ses études au-delà de cet âge, avant de reprendre le métier de son père. Quand il leur parle à la synagogue, les Nazaréens le désignent en effet par sa fonction : « Celui-là n'est-il pas le charpentier ? » (Marc, 6, 3), une interrogation que Matthieu transforme en un, « Celui-là n'est-il pas le fils du charpentier ? » (13, 55). Jésus parle certainement l'araméen, qui est la langue courante, l'hébreu appris à la synagogue, probablement le grec, qui est d'usage dans tout l'Empire romain. Peut-être sait-il aussi des bribes de latin, la langue de l'élite.

La question de savoir si Jésus a eu des frères et des sœurs s'est très tôt posée, en relation avec le dogme de la virginité de Marie. Marc et Jean citent quatre « frères » de Jésus : Jacques, qui dirigera la communauté chrétienne de Jérusalem après la Passion, Joseph/Joset, Jude et Simon, ainsi que deux sœurs au moins, dont les noms ne sont pas donnés (Marc, 3, 21 et 31-35 ; 6, 3 ; Jean, 2, 12 ; 7, 3-5 ; 7, 10...). Ces frères sont également mentionnés dans les Actes et les Épîtres (Actes, 1, 14 ; I Corinthiens, 9, 5 ; Galates, 1, 19...) par le vocable grec *adelphos* qui traduit le mot hébreu *ach*. Celui-ci désigne les frères, les demi-frères et les cousins, mais la confusion est nettement écartée par des Pères du IIe siècle, tels Tertullien et Hégésippe, pour lesquels il s'agit de vrais frères. Hégésippe parle des petits-fils de Jude « qui était lui-même appelé son frère selon la chair » (frère de Jésus), dénoncés devant l'empereur Domitien (81-96) « comme étant de la race de David [15] ». Le Protoévangile de Jacques, qui date de la même époque, affirme qu'il s'agit de demi-frères et demi-sœurs issus d'un précédent mariage de Joseph. Cette éventualité est retenue par les Églises orientales, tandis que l'Église catholique s'aligne sur saint Jérôme, le traducteur latin de la Bible qui, au IVe siècle, a affirmé que ces *ach* étaient des cousins. Les Églises protestantes n'excluent pas que Jésus soit l'aîné d'une fratrie.

Une autre question se pose quant à la vie maritale de Jésus. Le Nouveau Testament n'évoque ni une épouse ni des enfants, mais cite des femmes qui l'ont suivi : Marie de Magdala, Marie mère de Jacques et José, Jeanne épouse de Chouza l'intendant d'Hérode, la mère des fils de Zébédée, Suzanne, Salomé... Jésus a-t-il épousé l'une d'elles, comme l'exige la tradition juive ? C'est sans compter avec la diversité du judaïsme de l'époque, où le célibat est prôné par des groupes comme les esséniens et par des prophètes itinérants. Jésus a donc parfaitement pu rester célibataire comme le montrent les Évangiles, et on voit d'ailleurs mal pourquoi ils auraient voulu cacher la vérité de son mariage, lequel n'aurait rien eu d'anormal, même pour un prophète. N'en déplaise à Dan Brown, il est donc fort probable que Jésus ne se soit jamais marié.

Le prédicateur itinérant

Le ministère public de Jésus a duré entre un an (selon les Synoptiques) et trois ans (selon Jean), sous le règne de Ponce Pilate. Les sources historiques couvrent cette seule (et brève) période de sa vie. Le Nazaréen a « environ trente ans » (Luc, 3, 23) quand il rejoint Jean Baptiste, fils de Zacharie, qui a entamé son ministère à Béthanie, près du Jourdain. Jean fait partie de cette génération de prophètes née en réaction à la politique d'acculturation de la Palestine menée par les Romains : à Jérusalem, Ponce Pilate a frappé des pièces de monnaie ornées de baguettes d'augures païennes ; en Judée, Hérode Antipas, fils et successeur d'Hérode le Grand, a inauguré sa nouvelle capitale, Tibériade, sur l'emplacement d'un cimetière, lieu impur pour les Juifs. Il a orné son palais de statues et épousé Hérodiade, la femme de son demi-frère. Jean Baptiste, qui critique la transgression de la Loi par Hérode, pratique un baptême de purification par l'eau et attire des foules auxquelles il annonce la venue imminente du Messie et demande de se repentir en prévision du Jugement dernier. Jésus est baptisé par Jean peu avant que celui-ci soit arrêté et exécuté par Hérode. Dans ses *Antiquités juives*, Flavius Josèphe consacre un développement au Baptiste : « Il y avait des Juifs qui pensaient que si l'armée d'Hérode avait péri, c'était par la volonté divine et en juste vengeance de Jean dit le Baptiste. En effet, Hérode l'avait fait tuer, bien qu'il ait été un homme de bien et qu'il ait excité les Juifs à pratiquer la vertu, à être justes envers les autres et pieux envers Dieu pour recevoir le baptême [...]. Des gens s'étaient rassemblés autour de lui, et ils étaient très exaltés quand ils l'entendaient parler. Hérode craignait qu'une telle faculté de persuader suscite une révolte, car la foule semblait prête à suivre en tout les avis de cet homme. Il préféra donc s'emparer de lui avant qu'un trouble se fût produit, plutôt que d'avoir à se repentir plus tard, si un mouvement avait lieu, de s'être exposé à des périls. À cause des soupçons d'Hérode, Jean fut envoyé à Machaero [...] où il fut tué [16]. » On ignore si Jésus a séjourné aux côtés du Baptiste. Le fait est qu'il entame sa prédication peu après son baptême dans le Jourdain (Actes, 10, 37-39). Et il reste marqué par celui qui l'a baptisé, et dont il dit : « De plus grand que Jean parmi les enfants des femmes, il n'y en a pas ; et cependant le plus petit dans le royaume de Dieu est plus grand que lui » (Luc, 7, 28 ; Matthieu, 11, 11).

Jésus n'est ni un théologien ni un agitateur politique, mais un prophète itinérant et indépendant, qui pratique exorcismes et guérisons, et prêche amour et non-violence dans les petites bourgades : Capharnaüm, Cana ou Chorozaïn plutôt que les grandes villes de Tibériade ou de Sepphoris avec lesquelles on ne lui connaît pas de contacts. Il est entouré de douze hommes (un chiffre en relation symbolique avec les douze tribus d'Israël) et d'un groupe de plus en plus large de disciples parmi lesquels les Évangiles citent Lévi, Bartimée et Nathanaël. Des femmes le suivent aussi, ce qui est surprenant dans une société où celles-ci, éternelles mineures, quittent très jeunes la tutelle du père pour celle de l'époux. Mais ce sont souvent des marginales, des veuves, des prostituées, des « femmes qui avaient été guéries d'esprits mauvais et de maladies » (Luc, 8, 2).

Jésus ne les considère pas comme des subalternes : en maintes occasions, il rappelle l'égalité entre tous ses disciples, hommes ou femmes, justes ou pécheurs. Et il exige de tous un mode de vie radical – probablement comme les autres prophètes qui sillonnent la Palestine. Marc et Matthieu livrent ces règles de vie : ceux qui suivent Jésus doivent abandonner tous leurs biens, jusqu'aux tuniques de rechange ; ils ne doivent avoir « ni pain ni besace, ni menue monnaie pour la ceinture », tout juste des « sandales » (Marc, 6, 8-9). Jésus, ajoute Luc, impose la rupture des liens avec la famille : à celui qui lui demande d'enterrer son père avant de le suivre, il lance : « Laisse les morts enterrer leurs morts ; pour toi, va-t'en annoncer le Royaume de

Dieu » (9, 59-60). Et à un autre qui souhaite dire adieu à sa famille : « Quiconque a mis la main à la charrue et regarde en arrière est impropre au royaume de Dieu » (9, 61-62). Jésus ne s'en défend pas : « Car je suis venu opposer l'homme à son père, la fille à sa mère, et la bru à sa belle-mère » (Matthieu, 10, 35). Lui-même a des mots très durs envers sa propre famille : « Qui est ma mère ? Et mes frères ? » répond-il quand il apprend que ces derniers le cherchent ; et il désigne ceux qui sont assis autour de lui : « Voici ma mère et mes frères » (Marc, 3, 31-34).

Les disciples de Jésus ne travaillent pas, ils n'ont ni toit ni moyens de subsistance, certains s'inquiètent d'ailleurs de savoir où ils vont dormir et de quoi ils vont se nourrir. Jésus leur dit d'avoir confiance : « Ne vous inquiétez pas pour votre vie de ce que vous mangerez, ni pour votre corps de quoi vous le vêtirez » (Luc, 12, 22). Il est lui-même un vagabond qui compte sur Dieu pour assurer sa subsistance ; poète, il puise des exemples dans la nature, raconte Dieu qui nourrit les corbeaux (Luc, 12, 24) et habille les champs (Luc, 12, 28). Il entre avec les siens partout où on l'invite : chez ceux qui le soutiennent et chez des publicains tel Zachée, de riches notables juifs qui achètent aux Romains le droit de percevoir les impôts et qui sont de ce fait détestés, voire considérés comme des marginaux sur le plan religieux (Luc, 19, 1-10). Il s'installe à leur table, dans une société où la tradition veut que le repas se partage avec la famille et les amis, avec les proches.

Jésus s'adresse d'abord aux exclus. Il se solidarise avec les pauvres, les estropiés, les marginaux, les pécheurs, avec les victimes, les hérétiques, avec les femmes, les enfants, avec tous les sans-voix. Ses fréquentations lui sont reprochées par les bien-pensants :

« Ce ne sont pas les gens en bonne santé qui ont besoin du médecin, mais les malades. Je ne suis pas venu appeler les justes mais les pécheurs, au repentir », répond-il avec une certaine diplomatie (Luc, 5, 31-32). Et il promet à tous ceux-là qu'ils seront les premiers au royaume de Dieu. Une promesse prise au sérieux dans cette Palestine traversée par des courants apocalyptiques qui annoncent l'imminence de la fin des temps.

Les Juifs pieux lui reprochent aussi les libertés qu'il prend avec la Loi : Jésus transgresse le shabbat, ignore les règles de pureté puisqu'il touche les lépreux, les femmes en période d'impureté et les morts (Matthieu, 8, 3 ; Marc, 5, 25-34 ; Luc, 7, 14), interdit le divorce pourtant admis sous conditions par la Loi quand il est à l'initiative de l'époux. Cependant, il reste un juif pieux. Il fréquente les synagogues pour s'adresser au peuple et discuter avec les spécialistes de la Loi, il prêche essentiellement à des Juifs (même s'il accepte des païens, tel le centurion de Capharnaüm, parmi ses disciples), il rompt le pain selon la tradition juive (Marc, 6, 41 et 8, 6), ses habits portent des franges (Marc, 6, 56 ; Matthieu, 9, 20 ; Luc, 8, 44), il se rend au moins une fois au Temple pour la Pâque – une visite qui lui sera fatale. Il ne remet pas en question la Loi, mais son application par les hommes. Il justifie sa transgression du shabbat, quand il accomplit ce jour-là des miracles : « Lequel d'entre vous si son fils ou son bœuf vient à tomber dans un puits ne l'en tirera aussitôt le jour du shabbat ? » (Luc, 14, 5). Avant de lancer, excédé : « Le fils de l'homme est maître même du shabbat » (Marc, 2, 28). Il s'érige contre les règles de pureté : « Il n'est rien d'extérieur à l'homme qui, pénétrant en lui puisse le souiller ; mais ce qui sort de l'homme, voilà ce qui souille l'homme »

(Marc, 7, 15). Il rejette toutes les interprétations de la Loi quand elles se focalisent sur de menus détails : « Guides aveugles, qui arrêtez au filtre le moustique et engloutissez le chameau » (Matthieu, 23, 24). Il usera de comparaisons similaires avec la paille et la poutre (Luc, 41-42), le chameau et le trou de l'aiguille (Marc, 10, 25). Contrairement à Jean Baptiste, il ne s'en prend pas directement au pouvoir politique et il n'appelle pas à la révolte sociale ni au renversement des riches. Plus prosaïquement, il demande à ces derniers de partager et affirme la vacuité des biens matériels : « Gardez-vous bien de toute cupidité, car, au sein même de l'abondance, la vie d'un homme n'est pas assurée par ses biens » (Luc, 12, 15). Au fond, c'est d'abord la religiosité hypocrite des dévots qu'il critique.

Dans la Loi de Yahvé, Jésus voit une invitation au partage, un appel à la liberté intérieure, au renoncement à la violence et, par-dessus tout, à l'amour qu'il considère être l'accomplissement de cette Loi. Même les offrandes au Temple n'ont aucune valeur : « Si tu te souviens que ton frère a quelque chose contre toi, laisse là ton offrande, devant l'autel, et va d'abord te réconcilier avec ton frère ; puis reviens et alors présente ton offrande » (Matthieu, 5, 23-24). Il va très loin dans cette injonction, se montrant, comme souvent, d'une intransigeance radicale : « Vous avez entendu qu'il a été dit : tu aimeras ton prochain et tu haïras ton ennemi. Eh bien, moi je vous dis : aimez vos ennemis et priez pour vos persécuteurs » (Matthieu, 5, 43-44). L'invitation de Jésus est impérative puisque « le temps est accompli, et le Royaume de Dieu est tout proche » (Marc, 1, 15). L'imminence de ce règne est un thème récurrent dans son discours : « Aux autres villes aussi il me faut annoncer la Bonne

Nouvelle du Royaume de Dieu, car c'est pour cela que j'ai été envoyé » (Luc, 4, 43), dit-il en quittant Capharnaüm. Ses exigences éthiques visent, justement, à instaurer le temps de l'accomplissement, celui où les publicains et les prostituées précéderont les justes (Matthieu, 21, 31) par opposition au temps de l'attente annoncé par les autres prophètes.

Le Dieu dont il se réclame est celui d'Israël. Il le désigne avec le vocabulaire biblique : Seigneur, Ciel, Père. Un Dieu qu'il dépeint en juge, mais qui est en même temps d'une grande bonté « car il fait lever son soleil sur les méchants et sur les bons, et tomber la pluie sur les justes et les injustes » (Matthieu, 5, 45). Jésus a certes cette étonnante manière, inédite dans le judaïsme, d'appeler Dieu *abba*, littéralement papa. Et il appelle le Temple « la maison de mon père » (Jean, 2, 13-22). Cette familiarité avec Dieu – à laquelle les historiens appliquent le critère de l'originalité radicale – choquera nombre de ses interlocuteurs et conduira à sa perte.

Un sacré caractère

Le personnage historique de Jésus est donc beaucoup plus complexe que ce qu'en a rendu, pendant des siècles, l'imagerie pieuse. Cet homme qui sait se faire bon et tendre la main aux exclus est capable d'être cinglant, de maudire toute une ville, Capharnaüm, qui « descendra jusqu'à l'Hadès » parce qu'elle n'a pas su l'accueillir (Luc, 10, 15). Il est exclusif : « Qui n'est pas avec moi est contre moi » (Luc, 11, 23). Colérique jusqu'à s'en prendre au pharisien qui l'a pourtant convié à sa table et ne reçoit en retour que reproches et accusations : « Vous voilà bien, vous, les pharisiens ! L'extérieur de la coupe et du plat, vous le purifiez, alors que votre intérieur à vous est plein de rapine et de méchanceté » (Luc, 11, 39). Autoritaire quand il condamne, accuse, et même quand il exige des siens : « Vous serez parfaits » (Matthieu, 5, 48). Jésus, bon ? « Pourquoi m'appelles-tu bon ? Nul n'est bon que Dieu seul », lance-t-il au chef qui l'appelle « bon maître » (Luc, 18, 18-19). Pourtant, cet homme-là fait montre d'un humanisme extrême : il tend sa main à tous, et d'abord aux tourmentés. Dans les Évangiles, de nombreuses occurrences le désignent comme un individu qui « a pitié » et sait « réconforter », lui-même se définit comme « doux et humble de cœur » (Matthieu, 11, 29). C'est un homme qui peut « se troubler » et « verser des larmes » quand il voit Marthe pleurer la mort de son frère Lazare (Jean, 11, 33-38), ou quand il annonce la venue de son heure à Philippe et André (Jean, 12, 27) puis aux Douze (Jean, 13, 21). Un homme qui parle d'amour paternel dans un contexte social patriarcal régi par l'autorité : « Que le monde reconnaisse que tu m'as envoyé, et que tu les as aimés comme tu m'as aimé », dit-il dans une prière à Dieu qui peut aujourd'hui nous sembler banale, mais qui, à son époque, révolutionnait les mœurs à la fois sociales et religieuses (Jean, 17, 23).

Le thaumaturge

Guérisons, exorcismes et miracles sont, selon le Nouveau Testament, des éléments centraux de l'activité de Jésus, qui légitiment son charisme et octroient de l'autorité à ses paroles ; lui-même les évoque à plusieurs reprises (Luc, 7, 21-22 ; 10, 13-14 ; 11, 20 ; 13, 32). Et c'est à Dieu qu'il se réfère pour les expliquer : « Si c'est par le doigt de Dieu que j'expulse les démons, c'est donc que le Royaume de Dieu est arrivé jusqu'à vous » (Luc, 11, 20). Les historiens ne se prononcent pas sur la réalité de ces miracles [17]. Leur liste, impressionnante, permet cependant de suivre le parcours de Jésus à travers la Galilée selon les Synoptiques, en Judée aussi selon Jean, et même à Tyr. Le quart de l'Évangile de Marc est constitué de relations de miracles, Matthieu et Luc les trient, en rajoutent d'autres. Jean se contente d'en relater sept. On voit ainsi Jésus qui guérit des lépreux (Marc, 1, 40-45), des paralytiques (Marc, 2, 1-12), une main desséchée (Marc, 3, 1-6), des aveugles (Marc, 8, 22-26 et 10, 46-52 ; Matthieu, 9, 27-31) ; il exorcise des possédés (Marc, 1, 23-28 et 5, 1-20 ; Matthieu, 8, 16-17), ressuscite des morts (Luc, 7, 11-17 et Jean, 11, 38-44), multiplie pains et poissons (Marc, 6, 32-44 et 8, 1-10 ; Luc, 5, 1-11), marche sur les eaux (Marc, 6, 45-52), apaise les tempêtes (Marc, 4, 35-41). Dans les villes qu'il traverse, « le soir venu, quand fut couché le soleil, on lui apportait tous les malades et les démoniaques, et la ville entière était rassemblée devant la porte. Il guérit beaucoup de malades atteints de divers maux, il chassa beaucoup de démons », résume Marc (1, 32-34). Jésus fut un « prophète puissant en œuvres et en paroles... » (Luc, 24, 19).

La passion

Une semaine avant sa mort, Jésus « monte » à Jérusalem pour y célébrer la Pâque avec des dizaines de milliers de Juifs venus de toute la diaspora. Ses disciples sont suffisamment nombreux pour inquiéter les autorités locales, juives et romaines, en cette période d'effervescence messianique et nationaliste. Jésus se rend au Temple, probablement pour délivrer ses enseignements, mais il s'en prend avec brutalité aux marchands qui vendent les animaux pour les sacrifices et il renverse les tables des changeurs qui remettent aux pèlerins de l'argent juif en échange des pièces païennes, pour payer ces sacrifices. Le Temple tient un rôle socio-économique central, les Juifs y affluent de partout pour accomplir les rites ; les paroles que prononce Jésus, reprises par les quatre évangélistes, menacent l'ordre jérusalémite. « N'est-il pas écrit : " Ma maison sera appelée une maison de prière pour toutes les nations " ? Mais vous, vous en avez fait un repaire de brigands » (Marc, 11, 17), dit-il avant d'annoncer la fin de ce Temple « fait de main d'homme » (Marc, 14, 58).

Il est vraisemblable que les prêtres aient décidé de mettre fin à ses activités après cet esclandre public, en pleins préparatifs de la fête. Jésus, qui sent monter leur hostilité et sait sa condamnation inéluctable, réunit les Douze pour un ultime repas que les quatre évangélistes situent un jeudi. Selon la tradition juive, il rompt le pain et partage le vin en précisant, selon Marc : « Ceci est mon sang, le sang de l'alliance, qui va être répandu pour une multitude » (14, 24). Trahi par l'un des siens, Judas, qui indique aux gardes des grands prêtres le lieu et le moment propices où arrêter Jésus sans risquer une émeute publique, il comparaît à l'aube devant le Sanhédrin, le Grand conseil juif doté de compétences religieuses, civiles et judiciaires – le gouvernorat romain étant cependant le seul qualifié pour les condamnations à la peine capitale. Le Sanhédrin, présidé par le grand prêtre Caïphe (18-36), condamne Jésus pour blasphème, après l'avoir interrogé sur sa messianité : « Non content de violer le shabbat, il appelait encore Dieu son propre père, se faisant égal à Dieu », rapporte Jean (5, 18). Jésus est alors conduit devant le gouverneur romain de Judée, Ponce Pilate, qui lui demande : « Es-tu le roi des Juifs ? » Les disciples de Jésus, qui se sont enfuis, ne sont curieusement pas recherchés par les autorités. Pilate décrète la peine de mort par crucifixion, un supplice réservé aux esclaves en fuite et aux agitateurs politiques. Il semble néanmoins peu probable que Jésus ait été condamné pour ses activités politiques : la rapidité du jugement par Pilate laisse penser que celui-ci a prononcé son verdict uniquement pour répondre à la demande pressante du Sanhédrin. Une hypothèse que confirme Jean.

Flagellé et moqué par les soldats romains, Jésus est crucifié le jour même, sur le Golgotha, à l'extérieur de Jérusalem. Les historiens avancent deux dates possibles pour cet événement : le vendredi 7 avril 30 ou le vendredi 3 avril 33 [18]. La première de ces deux dates est généralement retenue par les théologiens ; mais la majorité des historiens restent dans le flou : c'était « autour de l'an 30 ». Il est enterré le jour même, avant le coucher du soleil et le début du shabbat. Il avait trente-cinq ou trente-six ans (et non trente-trois ans comme on l'a longtemps cru à cause de l'erreur attachée à sa date de naissance fixée à l'an 0, alors qu'il est né avant – 4, date de la mort d'Hérode le Grand).

Pour reprendre l'expression de Joseph Klausner, « ici se termine la vie de Jésus et commence l'histoire du christianisme [19] ». Une histoire qui démarre au lendemain du shabbat, quand les femmes qui avaient suivi Jésus « allèrent à la tombe, portant les aromates qu'elles avaient préparés » (Luc, 24, 1). La tombe est vide : la rumeur de la résurrection se propage...

Les apparitions du Ressuscité

Au surlendemain de son inhumation, le corps de Jésus a disparu, disent les Évangiles. « Marie-Madeleine, Jeanne, Marie mère de Jacques et les autres femmes qui les accompagnaient », venues poursuivre l'embaumement traditionnel interrompu par le shabbat et la Pâque, se précipitent chez les apôtres : ces derniers qualifient leurs propos de « radotages » et « ils ne les crurent pas ». Pierre, qui court au tombeau vérifier ces dires, en revient « tout surpris » (Luc, 24, 10-12). Le corps a-t-il été volé par des disciples, comme le veut la rumeur propagée par les prêtres du Temple ? (Matthieu, 28, 12-13). La thèse de la résurrection, affirmée par les textes canoniques, se heurte d'abord à une incrédulité sur laquelle insistent les quatre évangélistes. Mais, dans les heures qui suivent, Jésus apparaît à ses disciples : cette thèse devient dès lors une évidence.

Aucun des quatre Évangiles ne décrit le processus par lequel s'est opérée cette résurrection – un « mystère » qui ne concerne désormais que les seuls croyants. Des récits merveilleux, transmis par les apocryphes, tenteront de combler cette lacune. À aucun moment les textes canoniques ne décrivent non plus le Ressuscité dont l'apparence est visiblement transformée puisque même ses plus proches ne le reconnaissent pas (Marc, 16, 12 ; Matthieu, 28, 17 ; Luc, 24, 15), Marie-Madeleine allant jusqu'à confondre celui qui lui apparaît avec le jardinier (Jean, 20, 15). Les quatre évangélistes divergent par ailleurs sur les récits des apparitions – qui sont de plus en plus détaillés au fur et à mesure de la rédaction des Évangiles [19]. Marc est très sobre. Chez Matthieu, c'est Jésus qui fait mander les Douze, devenus Onze depuis la trahison de Judas, en Galilée : « Et là ils me verront » (28, 10) ; puis il leur demande de partir évangéliser « toutes les nations » (28, 19). Les apparitions décrites par Luc se limitent à Jérusalem et ses environs mais Jésus, qui réitère son appel à la mission « à toutes les nations, en commençant par Jérusalem » (24, 47), conserve un caractère incarné au point de s'enquérir s'il y a « quelque chose à manger » puis de goûter « un morceau de poisson grillé » (24, 41-42). C'est donc un être de chair et de sang qui se manifeste par-delà la mort, puisqu'il mange, marche, parle. Il peut être « vu » et même touché : « Porte ton doigt ici : voici mes mains ; avance ta main et mets-la dans mon côté », dit Jésus à Thomas qui refuse de croire au miracle tant qu'il n'a pas « mis son doigt dans la marque des clous » (Jean, 20, 25-27). Pourtant, la nature du Ressuscité n'est plus seulement humaine. Les Évangiles en donnent pour preuve une succession de signes surnaturels : Jésus traverse les portes de la maison où les apôtres se verrouillent (Jean, 20, 19 et 26) ou surgit brusquement au milieu d'une assemblée (Luc, 24, 36). « Il souffle » sur ses disciples et leur dit : « Recevez l'Esprit-Saint » en leur octroyant le pouvoir de remettre les péchés (Jean, 20, 22). À l'instant de la mort de Jésus, un centurion s'était exclamé : « Vraiment cet homme était le Fils de Dieu » (Marc, 15, 39). Dès lors qu'ils croient en sa Résurrection, cette affirmation s'impose aux disciples comme une évidence, et la crucifixion, qui les avait laissés désemparés, se dote d'un sens. Elle éclaire des paroles de Jésus restées incompréhensibles, telle son apostrophe à Marthe, la sœur de Lazare : « Je suis la Résurrection. Celui qui croit en moi, même s'il meurt, vivra ; et quiconque vit et croit en moi ne mourra jamais » (Jean, 11, 25-26). La conviction des disciples est faite : celui qui « appelait Dieu son propre père » (Jean, 5, 18) est bien le Fils, le Seigneur [21].

Notes

1. Sur la naissance de l'école allemande et l'importation de ses idées en France, voir Daniel Marguerat in *Jésus de Nazareth, nouvelles approches d'une énigme*, Labor et Fides, 1998.
2. Maurice Goguel, *Jésus*, Paris, 1950, p. 147.
3. John Meier in *Un certain juif Jésus* (Cerf, 2006). Un doute sérieux peut être émis sur l'authenticité de la phrase « si toutefois il faut l'appeler un homme », mais il est exclu que Josèphe ait écrit, comme dans les versions qui nous sont parvenues : « Car il leur apparut trois jours après avoir ressuscité, et les prophètes divins avaient annoncé cela et mille merveilles à son sujet. »
4. *Antiquités juives*, 18, 63-64.
5. *Ibid.*, 20, 200.
6. *Annales*, 15, 44.
7. Lettre 96.
8. C'est dans le milieu des années 1920 que ce verset « oublié » a été mis en exergue par Joseph Klausner, un spécialiste du Talmud qui a consacré une partie importante de ses travaux au Jésus historique. Graham Stanton (*Parole d'Évangile ?*, Cerf/Novalis, 1997) confirme son authenticité en le rapprochant des termes du débat, en 160, entre le juif Tryphon et le chrétien Justin où celui-ci affirme : « Ils ont osé soutenir qu'il était un magicien et qu'il égarait le peuple » (Justin, *Dialogue*, 69, 7).

9. Analysés au carbone 14, les manuscrits retrouvés à partir de 1947 dans les grottes de Qumran ont, dans leur écrasante majorité, été écrits au cours des deux siècles précédant notre ère. Aucun d'entre eux ne date du Ier siècle.

10. *Contre les hérésies*, 3, 1, 1.

11. *Histoire ecclésiastique*, 3, 39, 15.

12. Dès 180, Irénée, évêque de Lyon, a affirmé l'existence de quatre Évangiles écrits qu'il compare à quatre piliers soutenant un seul Évangile, « le pilier et la base de l'Église ». L'Apocalypse est le dernier livre dont la canonicité a été reconnue, au IVe siècle.

13. Sur l'Évangile de Thomas (à ne pas confondre avec l'Évangile de l'enfance selon Thomas), voir Graham Stanton, *Parole d'Évangile ?*, p. 109-119 (Cerf/Novalis, 1997).

14. Jacques Schlosser, à la suite de John Meier, insiste sur les difficultés de manipuler ce critère, considéré comme dominant dans les années 1950, mais dont une utilisation abusive aboutirait à couper Jésus de ses racines juives. Le critère de l'originalité radicale reste néanmoins fondamental pour l'exégèse moderne.

15. Les propos d'Hégésippe ne sont pas de première main : transmis par tradition orale, ils sont cités par Eusèbe, au IVe siècle, dans son *Histoire ecclésiastique*, 3, 22, 1-2.

16. *Antiquités juives*, 18, 116-119.

17. Pour une étude plus complète des activités miraculeuses de Jésus, voir Xavier Léon-Dufour, *Les Miracles de Jésus selon le Nouveau Testament* (Seuil, 1977).

18. Jésus est mort un vendredi 14 nisan, veille de la Pâque. 30 et 33 sont les deux années les plus plausibles, au cours desquelles la Pâque est tombée un 15 nisan sous le règne de Ponce Pilate.

19. In *Jésus de Nazareth*, édition de 1933, p. 514.

20. Les historiens estiment « vraisemblable » que l'appendice du plus ancien Évangile, celui de Marc (16, 9-19), qui mentionne rapidement trois apparitions, soit un rajout du IIe siècle. Matthieu se limite à une apparition outre celle qui est faite aux femmes devant le

Tombeau. L'Évangile de Jean, le plus tardif, en décrit longuement quatre et ajoute qu'il y eut « beaucoup d'autres signes » (20, 30).

21. Le terme « Seigneur » est utilisé de deux manières différentes à l'époque de Jésus. Pour les juifs, il désigne Dieu. Chez les Romains, il s'agit de l'un des titres donnés à l'empereur.

II

La philosophie du Christ

Jésus est né juif, il est mort juif, et il est évident que de son vivant, il s'est toujours considéré comme un juif prêchant essentiellement à des juifs. Ni ses adversaires ni même ses disciples n'ont remis en cause cette appartenance à un peuple, à une religion. Pour les Romains, même s'il a toujours refusé ce titre, il est celui qui se proclame « le roi des Juifs » : c'est d'ailleurs le motif « officiel » de sa condamnation à mort par Pilate, inscrit sur le *titulus* posé sur la croix (Marc, 15, 26). Pour les Juifs, il est un réformateur parmi la multitude apparue depuis l'époque des Maccabées, au IIe siècle avant notre ère, quand le judaïsme a été mis devant l'obligation de se rénover pour contrer les avancées et le succès de la pensée grecque, arrivée en Orient vers 330 avant notre ère avec les armées d'Alexandre le Grand, déployée à partir d'Alexandrie par les Ptolémée, puis par Rome qui conquiert la région au IIe siècle. Des Juifs qui tentent de renouveler leur tradition, mais restent fascinés par la pensée des Grecs dont ils apprennent la langue et fréquentent les écoles.

À l'époque du Christ, il n'existe pas une orthodoxie juive, mais une multitude de groupes distincts et rivaux, se revendiquant, chacun à sa manière, de

Yahvé et de la Bible. Jésus aurait pu n'être que l'un de ces multiples prophètes itinérants qui prêchent la pureté ou la venue de la fin des temps. Comme eux, il sillonne déserts et bourgades de Palestine, entouré de disciples et délivrant son message aux foules. Comme beaucoup d'entre eux, il a été mis à mort par les Romains. Pourtant, il est le seul dont le message a survécu, entraînant des bouleversements considérables pour l'humanité entière. Ce « mystère Jésus » réside, pour les croyants, dans le caractère divin de celui qu'ils ont appelé Christ et dont ils ont théorisé la filiation à Dieu. D'un point de vue historique et philosophique, on peut expliquer la force de cet impact par le message résolument novateur et universel délivré par le charpentier juif de Nazareth.

Depuis l'origine, l'Église entend transmettre le contenu religieux de ce message. Celui-ci est manifeste : Jésus apparaît bien comme un réformateur de la religion juive. Lui-même se présente comme l'Envoyé de Dieu, le Fils du Père, le Fils de l'Homme, expressions qui renvoient à sa messianité et ses premiers disciples le reconnaîtront comme le Messie attendu. Il dit lui-même qu'il n'est pas venu abolir la Loi et il a posé des gestes, notamment celui de la Cène, qui ont donné naissance à de nouveaux rituels collectifs. Je reviendrai sur l'aspect le plus spécifiquement religieux de son message dans le chapitre suivant consacré à la naissance de la religion chrétienne. Mais l'enseignement de Jésus peut être lu à deux autres niveaux, qui font davantage encore apparaître son originalité radicale et son caractère universel.

Le premier, que l'on peut qualifier de spirituel, renvoie à la personne même de Jésus qui s'est écarté des institutions religieuses, qui les a même combattues, pour délivrer une nouvelle compréhension du salut :

être sauvé ne signifie pas pratiquer, ni sacrifier, mais être relié au Christ de manière directe. Le second, que je qualifierais de philosophique, avec les nuances apportées plus haut, réside dans un regard porté sur l'homme avec une profondeur universelle qui a posé les bases des grands principes éthiques. Ceux-ci inspireront bien plus tard ce que l'on appellera les « droits de l'homme ».

La spiritualité du Christ

Contrairement au judaïsme, forgé par la longue histoire du peuple juif émaillée des révélations prophétiques narrées dans la Bible, le christianisme, lui, est fondé sur la seule personne de Jésus. Le lien entre Jésus et l'Église née au lendemain de sa Passion a été, dès l'origine, d'une évidence telle que ses fidèles ont d'emblée été qualifiés de disciples de la personne du Christ, des « chrétiens » : selon les Actes des Apôtres, écrits entre trente et soixante ans après sa mort, ce nom leur a été donné pour la première fois à Antioche (Actes, 11, 26).

Avant Jésus, aucun prophète juif n'avait marqué une communauté jusqu'à lui donner son nom. Il faut dire que tous ces prophètes parlaient au nom de Yahvé derrière lequel ils s'effaçaient, se présentant comme des porte-parole de Dieu qui, par leur intermédiaire, s'adressait à son peuple. Or, à la différence de ceux qui l'ont précédé, Jésus, lui, parle en son nom propre. Il use avec autorité du « je » et du « je vous dis », il ponctue ses paroles de l'hébreu *amen* ou « en vérité », simple et parfois doublonné (*amen amen* revient dans vingt-cinq passages de l'Évangile de Jean), pour insister encore plus sur l'autorité de son

« je vous dis ». Et il n'hésite pas à balayer les enseignements de ceux qui l'ont précédé : « Vous avez entendu qu'il a été dit aux ancêtres... », martèle-t-il à la foule qui l'écoute ; « Et moi je vous dis... », marquant ainsi chacune des six affirmations de son grand Sermon sur la montagne, dans lequel il pose les règles de la nouvelle justice entre les hommes (Matthieu, 5, 21-48).

Jésus s'affirme comme « le seul maître » (Matthieu, 23, 10), l'unique médiateur : « Moi, je suis le Chemin, la Vérité et la Vie. Nul ne vient au Père sinon par moi » (Jean, 14, 6). Quant aux miracles que Jésus accomplit, ils ne sont que l'expression concrète de son pouvoir salvateur : la guérison extérieure est en effet le reflet d'une guérison plus essentielle, la libération intérieure, procurée à ceux venant à lui par la seule action de la foi et de la conversion du cœur, et cela indépendamment des rites et des institutions, tel ce Temple dont Jésus souligne à maintes reprises le dévoiement. Car pour ceux qui croient en lui, « le fils de l'homme a le pouvoir, sur la terre, de remettre les péchés » (Matthieu, 9, 6).

Viens et suis-moi

Cette autorité, cette capacité à parler à la première personne, Jésus affirme la tenir de Dieu, son *abba*, dont il est l'envoyé : « Celui qui me rejette, rejette celui qui m'a envoyé », dit-il (Luc, 10, 16 ; Marc, 9, 37). Jésus est lui-même le chemin qui conduit à Dieu et au salut. « Que dois-je faire de bon pour obtenir la vie éternelle ? » lui demande un riche jeune homme de Judée. Jésus commence par lui énumérer les commandements de la loi de Moïse : ne pas commettre de meurtre ou d'adultère, ne pas voler ni porter de faux témoignage, honorer son père et sa mère et aimer son prochain comme soi-même. Le jeune homme reste sur sa faim. Jésus lui révèle alors l'authentique chemin du Salut : « Viens, suis-moi » (Matthieu, 19, 16-22). Cette injonction résume la spiritualité christique, un message qui s'adresse à chaque individu, indépendamment de toute médiation extérieure, auquel chacun est appelé à répondre en toute liberté. Jésus ne parle pas d'élection ou de salut d'un peuple, le thème privilégié des prophètes. Mais du salut de chaque individu qui met ses pas dans ceux du Christ : « Moi, je suis la Lumière du monde. Qui me suit ne marchera pas dans les ténèbres, mais aura la lumière de la vie » (Jean, 8, 12).

Mais que signifie « suivre Jésus » ? Qu'est-ce qu'être un authentique disciple du Christ ? On trouve dans les Évangiles une réponse à deux niveaux. Le premier concerne ceux qui ont une connaissance explicite de Jésus et de son message. Ce qui compte alors c'est d'écouter sa parole et de la mettre en pratique. Jésus achève ainsi son Sermon sur la montagne qui synthétise son enseignement : « Quiconque écoute ces paroles que je viens de dire et les met en pratique peut se comparer à un homme avisé qui a bâti sa maison sur le roc [...]. Et quiconque entend ces paroles que je viens de dire et ne les met pas en pratique, peut se comparer à un homme insensé qui a bâti sa maison sur le sable » (Matthieu, 7, 24 et 26). De manière ultime, cet enseignement se résume dans l'amour de Dieu et l'amour du prochain (Matthieu, 22, 36-37). Un précepte déjà au cœur de la Loi juive, mais que Jésus s'emploie à renouveler en lui donnant tout son sens, en le débarrassant de l'hypocrisie et du légalisme religieux qui l'avaient étouffé. Un commandement qu'il renouvelle aussi par le témoignage qu'il donne lui-même à travers sa vie et ses gestes : « Je vous donne un commandement nouveau : vous aimer les uns les autres comme je vous ai aimés » (Jean, 13, 34). Par ses paroles et par ses actes, Jésus devient le modèle de tout chrétien. Marcher sur ses pas consiste donc, en étant relié à lui par sa grâce, à tenter de le suivre sur le chemin d'amour qu'il a montré.

À un deuxième niveau, Jésus montre qu'on peut vivre de la sagesse qu'il a transmise, sans l'avoir connu ou avoir eu connaissance de son message, en pratiquant l'amour du prochain et la sollicitude à l'égard du pauvre. Ce thème parcourt tous les Évangiles et j'y reviendrai plus longuement dans l'épilogue du livre car c'est une clef capitale. Puisque Dieu est amour, puisque telle est sa définition même, tous ceux qui aiment, qu'ils soient croyants ou non, vivent dans la vérité. Jean résume à merveille cet enseignement du Christ qui relativise le rôle de toute médiation religieuse, la nécessité de toute foi explicite : « Bien-aimés, aimons-nous les uns les autres, puisque l'amour est de Dieu et que quiconque aime est né de Dieu et connaît Dieu. Celui qui n'aime pas n'a pas connu Dieu, car Dieu est Amour » (I Jean, 4,7).

Les paradoxes du Royaume

En même temps qu'il promet le Salut, Jésus annonce un monde nouveau : le Royaume de Dieu. Celui-ci tient un rôle central dans ses discours, depuis le début de sa prédication publique : « Le temps est accompli et le Royaume de Dieu est tout proche. Repentez-vous et croyez à l'Évangile », commence-t-il par dire quand il s'en va pour la Galilée après l'arrestation de Jean Baptiste (Marc, 1, 15). Mais au sujet de ce royaume qui ponctue pourtant tous ses discours – on compte quatre-vingt-dix-neuf occurrences dans les trois Évangiles synoptiques – Jésus donne peu de précisions. C'est un royaume de bonheur et de justice

La philosophie du Christ

qui est à la fois déjà présent – « le Royaume de Dieu est au milieu de vous » (Luc, 17, 21) – et à venir : Jésus multiplie dans ses discours les références eschatologiques comme l'ont fait les prophètes avant lui, pour presser ceux qui l'écoutent de se convertir avant l'échéance de la fin des temps. À ce moment, après que le mal eut rongé la terre, que les nations se furent dressées les unes contre les autres et que les famines et les tremblements de terre eurent dévasté l'humanité (Matthieu, 24, 6-9), adviendront le Jugement dernier et le Royaume de Dieu : « Et alors on verra le Fils de l'homme venant des nuées avec grande puissance et gloire » (Marc, 13, 26). Ce royaume est aussi présenté comme intérieur et extérieur à l'homme.

Le célèbre discours du Christ des Béatitudes montre qu'au sein de ce royaume, toutes les valeurs se renversent. Les « heureux » ne sont plus les forts, les durs, les riches, les repus, les puissants. Au contraire, les pauvres et les derniers sont les premiers, ceux qui ont faim sont rassasiés, les repus sont affamés, ceux qui pleurent rient et ceux qui rient pleurent, ceux qui sont haïs et insultés sautent de joie (Matthieu, 5, 1-9 ; Luc, 6, 20-26). C'est ce que Paul appellera plus tard « la folie du message » qu'est l'Évangile » (I Corinthiens, 1, 21). Et Jésus d'incarner cet enseignement en lavant les pieds de ses apôtres comme seuls le font les esclaves : « C'est un exemple que je vous ai donné pour que vous fassiez, vous aussi, comme moi j'ai fait pour vous » (Jean, 13, 15), leur dit-il. Car dans le royaume, « celui qui voudra être le premier parmi vous, sera l'esclave de tous » (Marc, 10, 44).

Nous sommes là devant un thème central de la spiritualité chrétienne, à mon avis unique dans l'histoire des religions. Jésus renverse non seulement toutes les hiérarchies humaines dominantes fondées sur la force et la réussite visibles – les premiers seront derniers – mais bien davantage encore il affirme que la grâce habite la misère, la souffrance, le péché, la fragilité. Il vient annoncer la béatitude au cœur même du malheur. Tandis que le succès, la puissance et la richesse sont traditionnellement perçus comme des signes de bénédiction divine, Jésus affirme l'inverse : Dieu est présent au plus intime de ce qui est humble, douloureux, méprisé. Il est du côté des victimes et non plus des bourreaux. Jésus se dit proche aussi de celui qui commet le mal, de celui qui chute sous le poids de ses faiblesses et il affirme vouloir l'aider à se relever : « Je ne suis pas venu appeler les justes, mais les pécheurs » (Matthieu, 9,13).

Donner un sens à la souffrance

Avec les épîtres de Paul s'installe la théologie de la Croix, articulée autour de la personne du Christ consentant au sacrifice suprême : « Nous proclamons, nous, un Christ crucifié, scandale pour les Juifs et folie pour les païens » (I Corinthiens, 1, 23). Malheureusement cette théologie a dégénéré, surtout à partir du XIe siècle avec saint Anselme, dans une conception sacrificielle sanglante selon laquelle le Fils serait venu sauver les hommes de la colère du Père et de l'emprise du diable en mourant sur la croix. Avec comme corollaire de cette conception sadomasochiste du plan divin que les vrais disciples du Christ sont ceux qui souffrent le plus. D'où cette fascination morbide qu'ont eue tant de chrétiens pour la souffrance, dite le dolorisme.

Les Évangiles montrent bien que le Christ n'a pas voulu sa mort, ne l'a pas recherchée, ne l'a pas désirée. La nuit qui précède son arrestation, il supplie Dieu de lui épargner cette épreuve : « Père si tu le veux, éloigne de moi cette coupe. » En même temps, il la savait inéluctable parce que son enseignement ne pouvait pas être entendu des autorités religieuses de son temps. Il était trop dérangeant, trop subversif, trop révolutionnaire pour être toléré. Comme je l'ai expliqué dans le prologue, si la mort de Jésus est salutaire, ce n'est pas parce qu'elle fait plaisir à son Père, mais parce qu'elle est le témoignage ultime, radical, de sa fidélité à la vérité de son amour pour les hommes. Il n'a pas renoncé par peur. Il a aimé jusqu'à accepter la douleur et la mort. En cela, il transfigure la mort et la souffrance, il leur donne une *nouvelle signification*. Il montre que librement acceptées, quand rien ne peut être fait pour les éviter sans se trahir soi-même, elles grandissent l'homme au lieu de l'écraser. On pourrait dire la même chose de Socrate, dont l'acceptation sereine de la mort a bouleversé ses disciples. Il y a toutefois une différence entre ces deux grands sages : Jésus ne se présente pas comme un simple être humain, mais comme l'Envoyé de Dieu, le Fils bien-aimé du Père. Pour le non-croyant, cela ne change rien. Mais pour ses disciples et pour tous les chrétiens croyants, le fait que le Fils de Dieu, celui qui aurait pu échapper par la toute-puissance divine à la souffrance et à la mort, accepte de traverser cette épreuve ultime de la vie humaine, cela change tout. Comme dit la liturgie chrétienne : « Par sa mort, il a vaincu la mort. » C'est le sens pédagogique de la Résurrection et de ses apparitions aux disciples : la mort n'est qu'un passage vers une autre dimension de la vie. Et la manière dont on vit et dont on meurt conditionne cette nouvelle vie. C'est toute l'espérance des chrétiens.

Quant à la souffrance, elle est en soi parfaitement inutile. Jésus montre même qu'elle est horrible. Face au problème du mal, il ne donne pas de réponse rationnelle ou même théologique. Il apporte juste un geste : sa propre traversée de l'énigme du mal. Mais en l'acceptant librement quand il ne peut pas l'éviter, il indique au croyant qu'il existe une manière d'accepter la douleur inévitable – une maladie, un deuil, l'angoisse, l'approche de la mort – qui peut faire grandir le cœur de l'homme, l'ouvrir à des dimensions de compréhension, d'amour et de compassion insoupçonnées. Jésus ne cherche pas à supprimer le tragique de l'existence. Il l'assume pleinement. On est très loin de la conception doloriste qui conduit ses adeptes à rechercher volontairement la douleur, la mortification, pour se rapprocher du Christ en croyant l'imiter.

J'ajouterai que le sacrifice du Christ *subvertit* toute *la pensée sacrificielle* traditionnelle. Dans deux ouvrages majeurs [1], René Girard a en effet proposé la thèse, que je crois très pertinente, selon laquelle la logique sacrificielle répond au besoin de conjurer la violence inhérente aux sociétés humaines. On sacrifie un être humain ou à défaut un animal parce qu'on a besoin d'exorciser le mal, de le fixer sur une victime. Le besoin d'identifier un ennemi, de diaboliser l'autre, encore très présent dans nos sociétés modernes, répond à cette logique qui conduisait les peuples anciens à pratiquer des sacrifices sanglants sur des individus censés représenter le mal. Or le sacrifice du Christ manifeste l'inanité et le mensonge de cette logique du « bouc émissaire », dans la mesure où il révèle que la victime est innocente. Comme l'explique Girard : « Le paradoxe de la Croix est qu'elle reproduit la structure archaïque du sacrifice pour l'inverser, mais cette inversion est une remise à l'endroit de ce qui était à l'envers " depuis le commencement du monde " : la victime n'est pas coupable, elle n'a donc plus le pouvoir d'absorber la violence. La Croix est la révélation d'une vérité destructrice sur le plan social [2]. »

L'éthique du Christ

Jésus bouleverse toutes les règles morales en vigueur jusqu'à lui, déterminant un nouveau mode de relation non seulement entre l'homme et Dieu, mais surtout entre les hommes eux-mêmes pour fonder une nouvelle manière de vivre. Les règles qu'il instaure prennent appui sur l'*agapè*, l'amour de Dieu. Mais comme nous le verrons plus loin, elles ont historiquement débordé le champ religieux du christianisme pour fonder une éthique que nous considérons aujourd'hui en Occident comme universelle et laïque : l'égalité entre tous les êtres humains, la fraternité, la liberté de choix, la promotion de la femme, la justice sociale, la non-violence, la séparation des pouvoirs spirituel et temporel...

L'égalité

En affirmant de manière forte le respect égal auquel chaque être humain a droit, Jésus s'inscrit dans une perspective universaliste et instaure une nouvelle éthique qui concerne toute l'humanité. Il est en rupture avec la morale de son temps – qu'elle soit philosophique ou religieuse – qui reconnaissait le prochain uniquement parmi les siens, appartenant au même peuple, à la même caste, au même clan, à la même cité. Pour les Juifs d'alors, nulle égalité entre les Juifs et les non-Juifs. Nulle égalité non plus pour les Grecs de l'Antiquité entre les Grecs et les Barbares, entre les hommes et les femmes, entre les citoyens et les esclaves. Pour Jésus, au contraire, parce que tous les hommes sont fils d'un même Père, ils sont tous frères, donc tous égaux. Cette notion de fraternité humaine universelle, l'*idée éthique d'humanité*, est radicalement nouvelle dans la pensée occidentale. Je dis bien occidentale, car on trouve déjà cette idée, exprimée autrement, notamment chez le Bouddha et chez le penseur chinois Mencius [3]. En rupture avec le contexte culturel de son époque, elle est en tout cas le principe essentiel, la pierre angulaire qui sous-tend l'ensemble de l'enseignement du Christ et qui définit le « règne de Dieu », cette société nouvelle qu'il proclame et dont l'édification a déjà commencé, ici et maintenant.

Pour bien faire comprendre à ses interlocuteurs l'importance et la radicalité de son enseignement, Jésus exprime cette égalité en mettant en avant les pauvres, les malades et les exclus, les « inférieurs » de son temps. Il s'en prend avec véhémence aux pratiques discriminatoires des scribes et des pharisiens qui « ferment aux hommes le Royaume des Cieux » (Matthieu, 23, 13). Sa politique égalitariste contrevient aux normes sociales de son époque, et même à la Loi mosaïque, quand il refuse la distinction entre les purs et les impurs, fréquente les lépreux, les publicains et les prostituées, s'adresse aux enfants que ses disciples respectueux essayent d'écarter de lui, accepte des païens parmi ses fidèles, tel le centurion romain de Capharnaüm dont il dit avec admiration : « Chez personne je n'ai trouvé une telle foi en Israël » (Matthieu, 8, 10).

Il abolit les différences liées à l'âge, au statut, au sexe, à l'appartenance ethnique. Il ne s'intéresse qu'à la personne, créée par Dieu et voulue par Lui pour elle-même. Sa conception de l'altérité est alors révolutionnaire : l'autre, quel qu'il soit, est mon « prochain ».

La philosophie du Christ

À un disciple qui lui demande d'expliciter ce mot, Jésus répond par la parabole du Samaritain pris de pitié pour un inconnu abandonné au bord d'une route par des brigands qui l'ont dépouillé de tous ses biens et laissé pour mort. Le prêtre et le lévite se sont détournés du malheureux. Le Samaritain, bien qu'il soit considéré par les Juifs comme un étranger, un impur, s'arrête devant cet inconnu, le soigne et le conduit dans une auberge où il subvient à ses besoins. « Lequel des trois, à ton avis, s'est montré le prochain de l'homme tombé entre les mains des brigands ? » interroge Jésus. « Celui qui a exercé la miséricorde envers lui », répond son interlocuteur. « Va, et toi aussi fais de même », lui ordonne-t-il (Luc, 10, 29-37). Paul résumera cette révolution en proclamant : « Il n'y a ni Juif, ni Grec, il n'y a ni esclave ni homme libre, il n'y a ni homme ni femme, car tous vous ne faites qu'un dans le Christ Jésus » (Galates, 3, 28).

Les premiers chrétiens mettent immédiatement en application le principe de l'égalité de tous devant Dieu, en abolissant les hiérarchies lors des repas communs, puis des eucharisties, auxquelles pauvres et riches, indigents et notables, participent côte à côte, à la même table. L'égalité universelle s'imposera avec la formation des communautés mixtes, quand une même dignité est reconnue pour les croyants d'origine juive et païenne. Au IVe siècle, saint Jérôme résume ainsi l'égalité, signe de l'unicité de la nature de tous les hommes : « Celui que nous méprisons, dont nous ne pouvons souffrir la présence, dont la seule vue nous fait vomir, est pareil à nous, constitué absolument de la même glaise que nous, composé des mêmes éléments. Tout ce qu'il endure, nous aussi pouvons l'endurer [4]. »

La liberté de l'individu

La liberté individuelle est une dimension fondamentale de l'enseignement de Jésus, liée à la voie personnelle de salut qu'il propose. Refusant l'idée d'un déterminisme ou d'un destin fixé d'avance, il affirme que chacun peut tracer son propre chemin, « enlever la poutre de [son] œil » pour voir plus clair (Luc, 6, 42) ou, au contraire, refuser sa parole : « Large en effet, et spacieux le chemin qui mène à la perdition, et il en est beaucoup qui s'y engagent. Mais étroite est la porte et resserré le chemin qui mène à la Vie, et il en est peu qui le trouvent » (Matthieu, 7, 13-14). Il met en valeur dans tout son enseignement la liberté de choix de l'individu. Nulle fatalité, nulle détermination ne peut altérer la possibilité de faire certains choix fondamentaux. Jésus ne nie pas pour autant qu'il puisse exister des failles intérieures, des conditionnements psychiques qui entravent la liberté des individus. C'est la raison pour laquelle, deux mille ans avant la découverte de l'inconscient par Freud, il a cette parole fulgurante : « Ne jugez pas. » (Matthieu, 7, 1). Mais il entend montrer que la grandeur de l'être humain consiste à avoir au fond de lui, même plus ou moins altérée, cette liberté de choisir.

Dans un environnement où chacun est *lié* par ses origines ethniques, sociales, religieuses, familiales, Jésus demande à ceux qui veulent le suivre de commencer par briser ces chaînes. Comme l'égalité de tous les êtres humains, c'est aussi une révolution dont on mesure aujourd'hui mal la portée. Les sociétés anciennes fonctionnaient sur l'autorité de la tradition, le primat du groupe sur l'individu. C'est encore le propre de toutes les sociétés traditionnelles. Or, Jésus entend émanciper l'individu du groupe, à

La philosophie du Christ

commencer par les liens les plus forts : les liens familiaux. Comme nous l'avons vu, lui-même s'est libéré de sa famille et de son clan, et il exige de ses disciples qu'ils en fassent autant : « Qui aime son père ou sa mère plus que moi n'est pas digne de moi. Qui aime son fils ou sa fille plus que moi n'est pas digne de moi » (Matthieu, 10, 37 ; Luc, 14, 26). Il n'hésite pas non plus à critiquer certaines choses que la tradition enseigne, appelant chaque croyant à opérer un discernement critique. Dans son Sermon sur la montagne (Matthieu, 5-7), Jésus s'oppose sur certains points à la loi des Anciens, ou à leur interprétation, et n'a pas de mots assez durs contre l'hypocrisie religieuse. Il remplace la loi du talion par celle de la main tendue, et à l'amour du prochain il ajoute celui de l'ennemi. Il s'élève contre l'ostentation dans l'attitude des religieux et appelle, au contraire, à la prière dans le secret.

Jésus subvertit radicalement la hiérarchie sociale. Il s'est même adressé en priorité aux « petites gens » que la culture de son époque, tant juive que gréco-romaine, considérait réfractaires aux choses de la pensée, incapables d'appréhender par eux-mêmes les voies de la sagesse comme le feraient les classes plus éduquées des prêtres, des docteurs de la Loi ou des notables. Or, pour lui, il n'y a pas de « petites gens » : seules existent des personnes aptes, quelles que soient leurs conditions de vie, à choisir la voie juste. Parce que chacun est capable de discernement, il demande le remplacement des impératifs des règles religieuses préétablies par la responsabilisation de l'individu : « Ce n'est pas ce qui entre dans la bouche qui souille l'homme, mais ce qui sort de sa bouche, voilà ce qui souille l'homme » (Matthieu, 15, 11), dit-il en opposant les strictes lois de pureté alimentaire à celles, encore plus exigeantes, d'une éthique personnelle.

La loi de Jésus transcende les normes religieuses et sociales au profit d'un appel à la conscience individuelle.

Par ailleurs Jésus se méfie de la richesse et considère que la vraie liberté passe par le détachement des biens terrestres et des attributs du pouvoir : « Qui veut sauver sa vie la perdra, mais qui perdra sa vie à cause de moi, celui-là la sauvera. Que sert donc à l'homme de gagner le monde entier s'il se perd ou se ruine lui-même ? » (Luc, 9, 24-25). Allégés de ces contingences, ceux qui le suivent peuvent enfin entendre son message, qui est en soi porteur d'une libération : « Si vous demeurez dans ma parole, vous êtes vraiment mes disciples, et vous connaîtrez la vérité et la vérité vous libérera », promet-il aux Juifs qui ont cru en lui (Jean, 8, 31-32).

Néanmoins, Jésus ne menace pas ceux qui se détournent de son appel. Au contraire, il raconte à ses disciples la parabole du fils prodigue qui réclame à son père sa part d'héritage, s'en va la dilapider dans un pays lointain et se retrouve dans la misère. Le ventre vide, le fils décide de retourner chez son père, de se repentir et de lui demander de le reprendre, non plus comme son fils puisqu'il a péché, mais comme l'un de ses ouvriers. L'apercevant au loin, le père court à sa rencontre, le couvre de baisers, fait tuer le veau gras et ordonne une fête, expliquant à ses serviteurs : « Car mon fils que voilà était mort et il est revenu à la vie ; il était perdu et il est retrouvé » (Luc, 15, 11-32). Telle est, selon le Christ, la liberté de choix suprême que Dieu offre aux hommes : partir, et revenir ensuite s'ils le veulent, en sachant que dans ce cas, ils seront toujours accueillis, jamais jugés ni condamnés. La notion de « péché mortel » ou de « crime d'apostasie » n'existe pas en langage christique.

La philosophie du Christ

Dans sa lettre aux Galates qui hésitent sur la voie de la conversion, Paul explicitera plus tard cette idée de liberté en dénonçant à la fois les pratiques païennes et les rigidités de la Loi mosaïque et en les opposant à ce que propose le Christ : « Comment retourner encore à ces éléments sans force ni valeur, auxquels à nouveau, comme jadis, vous voulez vous asservir ? Observer des jours, des mois, des saisons, des années ! (...). La Jérusalem actuelle est esclave avec ses enfants. Mais la Jérusalem d'en haut est libre, et elle est notre mère (...). Frères, ne sommes-nous pas enfants d'une servante, mais de la femme libre ? » (Galates, 4, 9-10. 25-26. 31).

L'émancipation de la femme

À l'époque de Jésus, les femmes qui ne jouissent pas d'une tutelle masculine sont mises au ban de la société : les veuves, et encore plus les divorcées et les célibataires. Quant aux prostituées et aux étrangères, considérées comme impures, elles ne peuvent même pas bénéficier de la charité publique que la Loi mosaïque impose d'exercer, mais uniquement en direction des purs parmi le peuple d'Israël. Jésus passe outre à ces considérations et les accepte toutes à ses côtés. Il y a des femmes « convenables », comme Marthe et Marie qui l'accueillent dans leur maison (Luc, 10, 38-42), la seconde abandonnant les tâches domestiques pour s'asseoir et écouter ses enseignements, comme le ferait un homme. Il y a surtout des pécheresses, telle celle qui le suit à la table du pharisien, arrose ses pieds de larmes et de parfum puis les essuie avec ses cheveux qui ne sont donc pas recouverts, comme l'exige la Loi. À Simon qui s'en étonne, Jésus la cite en exemple : « Tu vois cette femme ? Je suis entré dans ta maison et tu ne m'as pas versé d'eau sur les pieds ; elle, au contraire, m'a arrosé les pieds de ses larmes et les a essuyés avec ses cheveux. Tu ne m'as pas donné de baiser ; elle, au contraire, depuis que je suis entré, n'a cessé de me couvrir les pieds de baisers. Tu n'as pas répandu d'huile sur ma tête ; elle, au contraire, a répandu du parfum sur mes pieds. À cause de cela, je te le dis, ses péchés, ses nombreux péchés, lui sont remis parce qu'elle a montré beaucoup d'amour » (Luc, 7, 36-50). Jésus ne rabroue pas non plus la femme hémorragique qui le touche en dépit de son impureté ; au contraire, quand elle se « jette à ses pieds », « craintive et tremblante », il lui parle avec une grande tendresse : « Ma fille, ta foi t'a sauvée. Va en paix » (Marc, 5-34).

La liberté que les femmes acquièrent auprès de lui est tout à fait naturelle, puisque à ses yeux, elles sont les *égales* des hommes. Dans une société qui punit le délit d'adultère (celui de la femme bien entendu) par la peine de mort, il vient au secours d'une femme prise en flagrant délit d'adultère, que les scribes et les pharisiens veulent lapider selon les prescriptions de la Loi. Il leur répond simplement : « Que celui d'entre vous qui est sans péché lui jette le premier une pierre » (Jean, 8, 3-11).

C'est une Cananéenne, donc une étrangère, qui l'ouvre à l'universalité en lui demandant de guérir sa fille (Matthieu, 15, 22-28). C'est à une autre étrangère, la Samaritaine, cinq fois divorcée et vivant en concubinage, qu'il livre l'un de ses plus importants enseignements (Jean, 4, 5-30). Il lui parle alors qu'ils sont seuls, transgressant les conventions ; ses disciples, qui surprennent ce tête-à-tête, sont surpris mais n'osent pas l'interroger. Les Evangiles affirment que c'est encore à une femme, Marie de Magdala, que Jésus apparaît pour la première fois après sa passion et c'est à elle qu'il demande d'annoncer la nouvelle de sa résurrection à ses disciples qui se terrent. Elle est l'apôtre des apôtres.

Il aura sûrement été trop moderne pour son temps : même Paul, pourtant le plus révolutionnaire, au sens christique du terme, parmi les premiers chrétiens, ne pourra le suivre jusqu'au bout sur cette voie. Certes, Paul admet en théorie l'égalité des deux sexes, mais dans sa première épître aux Corinthiens, il rappellera que « l'origine de la femme, c'est l'homme » (11, 3) et imposera le silence à celle-ci dans les assemblées : « Si elles veulent s'instruire sur quelque point, qu'elles interrogent leur mari à la maison » (14, 35).

La justice sociale

Contrairement à d'autres prophètes de son époque, nous avons vu que Jésus n'a pas appelé à la révolte sociale ou politique, ni au renversement des riches ou des classes dirigeantes. Les Romains eux-mêmes ne l'ont pas perçu comme un agitateur.

Jésus fréquente les pauvres et s'adresse à eux, mais il ne méprise pas les riches pour leurs richesses. Ses amis Marthe, Marie et Lazare sont des gens aisés. De même que les publicains chez lesquels Jésus s'attable sans leur demander de changer de métier, exigeant simplement d'eux qu'ils soient honnêtes dans leur exercice (Luc, 3, 13). S'il demande aux plus parfaits parmi ses disciples d'abandonner tous leurs biens, Jésus se contente, à l'intention de la majorité, de dénoncer l'accumulation inutile des biens : à quoi serviront les abondantes réserves de blé de celui qui s'est occupé à entasser des richesses, alors que son heure viendra la nuit même (Luc, 12, 16-21) ? Ce n'est pas l'argent, mais l'amour de l'argent qu'il dénonce : « Nul ne peut servir deux maîtres, ou il haïra l'un et aimera l'autre, ou il s'attachera à l'un et méprisera l'autre. Vous ne pouvez servir Dieu et l'argent » (Matthieu, 6, 24).

L'idée centrale du message évangélique n'est pas l'interdiction ou le mépris de la richesse, mais *la nécessité du partage*. Jésus dénonce ceux qui accumulent les richesses sans se soucier des pauvres qui vivent à leurs portes. La parabole de Lazare et de l'homme riche est à cet égard édifiante. Un homme riche ne prête guère attention sa vie durant à un homme pauvre, nommé Lazare, couvert d'ulcères que les chiens léchaient et qui « aurait bien voulu se rassasier de ce qui tombait de la table du riche ». Or Lazare meurt et son âme va au paradis. Lorsque l'homme riche meurt, il se retrouve dans un lieu de souffrance et supplie Abraham de demander à Lazare de lui porter ne serait-ce qu'une goutte d'eau pour apaiser sa soif. Abraham lui explique que c'est impossible car un abîme a été dressé entre ces deux mondes. L'homme riche demande alors à Abraham qu'il envoie Lazare prévenir ses frères de ne pas vivre aussi égoïstement que lui afin de leur épargner cette torture dans l'au-delà. Abraham lui répond que du moment qu'ils ne suivent pas les prescriptions de la Loi qui enseigne l'aumône, ils ne changeront pas d'attitude, même s'ils voyaient quelqu'un ressuscité d'entre les morts. On a pu interpréter cette parabole comme un appel à ne rien changer dans le monde : puisque les pauvres iront au paradis, qu'ils restent pauvres ! C'est évidemment exactement le message inverse que Jésus entend délivrer : l'impératif du partage et de la charité.

Dans les civilisations antiques, la charité est l'apanage des rois et des élites dont les distributions de nourriture sont annoncées avec ostentation aux mendiants et aux miséreux de la cité. Dans la Palestine du

La philosophie du Christ

temps de Jésus, les actions caritatives, ordonnées par la Torah, s'organisent essentiellement autour des synagogues. Mais les hommes pieux excluent les impurs de leur miséricorde. L'une des innovations majeures de Jésus est le bouleversement qu'il apporte à la pratique de la charité ; dès la naissance des premières communautés chrétiennes, celle-ci deviendra d'ailleurs l'un des principaux signes distinctifs des disciples du Christ. « La foi, si elle n'a pas les œuvres, elle est tout à fait morte », dira Jacques, le frère de Jésus (Jacques, 2,17).

Le message du Christ sur le don est résumé en une parole qui lui est attribuée par Paul dans les Actes des Apôtres, et que la majorité des exégètes reconnaissent comme un *logion* authentique : « Il y a plus de bonheur à donner qu'à recevoir » (Actes, 20, 35). Le don, insiste Jésus, ne doit pas être l'apanage des riches : chacun doit donner à sa mesure. Et d'illustrer cet enseignement par l'histoire d'une pauvre veuve s'avançant vers le tronc du Temple où les riches mettent de grosses sommes. Elle-même n'a que deux piécettes à y déposer : « Cette veuve, qui est pauvre, a mis plus que tous ceux qui mettent dans le Trésor. Car tous ont mis de leur superflu, mais elle, de son indigence, a mis tout ce qu'elle possédait, tout ce qu'elle avait pour vivre » (Marc, 12, 41-44). Quant au riche jeune homme qui le sollicite sur le moyen de gagner la vie éternelle, Jésus lui prodigue pour ultime conseil de donner tous ses biens aux pauvres afin d'avoir « un trésor dans les cieux » (Matthieu, 19, 21).

« Donne à qui te demande », dit encore Jésus (Matthieu, 5, 42) tout en lançant cet avertissement : « Quand donc tu fais l'aumône, ne va pas le claironner devant toi ; ainsi font les hypocrites, dans les synagogues et les rues, afin d'être glorifiés par les hommes

[...]. Quand tu fais l'aumône, que ta main gauche ignore ce que fait ta main droite, afin que ton aumône soit secrète; et ton Père, qui voit dans le secret, te le rendra » (Matthieu, 6, 2-4). Dans sa première lettre, Jean exprime une conviction profondément enracinée chez les chrétiens : « Si quelqu'un, jouissant des biens de ce monde, voit son frère dans la nécessité et lui ferme ses entrailles, comment l'amour de Dieu demeurerait-il en lui ? Petits enfants, n'aimons ni de mots ni de langue, mais en actes et en vérité » (I Jean, 3, 17-18).

Précisons encore qu'à la justice des hommes, Jésus préfère la justice entre les hommes : « Hâte-toi de t'accorder avec ton adversaire, tant que tu es encore avec lui sur le chemin, de peur que l'adversaire ne te livre au juge, et le juge au garde, et qu'on ne te jette en prison » (Matthieu, 5, 25). Dans cette société juste qu'il prophétise, les hommes devront savoir être miséricordieux, se rendre justice et se pardonner mutuellement, de même que le Père céleste leur rend justice et leur pardonne aussi (Matthieu, 6, 14).

La séparation des pouvoirs

Le vocabulaire de Jésus est dénué de références au pouvoir religieux – sauf pour le condamner quand il parle des prêtres du Temple et des docteurs de la Loi. Lui-même ne reconnaît qu'un pouvoir et un royaume, celui de Dieu. Mais d'un Dieu qui se comporte comme un père plutôt que comme un roi : il aide, donne, pardonne, protège, aime. En même temps, Jésus prend acte de l'existence du pouvoir politique. Il ne le défie pas, mais il s'en méfie, et plus encore il le relativise : « Ne craignez rien de ceux qui tuent le corps mais ne peuvent tuer l'âme; craignez plutôt Celui qui peut perdre dans la géhenne à la fois l'âme et le corps » (Matthieu, 10, 28). Pour autant, il n'interdit pas au publicain de percevoir les impôts du peuple au profit des Romains : il lui demande simplement de ne pas prendre plus que la juste mesure (Luc, 3, 13). Et, bien qu'il considère cette taxe comme injuste parce que contrevenant à la « liberté des fils », il ne refuse pas non plus de payer deux drachmes au Temple « pour ne pas les scandaliser » (Matthieu, 17, 24-27).

La justice des hommes n'est pas celle de Dieu et les lois qui confondent les deux sphères, telle cette loi biblique qui prescrit la lapidation de la femme adultère, n'ont aucune valeur à ses yeux. Le message de Jésus est en fait une dénonciation de la confusion entre les champs du religieux et du politique, inconciliables selon lui. C'est dans cette optique que Jésus demande à voir une pièce d'argent avant de se positionner sur la légitimité du paiement de l'impôt à César. Il l'observe, interroge : « De qui est l'effigie que voici ? Et l'inscription ? » Ses interlocuteurs, des pharisiens et des partisans d'Hérode envoyés pour lui tendre un piège, lui répondent : « De César. » Et Jésus dit alors, à leur grand étonnement : « Rendez à César ce qui est à César, et à Dieu ce qui est à Dieu » (Marc, 12, 13-17). Il refuse que la foule en fasse un roi et affirme à Pilate qui lui demande s'il est le roi des Juifs : « Mon royaume n'est pas de ce monde » (Jean, 18,36).

Si Jésus a clairement affirmé la séparation des pouvoirs spirituels et temporels, son message reste cependant profondément paradoxal sur le statut du chrétien qui doit à la fois vivre *dans* le monde sans être *du* monde, se soumettre aux règles civiles tout en étant « le levain dans la pâte », parce que sa foi le place intérieurement *hors du monde*. Cet entre-deux assez inconfortable sera source de grande créativité et de fortes contradictions tout au long de l'histoire du christianisme.

La non-violence et le pardon

Mis à part son impressionnant coup de colère au Temple, où il renverse violemment les tables des changeurs et des vendeurs (Marc, 11,15-19), Jésus est profondément pacifiste ; il proclame le règne de Dieu et l'avènement d'une société de justice et de liberté, mais il refuse la violence pour y parvenir, « car tous ceux qui prennent le glaive périront par le glaive » (Matthieu, 26, 52). Gandhi a répété de nombreuses fois que les Évangiles avaient inspiré sa lutte non violente pour l'indépendance de l'Inde. Jésus entend en effet faire comprendre à ses interlocuteurs que la violence est un cycle qui s'alimente en permanence de la réaction de l'autre. Quelqu'un est agressé, il répond par un acte violent qui alimente la violence de son agresseur etc. Ce cycle infernal de la violence fonctionne tant au niveau individuel que collectif. À chaque nouveau palier franchi, chacun trouve une raison juste de se venger et nul ne sait plus à la fin qui a été véritablement à l'initiative du premier acte de violence ayant entraîné des représailles.

Jésus enseigne à ne pas rentrer dans ce cycle sans fin. Et pour cela, il n'y a qu'une solution : ne jamais répondre à la provocation de l'agresseur par une attitude mimétique. Rien ne peut d'ailleurs davantage déstabiliser un individu agressif que l'absence de réaction violente de sa victime. La psychologie moderne a bien montré comment nombre d'individus tentent d'entraîner les autres dans leur propre violence en les agressant afin de susciter une réaction susceptible de légitimer a posteriori leur propre désir d'en découdre. Cela s'appelle en termes simples une provocation.

La philosophie du Christ

Jésus dit de manière radicale qu'il ne faut jamais répondre à une provocation. Qu'il faut même avoir l'attitude exactement inverse de celle qu'attend notre agresseur. Il n'y a pas de meilleur moyen de le désarmer. Et la non-réponse à la violence révèle le mensonge de l'agresseur.

Bien qu'elle ait constitué une avancée éthique considérable, la Torah n'a pas pour autant condamné la vengeance : « Tu donneras vie pour vie, œil pour œil, dent pour dent, pied pour pied, brûlure pour brûlure, meurtrissure pour meurtrissure, plaie pour plaie » (Exode, 21, 23-25). Jésus appelle à un changement radical d'attitude et à un dépassement de l'ancienne Loi : « Vous avez entendu qu'il a été dit " œil pour œil et dent pour dent ". Et moi je vous dis de ne pas tenir tête au méchant : au contraire, quelqu'un te donne-t-il un soufflet sur la joue droite, tends-lui encore l'autre ; veut-il te faire un procès et prendre ta tunique, laisse-lui même ton manteau » (Matthieu, 5, 38-40).

Mais le Christ va plus loin. Non seulement il demande de ne pas répondre à la violence par la violence ; non seulement il suggère de dévoiler la fausseté de l'agresseur en adoptant l'attitude exactement inverse à celle qu'il attend ; mais en plus il exige de l'aimer ! « Vous avez entendu qu'il a été dit : Tu aimeras ton prochain et tu haïras ton ennemi. Eh bien ! Moi je vous dis : Aimez vos ennemis et priez pour vos persécuteurs, afin de devenir fils de votre Père qui est aux cieux, car il fait lever son soleil sur les méchants et sur les bons, et tomber la pluie sur les justes et sur les injustes » (Matthieu, 5, 43-45).

Un très beau dessin animé, *Kirikou*, montre une vieille et méchante sorcière. Le grand-père explique à son petit-fils qu'elle porte une épine plantée dans le dos et lui explique ainsi la raison de son comportement : « Elle est méchante parce qu'elle a mal. » C'est précisément ce qu'enseigne Jésus. La méchanceté, le désir de violence sont rarement gratuits. Il y a bien souvent une cause qui explique – sans le justifier – un acte cruel. Un père violent a pu subir des violences dans son enfance. Une femme peut abandonner ses enfants comme elle-même a été abandonnée ou négligée par sa propre mère. De manière beaucoup plus banale, un homme qui donne un coup de pied à son chien a peut-être été humilié par son patron dans la journée. Cela n'excuse rien, mais permet de ne pas haïr ceux qui commettent le mal et d'essayer au contraire de les aimer, ce qui est d'autant plus dur quand nous en sommes les victimes.

Voilà ce que sont la compassion et le pardon. C'est sans doute l'un des sommets de la sagesse du Christ. Et le pardon n'a pas de limites : « Alors Pierre, s'avançant, lui dit : " Seigneur, combien de fois mon frère pourra-t-il pécher contre moi et devrai-je lui pardonner ? Irai-je jusqu'à sept fois ? " Jésus lui dit : " Je ne te dis pas jusqu'à sept fois, mais jusqu'à soixante-dix-sept fois » (Matthieu, 18, 21-22).

Le pardon ne signifie pas l'oubli. Oublier le mal qui est fait, ce serait une forme de déni. Le pardon ne signifie pas plus l'absence de justice : il est nécessaire de se protéger, de protéger les victimes et même de protéger l'agresseur de sa propre violence en faisant appel à la justice humaine. Jésus révèle le pardon comme un *acte intérieur* qui permet au cœur de l'homme de ne pas entrer dans la spirale de la haine et de la violence meurtrière.

Il l'a non seulement enseigné, mais aussi pratiqué. Alors qu'il vient d'être trahi et abandonné par les siens, condamné injustement au supplice, torturé, insulté, raillé, crucifié, il crie vers Dieu avant de mourrir : « Père, pardonne-leur : ils ne savent pas ce qu'ils font » (Luc, 23,33).

L'amour du prochain

« Tout ce que vous voulez que les hommes fassent pour vous, faites-le vous-mêmes pour eux » (Matthieu, 7, 12 ; Luc 6, 31). Au milieu de son discours éthique capital, le Sermon sur la montagne, Jésus reprend à son compte cette « règle d'or » que l'on retrouve dans presque tous les systèmes philosophiques et religieux du monde. Il la présente comme la quintessence de « ce que dit toute l'Écriture : la Loi et les prophètes ». Il n'en invente pas les termes. Cette règle figure en effet dans la Bible parmi les conseils que Tobie prodigue à son fils : « Ne fais à personne ce que tu n'aimerais pas subir » (Tobie, 4, 15). Elle est par ailleurs volontiers mise en avant par les philosophes grecs, tel Aristote qui conseille de se comporter avec ses amis « comme nous souhaiterions qu'ils se comportent avec nous [5] ». Les empereurs romains en font un principe d'exercice du pouvoir : le philosophe latin Sénèque, qui fut le précepteur de Néron, la réitère aux membres de l'aristocratie auxquels il recommande de distribuer leurs bienfaits au peuple « de la manière dont ils voudraient les recevoir [6] ».

Cependant, Jésus ne se contente pas de rappeler une règle ancienne. Quand il la place au centre d'un discours adressé à la foule réunie pour l'écouter, c'est pour lui conférer la portée universelle qu'il donne à l'ensemble de son message. Quand il dit aux siens « aimez-vous les uns autres comme je vous ai aimés » et qu'il présente cette injonction comme « un commandement nouveau » (Jean, 13, 34), il semble faire table rase de tout ce qui l'a précédé. La Bible exhorte pourtant à l'amour du prochain (Lévitique, 19, 18) sur lequel insistent plusieurs sages du Talmud, tel rabbi Aquiba le qualifiant de « plus grand précepte de la Loi [7] ». La définition biblique du « prochain » reste toutefois restrictive, le plus souvent liée à l'appartenance au même peuple, et il faut attendre la première moitié du Ier siècle pour que Philon, un philosophe juif pétri de culture grecque, l'étende aux étrangers qu'il recommande d'aimer « non seulement comme des amis, comme des parents, mais comme soi-même [8] ».

Réservée par les Grecs aux amis et aux classes supérieures, par les Juifs aux membres du peuple élu, la « règle d'or » devient avec Jésus, du fait de la conception qu'il a de la personne, un principe qui régente les relations de tous les êtres humains entre eux, au-delà des classes, des ethnies, des sexes, de l'âge et des autres caractéristiques extérieures.

Il décline cette règle en une série d'exigences qui en radicalisent la portée éthique. Il impose à ses disciples d'être en tout meilleurs que les païens et de surpasser les scribes et les pharisiens ; sinon, leur demande-t-il, « que faites-vous d'extraordinaire ? Les païens eux-mêmes n'en font-ils pas autant ? Vous donc, vous serez parfaits comme votre Père céleste est parfait » (Matthieu, 5, 47-48). Pour lui, le chemin de la perfection ne passe pas par une soumission aveugle à des pratiques imposées par les religieux : ce chemin est encore plus ardu, en raison des implications personnelles qu'il réclame. « Vous donc », insiste Jésus, s'adressant ainsi personnellement à chacun de ceux qui l'écoutent, de manière à renvoyer l'individu face à sa propre conscience, indépendamment des lois générales érigées pour la masse. Et, comme pour tous ses enseignements, il illustre la nouvelle règle d'or évangélique par une série d'exemples concrets, puisés dans la vie quotidienne, que chacun peut et doit appliquer ici et maintenant : « À celui qui t'enlève ton manteau, ne refuse pas ta tunique » (Luc, 6, 29) ; « À quiconque te demande, donne, et à qui t'enlève ton bien, ne le réclame pas » (Luc, 6, 30) ; « Ne jugez pas afin de n'être pas jugés » (Matthieu, 7, 1) ; « La mesure dont vous mesurez on mesurera pour vous » (Matthieu, 7, 2).

La nouveauté du message christique figure, là aussi, dans la radicalisation de cette notion qu'il fait sienne. Jésus place en effet l'amour au-dessus de toutes les lois : « Aimer Dieu de tout son cœur, de toute son intelligence et de toute sa force, et aimer le prochain comme soi-même, vaut mieux que tous les holocaustes et tous les sacrifices » (Marc, 12, 33). Mais il ne donne aucune limite à la définition de ce prochain qu'il faut aimer comme soi-même. De ce commandement nouveau, Jésus fait ainsi le signe distinctif de la communauté de ses disciples : « À ceci tous reconnaîtront que vous êtes mes disciples : si vous avez de l'amour les uns pour les autres » (Jean, 13, 35).

La personne humaine

Jésus, par son message, a renversé bien des conceptions jusqu'alors dominantes. Un élément se révèle capital dans cette révolution : sa conception de l'être humain en tant que sujet autonome auquel il accorde une valeur inédite, rétablissant chaque individu dans sa pleine dignité et sa pleine liberté, indépendamment de toute considération extérieure : l'âge, le sexe, le statut social, la religion...

Dans les civilisations antiques, hormis le souverain, l'individu n'existe pas en tant que sujet autonome, *a fortiori* s'il appartient aux couches défavorisées de la société. Il n'est qu'un élément d'un groupe plus large (le clan, la tribu, la communauté, la cité, le peuple, la nation), et c'est la notion de groupe et non d'individu qui édicte la hiérarchisation des valeurs et le fonctionnement des sociétés : la vie de chacun n'a pas d'importance, seule celle du groupe mérite efforts et sacrifices. Cette conception holistique – l'individu est considéré comme la partie d'un Tout qui l'englobe – se reflète dans l'eschatologie dominante des cultures méditerranéennes, qui exclut le plus souvent la survie de l'âme après la mort et le salut individuel : les bons comme les méchants ont pour horizon ultime soit l'annihilation, soit une pseudo-survie fantomatique dans les conditions infernales de l'aralou mésopotamien ou du shéol biblique. Les Égyptiens ont tenté une percée en conditionnant la survie de l'âme à de coûteux rituels de momification et d'inhumation, mais la valeur de l'individu reste pour eux conditionnée à son statut social et à ses richesses. Quant à l'innovation zoroastrienne, qui a pourtant institué les idées de paradis, d'enfer et de jugement individuel, elle n'a pas non plus retenu les notions d'individu et de dignité humaine, qui restent sous-jacentes au message délivré par le prophète persan Zoroastre vers le viie siècle avant notre ère, mais qui n'a pas été explicitée par lui, ni développée par ses successeurs. La Bible promeut la dignité de l'homme créé à l'image de Dieu (Genèse, 1). Mais la vie de l'individu est encore inséparable du destin du groupe, en l'occurrence le peuple élu. Il en va de même pour les Grecs qui privilégient la cité à l'individu et n'accordent pas le même statut éthique et politique à tous les êtres humains. C'est pourtant par le biais des Grecs que va surgir une notion philosophique qui deviendra plus tard décisive pour parfaitement expliciter la compréhension christique de l'être humain et de sa dignité : celle de personne.

Dans la Grèce antique, le terme *prosôpon* signifie le masque, qui répond à des normes arrêtées, porté par les acteurs de théâtre pour indiquer leur rôle sur scène : le héros, la veuve, le traître, l'émissaire, l'esclave... Autrement dit, il s'agit du personnage public dont le rôle social masque l'individu. Dans la Rome ancienne, la *persona* est une notion juridique : au regard de la loi romaine à vocation universelle, il s'agit de l'individu doté, non pas d'une subjectivité, mais de droits et de devoirs identiques pour tous. L'égalité de toutes les *personae* devant la loi n'est pas sujette à controverse : « Il existe une loi vraie, c'est la droite raison, conforme à la nature répandue dans tous les êtres, toujours d'accord avec elle-même, non sujette à périr, qui nous rappelle impérieusement à remplir notre fonction, nous dit la fraude et nous en détourne [...]. Cette loi n'est pas différente à Athènes, autre à Rome, autre aujourd'hui, autre demain, c'est une seule et même loi éternelle et immuable, qui régit toutes les nations et en tout temps », affirme Cicéron au Ier siècle avant notre ère [9]. Néanmoins, le concept de *persona* s'applique uniquement au citoyen : les esclaves, les étrangers et les enfants en sont exclus. Tant pour les Grecs que les Romains, la notion de personne est dénuée de portée humaniste ; elle a, de ce fait, été largement ignorée par la plupart des philosophes de l'Antiquité qui considéraient le monde formé non d'individus, mais de groupes inféodés à la Cité : les Grecs et les Barbares (c'est-à-dire tous les non-Grecs), les hommes libres et les esclaves, les commerçants et les guerriers... Ainsi, Socrate, dans son dialogue avec le riche Criton qui cherche à le convaincre de fuir alors qu'il est condamné à mort, lui rétorque que la contestation de la loi, même pour sauver la vie d'un individu, est un crime envers Athènes qui ouvrira la voie au désordre et à la subversion.

Toutefois, à partir du IIIe siècle avant notre ère, les philosophes stoïciens développent progressivement le concept de *persona* en découvrant l'homme sous le masque ; cette notion évoluera en particulier sous l'influence des stoïciens latins familiers du droit romain. La stricte conception stoïcienne de l'individu oppose la personne sociale, purement extérieure et dirigée vers autrui, dont nous ne sommes pas maîtres puisqu'elle obéit au destin (à la manière du masque de théâtre), à la « citadelle intérieure » ou moi, purement intérieure et dirigée vers soi. La morale stoïcienne, qui est la quête de la sagesse, donc du bonheur, se fonde sur cette dualité : c'est en étant vertueux, c'est-à-dire en acceptant notre personnage et l'ordre du monde, donnés d'avance et inexorables, que nous pouvons être heureux. Être vicieux et se rebeller ne peut conduire qu'au malheur et à la souffrance. « La vie heureuse est donc celle qui est en accord avec sa propre nature », résume le latin Sénèque, au début du Ier siècle [10]. La sagesse des stoïciens consiste à savoir habiter ce masque. Pour cela, le moi intérieur jouit d'une *proairesis*, une liberté de choisir, non pas son rôle, mais la manière de l'endosser ; le rôle extérieur devient donc plus qu'un masque, il est aussi l'individu caché derrière ce masque. « Souviens-toi que tu es un acteur qui joue un rôle dans une pièce qui est telle que la veut le poète dramatique. Un rôle bref s'il veut que ce rôle soit bref, long, s'il veut qu'il soit long. S'il veut que tu joues le rôle d'un mendiant, veille à jouer ce rôle avec talent ; ou un boiteux, ou un magistrat, ou un homme ordinaire. Car ce qui t'appartient, c'est ceci : bien jouer le rôle qui t'a été donné. Mais choisir ce rôle appartient à un autre », affirme, à la fin du Ier siècle, le stoïcien latin Épictète [11].

La liberté dans la manière de porter le masque est ce qui distingue l'homme de l'animal, c'est aussi ce qui distingue les hommes les uns des autres. « Ne cesse pas, réalise ton œuvre et joue le rôle de l'homme bon », insiste Sénèque [12] qui marque ainsi une intériorisation inédite de la notion de personne : devenir un « homme bon » est un choix moral, une liberté de se rendre maître de soi tout en étant esclave de son destin, quel que soit celui-ci, qu'il s'agisse de celui d'un serviteur ou d'un empereur. De la sorte, ce n'est pas tant le rôle qui est important que la manière de le réaliser, en fonction des aptitudes propres à chacun puisque « comme nous sommes extrêmement différents par nos corps (les uns valent par leur vitesse à la course, les autres par leur vigueur dans la lutte ; et dans leur aspect, les uns ont de la dignité, les autres du charme), il y a une variété plus grande encore dans les âmes », explique le Romain Cicéron [13]. Ainsi apparaît la notion de second rôle, ou seconde personne, unique à chaque individu : c'est l'homme au fond de soi. « Si tu veux être beau, jeune homme, travaille à acquérir la perfection propre à l'homme », dit Épictète [14]. Se réaliser et devenir pleinement homme implique donc un travail sur soi, quel que soit le rôle social extérieur dévolu à chacun et que chacun est tenu de jouer pour le bien de la Cité qui reste omniprésent dans l'horizon des stoïciens comme dans celui de tous les philosophes gréco-romains.

Les stoïciens ont ainsi posé la première pierre d'une vision universaliste de la personne : tous les êtres humains ont une valeur intrinsèque indépendante de leur position sociale, et une capacité à se réaliser, à devenir hommes, grâce au libre arbitre qui est l'apanage du moi intérieur ou « second rôle ».

Les théologiens chrétiens des premiers siècles vont se servir du concept de *persona* ainsi forgé par les stoïciens pour tenter d'expliciter la théologie trinitaire. Partant de cette notion d'*originalité* du rôle, ils vont attribuer cette originalité à la réalité métaphysique présente en Dieu, appelée dans l'Évangile « le Père, le Fils et l'Esprit », pour affirmer qu'il y a trois originalités absolues, trois *personnes* en un seul Dieu. À travers le Christ, pleinement homme et pleinement Dieu, l'être humain s'est vu ainsi revêtir d'une dignité nouvelle : celle d'enfant de Dieu. À travers ce cheminement philosophique et théologique complexe, la notion de personne prend un nouveau sens : les théologiens retiennent de la *persona* grecque le moi intérieur, la « personne seconde » qui devient la personne unique à laquelle Dieu s'adresse, rejoignant ainsi, en l'enrichissant, la notion biblique de dignité de l'homme conçu à l'image de Dieu. C'est donc la théologie chrétienne qui a forgé – en conjuguant le stoïcisme gréco-romain, les enseignements du judaïsme et sa compréhension du Christ homme et Dieu – la notion de personne humaine telle que nous la comprenons aujourd'hui de manière laïque, quand nous parlons par exemple des droits inaliénables, de la dignité absolue ou de la valeur sacrée de la personne humaine.

Jésus, quant à lui, n'a jamais parlé de « personne humaine », mais le regard qu'il porte sur l'homme correspond à l'explicitation théologique de ce concept. Il insiste en effet sur le caractère sacré de l'homme et l'égale dignité de tous les êtres humains puisque tous sont à égalité, fils et filles d'un même Père, au regard duquel ils ont la même valeur absolue. La vie de Jésus est une mise en application de cette conviction : quand il délivre ses enseignements, bien souvent à travers des rencontres personnelles, il ne s'interroge pas sur l'identité sociale de celui ou celle qui est en face de lui. Au contraire, il prône un accueil sans condition préalable de ceux qui viennent à lui – ce sera l'une des raisons essentielles de son conflit avec les pharisiens. En agissant ainsi, il se conforme à la relation qu'il entretient avec Dieu : « Comme le père m'a aimé, moi aussi je vous ai aimés. Demeurez en mon amour » (Jean, 15,9). Ainsi que nous l'avons vu, le regard de Jésus et son enseignement mettent en valeur tant la singularité de chaque être humain que le caractère universel de la dignité humaine. C'est la révélation ultime de cette personne, digne par elle-même de l'intérêt de Dieu, *a fortiori* de celui d'autrui, l'avènement de cet individu libre et autonome, qui constitue le fondement même de la philosophie du Christ. Les conséquences historiques en seront incalculables.

Notes

1. *La Violence et le Sacré* et *Des choses cachées depuis la fondation du monde*.
2. René Girard, *Celui par qui le scandale arrive*, entretiens avec Maria Stella Barberi, Hachette Littératures, Paris, 2001, p. 103.
3. Sur la vertu d'humanité chez Mensius : *Le Livre des sagesses* (collectif, sous la dir. de F. Lenoir et Y.-T. Masquelier), Bayard, 2005, p. 1527.
4. Lettre 77,6.
5. Diogène Laërce, *Vies et doctrines*, 5, 21.
6. *Des bienfaits*, 2, 1, 1.
7. *Midrash Sifra*, Lv 19, 18.
8. *De virtutibus*, 103.
9. *De Republica*, 3, 22.
10. *De la vie bienheureuse*, 3, 3.
11. *Manuel* d'Épictète, chapitre 17.
12. *Des bienfaits*, 1, 2, 4.
13. *Des devoirs*, 1, 30, 107.
14. *Entretiens*, 3, 1, 7.

III

Naissance du christianisme

« N'allez pas croire que je sois venu abolir la Loi ou les Prophètes : je ne suis pas venu abolir, mais accomplir », lance Jésus à la foule qui l'écoute sur la montagne (Matthieu, 5, 17), se plaçant ainsi dans la lignée des grands prophètes bibliques qui ont toujours dénoncé le dévoiement de la religion. Or, quoiqu'il n'ait pas explicitement voulu sortir du judaïsme, Jésus a bousculé celui-ci comme aucun prophète avant lui n'a pu ou voulu le faire. Il est retourné à ses fondements, a puisé dans ses croyances, dans ses traditions, il a mis en avant des enseignements relégués au second plan, balayé des pratiques institutionnalisées, mais aussi institué de manière délibérée, par ses gestes et ses injonctions, une nouvelle spiritualité reliée à sa personne et une éthique à portée universelle.

On peut donc dire que le Jésus des Évangiles est assurément un grand réformateur du judaïsme, un thaumaturge au charisme exceptionnel, un maître spirituel et un sage à la vie exemplaire et au discours révolutionnaire. Mais peut-on le considérer comme le fondateur d'une religion nouvelle ? Une fois dépassées les affirmations idéologiques qui ont marqué des siècles de christianisme, il est désormais quasi unanimement reconnu que Jésus le Nazaréen, qui priait

Yahvé, fréquentait le Temple et prêchait dans les synagogues, n'a pas été le premier chrétien. D'abord parce qu'il n'a jamais affirmé pour lui-même avoir abandonné la religion de ses ancêtres. Ensuite parce que, dans ce qu'il a de plus novateur, son enseignement inclinerait à penser qu'il souhaitait un dépassement de l'attitude religieuse traditionnelle, fondée sur l'observance de la Loi et de rituels collectifs, par une spiritualité personnelle intériorisée directement reliée à lui et au Père. Comment dès lors aurait-il voulu fonder une nouvelle religion, avec un clergé, des dogmes, et qui plus est en rupture totale avec sa propre tradition qu'il relativisait sans l'annuler ? C'est pourtant ce qui arriva dans les décennies qui suivirent la mort de Jésus. Voyons comment.

Jésus et le judaïsme

Jésus reste donc attaché à la Loi mosaïque, celle qui définit le peuple juif. Toutefois, sa liberté vis-à-vis de cette Loi est sans équivalent, parce que fondée sur un principe intangible : la primauté de l'esprit de la Loi sur la Loi elle-même. Selon ce principe, là où les différents mouvements juifs sont en désaccord sur les règles garantes de la pureté, Jésus balaie toutes les règles, au nom justement de la pureté : « Vous annulez ainsi la parole de Dieu par la tradition que vous vous êtes transmise », lance-t-il aux pharisiens et aux scribes, les défenseurs de la Loi, venus partager un repas avec lui et ses disciples (Marc, 7, 13). Et pour son premier miracle, aux noces de Cana, il commet son premier « sacrilège » en utilisant les cuves consacrées aux ablutions rituelles afin d'y transformer l'eau en un « bon vin » (Jean, 2, 6-10). Même le shabbat, respecté par tous les Juifs au-delà de leurs querelles théologiques, n'est pourvu à ses yeux d'aucune sacralité : « Le shabbat a été fait pour l'homme, et non pas l'homme pour le shabbat ; en sorte que le Fils de l'homme est maître même du shabbat », rétorque-t-il à des pharisiens qui reprochent à ses disciples affamés de cueillir des épis de blé le jour du repos réglementaire (Marc, 2, 27-28). Jésus malmène de manière identique toutes les autres règles de pureté, il agit comme si celles-ci n'existaient tout simplement pas : il ne se pose aucune question et n'est pris d'aucune hésitation avant de toucher les lépreux, les cadavres, les païens, et il ne se considère en aucun cas comme devenu impur par le seul fait de ce contact. L'affirmation qu'une règle ne peut, par elle-même, assurer le salut de celui qui l'applique est une innovation majeure au regard, non seulement du judaïsme, mais aussi de toutes les religions de l'Antiquité.

Par ailleurs, c'est indubitablement au Dieu d'Israël que Jésus se réfère, et c'est Lui qu'il prie. Un Dieu personnel qui écoute les demandes et y répond, puisqu'à Lui « tout est possible » (Marc, 10, 27) ; un Dieu qui « fait justice à ses élus » (Luc, 18, 6) ; un Dieu exclusif qui connaît « les cœurs » de chacun et exige une obéissance sans faille car « nul serviteur ne peut servir deux maîtres » (Luc, 16, 13). Cependant, Jésus met en avant des traits de ce Dieu qui sont secondaires dans la Torah et qui deviendront la pierre angulaire du christianisme. Ainsi, s'il se réfère à Lui en tant que Puissance, Présence ou Gloire, il insiste d'abord sur la notion de paternité : ce Dieu est avant tout le Père, et les hommes sont Ses fils. Qui plus est, c'est un père aimant, bien loin de l'image d'autorité accolée à la paternité dans la culture de l'époque : un *abba,* ainsi qu'il le dit avec tendresse. Cette appellation scande les *logia* des quatre Évangiles où le mot « père » est le plus volontiers utilisé par Jésus pour nommer Dieu, et c'est la paternité qui est mise en scène dans la majorité des paraboles construites autour de deux protagonistes principaux : un père aimant et son fils.

Le second trait saillant du Dieu de Jésus est sa miséricorde : avant d'être un Dieu justicier comme l'est le Yahvé biblique, Il est d'abord un Dieu d'amour, dont le pardon est inconditionnel pour ceux qui se repentent et reviennent à Lui, « car il y aura plus de joie dans le ciel pour un seul pécheur qui se repent que pour quatre-vingt-dix-neuf justes qui n'ont pas besoin de repentir » (Luc, 15, 7). Jésus insiste : « Personne n'est bon que Dieu seul » (Marc, 10, 18 ; Matthieu, 19, 17 ; Luc, 18, 19). Et quand il ordonne aux siens : « Aimez vos ennemis et priez pour vos persécuteurs », il prend soin d'ajouter « afin de devenir les fils de votre Père qui est aux cieux » (Matthieu, 5, 44-45).

Trois gestes nouveaux

Donc rien ne permet de sortir Jésus du judaïsme qu'il a pratiqué autant qu'il l'a critiqué. Jésus a cependant initié, ou repris en leur donnant un sens nouveau, des gestes porteurs d'une charge symbolique telle qu'ils ont constitué le ciment de son Église dès sa fondation, peu après la crucifixion. Le premier de ces gestes est le baptême (du grec, plongée). Jésus, on l'a vu, a été lui-même baptisé par Jean Baptiste dans le Jourdain, et c'est après cette cérémonie qu'il a entamé sa prédication publique. Jean n'était pas le seul baptiste : les esséniens pratiquaient des ablutions purificatoires quotidiennes, et d'autres prophètes sillonnaient la Palestine et purifiaient leurs disciples par l'eau, tel ce Bannous, cité par Flavius Josèphe, qui « usait de fréquentes ablutions d'eau froide de jour et de nuit, par souci de pureté [1] ». Cependant, rares étaient les baptistes qui, comme Jean, pratiquaient un baptême unique « de repentir pour la rémission des péchés » (Marc, 1, 4), dans une perspective qui sera reprise par l'Église. Jésus, lui, franchit une étape supplémentaire, annoncée par Jean-Baptiste : « Moi je vous ai baptisés avec de l'eau, mais lui vous baptisera avec l'Esprit-Saint » (Marc, 1, 8). Mais rien n'indique, dans les Évangiles, que Jésus le baptisé ait lui-même procédé à des baptêmes : « Repentez-vous et croyez à l'Évangile », se contente-t-il de proclamer au début de sa prédication, quand il s'en va sur les routes de la Galilée (Marc, 1, 15).

Jésus n'a donc ni inventé ni développé ce rituel. De son vivant, il n'a pas non plus explicitement demandé à ses disciples de baptiser. Cette requête n'intervient qu'après la Résurrection, quand le Christ apparaît aux apôtres pour leur ordonner de prendre à leur tour la route : « Allez donc, de toutes les nations faites des disciples, les baptisant au nom du Père, du Fils et du Saint-Esprit » (Matthieu, 28, 19 ; Marc, 16, 16). Impossible de savoir si le Christ a vraiment prononcé cette parole, bien tardive et isolée, ou si elle lui a été prêtée pour justifier après coup le rite chrétien du baptême, comme le pensent certains exégètes. Ce qui est certain, c'est qu'il n'y a jamais eu de communauté chrétienne sans rite d'initiation par baptême dans l'eau, en signe de repentir et d'entrée dans une vie nouvelle : « Repentez-vous, et que chacun de vous se fasse baptiser au nom de Jésus-Christ pour la rémission de ses péchés, et vous recevrez alors le don du

Le Christ philosophe

Saint-Esprit », dit Pierre, cinquante jours après la Résurrection, à la foule qui afflue, inquiète du bruit et de la lumière provoqués par la descente de l'Esprit sur les apôtres réunis en ce jour, que les chrétiens nommeront la Pentecôte (Actes, 2, 38).

Le geste véritablement nouveau effectué par Jésus est la célébration de la Cène. À la veille de sa crucifixion, il réunit les douze apôtres pour un ultime repas. Il accomplit un rituel juif dévolu au père de famille : il bénit le pain et le rompt, bénit la coupe de vin et la tend aux convives. Mais, ce faisant, il prononce d'étranges paroles. Les évangélistes, à l'exception de Jean, rapportent ainsi l'épisode : « Tandis qu'ils mangeaient, Jésus prit du pain, le bénit, le rompit et le donna à ses disciples en disant : " Prenez, mangez, ceci est mon corps. " Puis, prenant une coupe, il rendit grâces et la leur donna en disant : " Buvez-en tous, car ceci est mon sang, le sang de l'alliance, qui va être répandu pour une multitude en rémission des péchés " » (Matthieu, 26, 26-27 ; Marc, 14, 22-24 ; Luc, 22, 19-20). Dans sa première épître aux Corinthiens, Paul ajoute qu'après avoir effectué ces deux gestes, Jésus dit aux apôtres : « Faites ceci en mémoire de moi. » Ainsi, ajoute Paul, « chaque fois que vous mangez ce pain et que vous buvez cette coupe, vous annoncez la mort du Seigneur, jusqu'à ce qu'il vienne » (11, 24-26). La « fraction du pain » constituera, pour les premiers chrétiens, le signe indubitable de leur rattachement à la communauté nouvelle, institué simultanément avec le baptême. Pendant plusieurs générations, seuls les baptisés pourront revivre le sacrifice du Christ : à ce moment-clé de la célébration, les catéchumènes se retiraient dans une autre pièce. Quant au mot *eucharistia*, littéralement action de grâce, utilisé pour désigner ce rite, il n'apparaît qu'au début du IIᵉ siècle, chez Ignace l'évêque d'Antioche, puis chez Justin qui enseignait le christianisme à Rome.

Enfin, troisième geste marquant du Christ : son choix, après une nuit de prières, de douze apôtres qui forment le cercle privilégié de ses disciples (Luc, 6, 12-13). C'est à ces apôtres, qui le suivent au quotidien et se démarquent des « soixante-douze » envoyés en mission dans les villes (Luc, 10, 1) et de la foule encore plus large des fidèles, que Jésus transmet « le pouvoir d'expulser les esprits mauvais et de guérir toute maladie et toute infirmité » (Matthieu 10, 1 ; Marc, 3, 13-15). Il leur demande d'aller « vers les brebis perdues de la maison d'Israël » pour annoncer l'imminence du « Royaume des Cieux » (Matthieu, 10, 6-7). Ils sont les détenteurs du secret de son caractère messianique dont il leur donne l'ordre de ne « le dire à personne » (Matthieu, 16, 20), et les témoins des gestes de la Cène. Après la Résurrection, Jésus s'adresse à eux collectivement et élargit leur mission évangélisatrice à l'ensemble des nations (Matthieu 28, 19 ; Marc, 16, 15).

Il n'est pas encore question de hiérarchie (ce mot sera introduit au Vᵉ siècle), néanmoins Jésus entretient des rapports privilégiés avec Simon Pierre qui s'exprime volontiers au nom des autres (Marc, 8, 29 ; 9, 5 ; 10, 28) et qui est le premier nommé dans la liste des Douze (Marc, 3, 16 ; Matthieu, 10, 2 ; Luc, 6, 14). Selon Matthieu, Jésus l'interpelle de son vivant en ces termes : « Tu es Pierre, et sur cette pierre je bâtirai mon Église[...]. Je te donnerai les clefs du Royaume des Cieux » (Matthieu, 16, 18-19). Pour une majorité d'exégètes, il s'agit là d'une parole d'après la Résurrection, ce qui dans leur esprit signifie « plutôt douteuse » ! Pierre sera cependant sans contestation le premier chef de l'*ekklesia* de Jérusalem qui se constitue après la Passion. Par ailleurs, bien qu'égalitaires, les premières communautés se sont organisées en imitant le modèle christique, autour de ce que l'on n'appelait pas encore un prêtre mais un ancien. Si cette première génération de chrétiens ne distinguait pas encore la Loi de son esprit et respectait scrupuleusement les règles juives de pureté, elle se reconnaissait toutefois dans le Christ, priait son Dieu paternel, baptisait, se réunissait le lendemain du shabbat pour célébrer la résurrection du Messie, et écoutait les enseignements des apôtres.

De Jésus au Christ

Quand Jésus comparait devant le Sanhédrin, il est interrogé par le grand prêtre : « Tu es le Christ, le Fils du Béni ? » La réponse de Jésus irrite le grand prêtre au point qu'il déchire ses propres vêtements : « Je le suis, et vous verrez le Fils de l'homme siégeant à la droite de la Puissance et venant avec les nuées du ciel » (Marc, 14, 61-63). L'accusation de blasphème tombe aussitôt. Messie, *Mechiah* en araméen ou *Machiah* en hébreu, signifie littéralement l'oint ou l'envoyé de Dieu, en grec le *Christos*, le Christ. Ce n'est pourtant pas la première fois que Jésus revendique publiquement sa qualité messianique : « Quiconque vous donnera à boire un verre d'eau pour ce motif que vous êtes au Christ, en vérité, je vous le dis, il ne perdra pas sa récompense » (Marc, 9, 41). Présent dans les quatre Évangiles, ce titre, accolé au prénom de Jésus, devient un nom propre après la Passion, quand le Ressuscité est presque exclusivement désigné sous les noms de Christ, Jésus-Christ ou le Seigneur Jésus-Christ.

Naissance du christianisme

Il est un autre titre que Jésus assume également, peut-être encore plus volontiers : Fils de Dieu. Dieu n'est-il pas son *abba*, son « papa [2] » ? « Nul ne connaît le Fils si ce n'est le Père et nul ne connaît le Père si ce n'est le Fils, et celui à qui le Fils veut bien le révéler », confie-t-il à ses fidèles (Matthieu, 11, 27 ; Luc, 10, 22). Dans un autre passage, il laisse planer un doute sur son statut réel qui serait encore supérieur à celui de Fils de Dieu ou Beni Elohim, une appellation qui, dans la Bible, est donnée aux anges, les créatures les plus proches de Yahvé. La scène se déroule lors d'un jeûne, suivi par les pharisiens et les disciples de Jean Baptiste, mais rompu par les fidèles de Jésus. À ceux qui s'en étonnent, il réplique : « Les compagnons de l'époux peuvent-ils jeûner pendant que l'époux est avec eux ? Tant qu'ils ont l'époux avec eux, ils ne peuvent pas jeûner. Mais viendront des jours où l'époux leur sera enlevé ; et alors ils jeûneront en ce jour-là » (Marc, 2, 19-20). Dans la tradition juive, le rôle de l'Époux est celui de Dieu dans sa relation avec son peuple. Jésus a-t-il ainsi signifié son statut divin ? Ou s'agit-il d'une manière autoritaire de revendiquer sa messianité ? La plupart des exégètes optent pour la seconde alternative dans la mesure où Jésus s'est explicitement déclaré envoyé par Dieu (et non Dieu lui-même) : « Quiconque m'accueille, ce n'est pas moi qu'il accueille, mais Celui qui m'a envoyé » (Marc, 9, 37). Le fait est qu'aussitôt après la Résurrection, Jésus est doté par ses disciples d'une identité surnaturelle. Celui qu'ils appelaient rabbi [3] est élevé par eux au-dessus des Prophètes. Il devient le Christ, le Seigneur.

La première Église

Les Actes des Apôtres racontent que cinquante jours après la Résurrection, les apôtres sont réunis dans une maison quand soudain un bruit énorme ébranle les murs. « Ils virent apparaître des langues qu'on eût dites de feu ; elles se partageaient et il s'en posa une sur chacun d'eux. Tous furent alors remplis de l'Esprit-Saint et commencèrent à parler en d'autres langues, selon que l'Esprit leur donnait de s'exprimer » (Actes, 2, 1-4). Pierre s'adresse à la foule qui s'est précipitée. À ces « hommes d'Israël », il dit que Jésus est bien plus que David : « Dieu l'a fait Seigneur et Christ, ce Jésus que vous, vous avez crucifié » (Actes, 2, 36). Des conversions se font immédiatement au nom du Christ, et les apôtres entament leur prédication « au nom du Père et du Fils et du Saint-Esprit » (Matthieu, 28, 19).

Ainsi naît l'Église, à Jérusalem. Une Église qui n'a certes pas été créée par Jésus le Juif, mais qui a été fondée en référence exclusive à lui. Le mot grec *ekklesia*, ou assemblée de citoyens, très tôt utilisé par les premières communautés se réunissant au nom du Christ pour se désigner, est déjà utilisé dans la Septante, la traduction en grec de la Bible, pour désigner le peuple élu rassemblé par Moïse dans le désert. Il est probable que les premiers chrétiens se le soient appliqué en référence à cet épisode du désert.

Pierre prend la tête de l'*ekklesia* de Jérusalem, secondé par Jacques « le frère de Jésus » et assisté des autres apôtres. Cette communauté, décrite dans les Actes des Apôtres (2, 42 à 4, 36), est foncièrement juive, comme le fut Jésus : ses membres, tous circoncis, suivent la Loi et respectent le shabbat, fréquentent le Temple où ils accomplissent les rites, participent aux fêtes et se mêlent à la population. En même temps, ils vivent en communautés fondées sur le partage des biens et sont « fidèles à écouter l'enseignement des apôtres » qui leur transmettent les paroles de Jésus et les récits de sa vie (plus tard consignés dans les Évangiles). Le lendemain du shabbat, c'est-à-dire le dimanche, ils commémorent la Résurrection autour d'un repas où ils rompent le pain et partagent le vin, comme l'avait fait Jésus. Et ils attendent le retour imminent du Christ auquel ils s'adressent ainsi dans leurs prières : « *Marana tha* », « Notre Seigneur, viens. » Cette expression en araméen, la langue usuelle des Jérusalémites, perdurera dans des communautés ignorant tout de cette langue ; Paul l'utilise ainsi dans l'idiome d'origine quand il s'adresse, en grec, aux Corinthiens qui ne parlent que le grec (I Corinthiens, 16, 22).

Jérusalem est une ville de ralliement pour la diaspora juive dont les membres viennent en pèlerinage au Temple. Les apôtres, en particulier Pierre et Jean, les haranguent dans les rues et même sur le parvis du Temple, ils réinterprètent la mort de Jésus en lui donnant un sens positif, ils racontent leur Seigneur Jésus-Christ venu prêcher le règne de Dieu et élaborent ainsi les prémices de la christologie. Des pèlerins arrivés juifs à Jérusalem en repartent judéo-chrétiens, baptisés au nom du Christ (Actes, 2, 38 ; 8, 16...). Ils fondent de nouvelles communautés dans leurs villes respectives : Joppé, Lydda, Tyr, et jusqu'à Damas. Jésus est « la pierre de faîte » de leur foi (Marc, 12, 10-11), et l'expression « le Seigneur c'est Jésus-Christ » devient la confession de cette foi (Philippiens, 2 ,11 ; Romains, 10, 9...). Ce

Jésus-là est plus qu'un humain : la conviction se forge qu'il est réellement le Fils unique de Dieu, établi dans cette « puissance » par sa résurrection (Romains, 1, 4).

À côté des Douze qui gèrent les communautés jérusalémites, un groupe de sept, appelés les Hellénistes, occupe les mêmes fonctions auprès des convertis de langue grecque : Étienne, Philippe, Procore, Nicanor, Timon, Paraménas et Nicolas (Actes, 6, 5). Entre les Douze et les Sept surgissent d'importantes divergences, non sur la question centrale du Christ, mais au sujet des relations au Temple envers lequel les Hellénistes sont très critiques, ce qui leur vaudra d'être persécutés et dispersés dans les années suivant la mort de Jésus. Nous savons peu de choses de l'activité des Hellénistes qui ont rapidement rompu avec l'Église de Jérusalem et avec le judaïsme : les Actes des Apôtres critiquent leur baptême excluant le don de l'Esprit (8, 16) mais reconnaissent les succès missionnaires de Philippe et des siens qui « poussèrent jusqu'en Phénicie, à Chypre et à Antioche » (11, 19). Dans cette ville, la troisième de l'Empire après Rome et Alexandrie, les Hellénistes, qui savent s'adresser à des populations de culture grecque en usant de schémas de pensée qui leur sont familiers, fondent une importante communauté, récupérée peu de temps plus tard par les Jérusalémites, mais qui conservera des caractéristiques propres faisant d'elle, sous l'impulsion de Paul, un laboratoire où se dessine l'Église des siècles suivants.

Paul de Tarse

Un personnage tient un rôle central dans l'interprétation radicale de la filiation divine du Christ qui conduira, à terme, à l'émancipation de l'Église vis-à-vis de la Synagogue : Paul, un pharisien de Tarse, peut-être proche des zélotes, des intégristes juifs qui prétendent tuer au nom de Dieu [4]. Né vers l'an 10, contemporain de Jésus (qu'il n'a pas personnellement connu) et de ses apôtres, cet observant rigoureux de la Loi, portant le double nom biblique de Saul et romain de Paul, a été formé à la fois par les rabbins et à l'école grecque (le grec est d'ailleurs sa langue maternelle). À Jérusalem, il est réputé pour « la persécution effrénée » qu'il mène contre l'Église (Galates, 1, 13) et qui lui vaut d'être envoyé à Damas, au milieu des années 30 (trois ou quatre ans après la crucifixion) pour y poursuivre son œuvre contre les communautés naissantes. Les Actes des Apôtres rapportent qu'à l'approche de la ville, une violente lumière l'aveugle. Il entend la voix de « Jésus le Nazaréen » lui demander : « Saul, Saul, pourquoi me persécutes-tu ? » C'est la révélation. Paul poursuit sa route jusqu'à Damas où le judéo-chrétien Ananias lui rend miraculeusement la vue et le lave de ses péchés en le baptisant au nom de Jésus (Actes, 22, 6-16). De retour à Jérusalem, il a une seconde révélation : sa mission est l'évangélisation des « païens », c'est-à-dire des non-Juifs (Actes, 22, 21).

Après une brève rencontre avec Pierre et Jacques le frère de Jésus, Paul se lance dans une intense activité missionnaire ; dans chaque ville qu'il traverse, il fonde des communautés qui le considèrent comme leur chef incontesté et avec lesquelles il maintient un contact épistolaire – les sept épîtres qui subsistent ont été intégrées au Nouveau Testament et la moitié des Actes des Apôtres lui sont consacrés. Fidèle à sa seconde révélation, Paul baptise aussi bien des Juifs que des païens – alors que l'*ekklesia* jérusalémite s'adresse presque exclusivement aux Juifs. Considérant que « l'homme n'est pas justifié par la pratique de la Loi, mais seulement par la foi en Jésus-Christ » (Galates, 2, 16), il dispense les convertis païens de l'observance de la Loi juive, y compris de la circoncision. Paul a joué un rôle déterminant dans la naissance, à Antioche, des premières communautés mixtes judéo-chrétiennes qui pratiquent l'intercommunion : les fidèles de toutes origines participent ensemble aux prières et même aux repas, y compris les repas dominicaux qui commémorent la résurrection du Christ.

À Jérusalem, ces innovations scandalisent les judéo-chrétiens soucieux de préserver la pureté rituelle des Juifs, forcément souillés par le contact avec les païens. Jacques « le frère de Jésus », qui a succédé à Pierre à la tête de l'*ekklesia* après que ce dernier eut été brièvement emprisonné vers 44, convoque le premier concile qui se tient à Jérusalem, dans une ambiance houleuse, en présence des responsables de toutes les communautés se réclamant du Christ. Paul insiste : « Aussi bien n'y a-t-il pas de distinction entre les Juifs et les païens : tous ont le même Seigneur, riche envers tous ceux qui l'invoquent » (Romains, 10, 12). Jacques, pourtant un juif rigoriste et assidu au Temple, impose un compromis : les païens convertis sont dispensés de l'observance de la Loi qui est maintenue pour les Juifs convertis – ce qui sous-entend l'interdiction de l'intercommunion. Et il partage le champ de la mission : à Pierre les circoncis, à Paul les incirconcis. Pierre et Paul se reverront une seule fois quand le premier, en route pour l'Anatolie (et probablement pour Rome), effectue une halte à Antioche, vers 49.

Tout en reconnaissant la suprématie de l'*ekklesia* jérusalémite, Paul passe outre aux résultats du concile. Il est formel : « La fin de la Loi, c'est le

Christ » (Romains, 10, 4). Il continue cependant de recueillir les dons des fidèles pour les envoyer à Jérusalem où Jacques a aboli la mise en communauté des biens au profit de l'instauration d'actions caritatives : « Si les nations, en effet, ont participé à leurs biens spirituels, elles doivent à leur tour les servir de leurs biens temporels » (Romains, 15, 27). La rupture intervient vers 58, quand Paul arrive à Jérusalem pour rendre compte de ses succès. Jacques le reçoit sèchement, lui reproche son attitude envers les païens convertis et lui impose une purification au Temple. C'est là que Paul est arrêté, transféré à Césarée puis exilé à Rome, vers 63. De Rome, où il est probablement mort l'année suivante, lors des persécutions ordonnées par Néron, il lance : « C'est aux païens qu'a été envoyé ce salut de Dieu. Eux du moins, ils écouteront » (Actes, 28, 28).

Arguant de sa primauté (que lui reconnaissent toutes les communautés), l'Église de Jérusalem met à profit la disparition de Paul de la scène publique pour tenter de ramener la diaspora à des règles plus strictes, en particulier l'interdiction de l'intercommunion et des mariages mixtes. Une succession de drames empêchent l'aboutissement de ce projet. Vers 62, profitant d'une vacance du gouvernorat romain, le Sanhédrin, présidé par le grand prêtre Hanna II, condamne Jacques à la lapidation, une peine sanctionnant les délits religieux graves [5]. Son successeur, Syméon le cousin de Jésus, n'a pas le temps d'asseoir son autorité : en 66, quand commence la révolte juive, les zélotes chassent les judéo-chrétiens de Jérusalem. En 70, le Temple est détruit par les Romains ; sous l'impulsion d'un rabbin de Jérusalem réfugié à Jamnia, Johanan ben Zakaï, un judaïsme rabbinique à dominante pharisienne se constitue et exclut tous les groupes non orthodoxes, dont les judéo-chrétiens, de ses rangs.

La fin de l'Église de Jérusalem s'accompagne donc de l'universalisation des idées pauliniennes. Entre 70 et 90, l'intercommunion se généralise dans toutes ces communautés auxquelles Paul avait déjà donné le nom d'*ekklesia* – et que les Jérusalémites se réservaient. Les disciples du Christ commencent à se percevoir et à être perçus comme les tenants d'une nouvelle religion à laquelle s'applique une nouvelle dénomination : le *christianimos*, désormais distinct du *judaismos*.

Le Logos divin

À l'époque de Jésus, tandis que les Juifs de Palestine brûlent d'une ferveur nationaliste qui s'exprime dans l'effervescence messianique, la diaspora, tout en restant fidèle au Temple, s'est ouverte à la culture grecque dominante dont elle manie aussi bien la langue que les schémas de pensée et les concepts philosophiques. Depuis plusieurs siècles, les écoles grecques réfléchissent au sens du monde et débattent du rôle qu'y tient l'homme. Avec l'Éphésien Héraclite, au VIe siècle avant notre ère, un concept-clé a émergé, qui constituera l'un des fondements de la pensée occidentale : le Logos. Pour Héraclite, le Logos se situe à l'origine de la pensée humaine. Pourtant, ajoute-t-il, « ce mot, les hommes ne le comprennent jamais », parce qu'il déborde de son sens littéral qui est la parole, c'est-à-dire la représentation abstraite de la réalité [6]. Or, la parole, ce sont les mots que nous utilisons pour désigner le monde dans lequel nous vivons, et en le désignant, nous le traduisons en lois logiques. En ce sens, outre le fait qu'il est source du savoir, le Logos est la Raison créatrice de sens, voire créatrice de la réalité. À la suite d'Héraclite, la philosophie grecque désignera, à travers le Logos, défini à la fois comme la parole et la raison, une rationalité gouvernant le monde.

À Alexandrie, au début du Ier siècle, le philosophe juif Philon (−12-54) puise aux sources platonicienne et stoïcienne pour relire le judaïsme. De Platon, il retient que l'esprit est préexistant à la matière. Cet esprit, affirme Philon, est le Logos qu'il interprète comme la pensée ou la parole de Dieu dont l'élément principal est le *pneuma*, le souffle vital ou divin, celui qui donne la vie. Le Logos de la philosophie grecque, relu à l'aune du monothéisme hébraïque, est donc à la fois le pouvoir créateur de Dieu et son intermédiaire avec l'homme. C'est une puissance agissante qui intègre des éléments du Dieu personnel d'Israël, Philon lui octroyant par ailleurs le pouvoir de « visiter » les hommes justes.

Dans l'Empire romain, les idées et les concepts se propagent rapidement. De toute évidence, à la fin du Ier siècle, la pensée de Philon, novatrice dans sa synthèse, est connue des communautés juives hellénisées et des chrétiens qui ont récemment rompu avec la synagogue. Son influence sur l'évangéliste Jean est très probable. De ce Jean, nous ne savons pas grand-chose. La tradition chrétienne l'assimile au fils de Zébédée, l'un des Douze, qui se serait réfugié à Éphèse en compagnie de Marie, la mère de Jésus, après la chute du Temple, en 70. Les exégètes estiment que l'auteur (ou les auteurs) de cet Évangile, le plus tardif puisqu'il a été rédigé vers 100 ou 110, appartenait à un groupe proche de Jean, qui a recueilli les récits de l'apôtre, lu les Évangiles de Marc et

Matthieu, et interprété ces éléments palestiniens avec de nouveaux outils de pensée et à partir de sa propre expérience, notamment sa confrontation avec des communautés se revendiquant de Jean Baptiste.

Le prologue de Jean, texte sublime, résume tout son Évangile. Avec lui, un tournant majeur s'opère dans la christologie : pour la première fois, ce n'est plus la messianité, ni la filiation divine de Jésus qui est affirmée, mais la propre divinité du Christ annoncée par le Baptiste, envoyé par Dieu à cet effet (1, 6-7). Ce prologue s'ouvre par une définition du Logos, le Verbe ou Parole, qui est à l'origine de toute chose : « Au commencement était le Verbe, et le Verbe était auprès de Dieu, et le Verbe était Dieu. Il était au commencement auprès de Dieu. Tout fut par lui, et sans lui rien ne fut » (1, 1-3). Jean identifie ensuite le Logos, « la lumière véritable » (1, 9), à la personne de Jésus : « Et le Verbe s'est fait chair » (1, 14). Jésus est donc le Logos divin incarné. Le Baptiste le proclame : « Avant moi, il était » (1, 15). Et Jésus le réitère dans un intrigant *logion* : « Avant qu'Abraham existât, Moi, Je suis » (Jean, 8, 58). Jean cite d'autres paroles du Christ qui pourraient attester sa divinité : « Moi, je suis le Chemin, la Vérité et la Vie » (14, 6). Ou encore : « Je suis dans le Père et le Père est en moi » (14, 11).

Les querelles christologiques

Les chrétiens de culture grecque sont les plus prompts à admettre la divinité du Christ-Logos. Familiers des philosophies qui définissent le Logos comme une rationalité gouvernant le monde selon le plan divin, ils n'y voient pas une atteinte au monothéisme absolu du judéo-christianisme des origines.

Dans la mesure où le Logos hellène est une fonction agissante, ils peuvent même admettre une incarnation de ce Verbe dans un humain. C'est à la Didascalée, l'école de théologie d'Alexandrie, que s'élabore la pensée philosophique chrétienne centrée sur la définition du Logos, le Verbe incarné. Né vers 150, Clément d'Alexandrie, philosophe nourri de la pensée platonicienne, cherche ainsi, à la manière de Philon relisant la Bible avec les outils de la raison, à concilier la sagesse hellénistique avec la voie chrétienne. À la première, il emprunte les schémas de pensée. De la seconde, il retient la personne du Christ en laquelle est apparu le Logos divin, objet de la quête des philosophes et des prophètes bibliques qui avaient ouvert la voie vers le vrai Dieu révélé en Jésus. Clément affirme que Dieu et le Christ-Logos « ne sont qu'une seule et même chose, Dieu. Il est dit en effet : " Au commencement le Verbe était en Dieu, et le Verbe était Dieu [7] " ».

Cette affirmation ne va cependant pas de soi ; elle suscite des débats sur la nature du Christ qui dégénèrent en querelles, accusations d'hérésie et exclusions. L'un des premiers mouvements contestataires de la ligne orthodoxe est le docétisme (du grec *dokein*, sembler) qui nie l'incarnation, estimant que le corps humain du Christ n'aurait été qu'une illusion, de même que sa crucifixion. En réaction à cette doctrine proche des gnostiques, l'adoptianisme récuse la pleine divinité du Christ en avançant que Jésus le Fils de Dieu est en fait un homme qui a été adopté par Dieu. De Rome, les théodotiens, disciples de Théodote de Corroyeur, assurent que Jésus a certes reçu le Saint-Esprit qui, le jour de son baptême, lui a accordé le don des miracles mais, ajoutent-ils, il n'a acquis sa nature divine qu'après la résurrection (cette doctrine sera condamnée par le pape Victor, en 198). Les modalistes (également connus sous le nom de monarchianistes) décrètent, eux, que Dieu et Jésus ne sont qu'une même personne, Jésus n'ayant pas une identité propre : c'est donc Dieu qui a été directement crucifié. Leur thèse connaît une telle popularité (y compris auprès d'évêques) que Tertullien (v. 160-v. 240), l'un des premiers Pères de l'Église, réagit en écrivant *Contre Praxéas*, une longue lettre où il accuse le fondateur du modalisme de « rendre un double service au démon » en « chassant la prophétie » et en « crucifiant le Père [8] ».

Dans ce contexte apparaît, au milieu du IIe siècle, le Protoévangile de Jacques, un court apocryphe consacré à l'enfance de Jésus. Son auteur, qui défend la nature humaine et divine du Christ, affirme la conception miraculeuse du Christ et la virginité perpétuelle de Marie. Jésus, insiste-t-il, a été « conçu du Saint-Esprit » (19, 1), dans le sein d'une femme d'une pureté absolue. Bien que non intégré au canon, ce récit merveilleux servira d'argument aux défenseurs de la double nature, humaine et divine, du Christ. Il aura, dans les siècles suivants, une influence considérable sur la théologie mariale dont le développement est très certainement lié aux débats christologiques des tout premiers siècles du christianisme où des dizaines d'interprétations de la divinité du Christ pullulent dans les communautés et les écoles de théologie rivales [9].

Les martyrs

Tandis que les querelles théologiques se poursuivent, les chrétiens, qui refusent de rendre un culte

Naissance du christianisme

à l'empereur et aux dieux romains, sont victimes de sanglantes persécutions. Au fur et à mesure qu'il se dissocie du judaïsme, le christianisme en vient même à élaborer une théologie du martyre en tant que don de sa vie pour son Dieu et sa foi. Dans les Actes des Apôtres, les martyrs sont les témoins, sens littéral du mot grec *martus* : « Vous serez alors mes témoins à Jérusalem, dans toute la Judée et la Samarie, et jusqu'aux extrémités de la terre » (Actes, 1, 8). C'est dans un livre tardif du Nouveau Testament, l'Apocalypse, que le *martus* est pour la première fois associé à celui qui donne sa vie pour ses convictions religieuses : « Tu tiens ferme à mon nom, et tu n'as pas renié ma foi, même aux jours d'Antipas, mon *témoin* fidèle, qui fut mis à mort chez vous, là où demeure Satan » (Apocalypse, 2, 13).

C'est donc *a posteriori* qu'Étienne, lapidé par des juifs fanatiques, parmi lesquels Paul, à Jérusalem, est promu premier martyr de l'Église, c'est-à-dire première personne à avoir préféré perdre la vie plutôt que d'abjurer le Christ. Plusieurs apôtres connaîtront le même sort – l'histoire chrétienne affirme que Pierre et Paul sont tous deux morts durant les persécutions ordonnées par Néron, à Rome, contre les chrétiens qu'il a rendus responsables de l'incendie de la ville. Dès lors, les chrétiens font de cette mort un idéal, ainsi qu'en témoigne un document à la datation incertaine, adressé à partir de Rome aux communautés d'Asie Mineure : « Ne vous troublez pas dans la calamité qui s'abat sur vous pour vous éprouver, comme s'il vous arrivait une chose extraordinaire. Mais en vous unissant aux souffrances du Christ, réjouissez-vous pour tressaillir un jour dans la révélation de sa gloire [10]. » Et, de fait, les disciples du Christ se rendent joyeux au martyre qu'ils conçoivent comme un accomplissement du message de Jésus. L'une des six lettres qui nous sont parvenues d'Ignace, l'évêque d'Antioche, conduit à Rome au début du IIe siècle pour être livré aux lions dans un cirque, est à cet égard édifiante. Au nom de la charité, Ignace demande à ses condisciples romains de ne pas chercher à le délivrer : « C'est de votre charité, à vrai dire, que je crains quelque dommage. Vous, vous ne risquez rien ; mais il m'est difficile d'atteindre Dieu, si, sous le prétexte d'une amitié charnelle, vous n'avez pas pitié de moi[...]. Jamais je ne retrouverai une pareille occasion, et vous, à condition que vous ayez la charité de rester tranquilles, jamais vous n'aurez contribué à une meilleure œuvre. Si vous ne dites rien, j'appartiendrai à Dieu ; si au contraire vous m'aimez d'un amour charnel, me voilà de nouveau jeté dans la lutte. Laissez-moi immoler pendant que l'autel est prêt, pour que, réunis en chœur par la charité, vous chantiez au Père dans le Christ : " Dieu a daigné envoyer du levant au couchant l'évêque de Syrie ! "[...]. J'écris aux Églises, je dis à tous que je suis assuré de mourir pour Dieu, si vous ne m'en empêchez pas. Je vous prie de ne pas me montrer une tendresse intempestive. Laissez-moi être la nourriture des bêtes, grâce auxquelles il me sera donné de jouir de Dieu. Je suis le froment de Dieu ; il faut que je sois moulu par la dent des bêtes pour devenir pur pain du Christ. Caressez-les plutôt, afin qu'elles soient mon tombeau, qu'elles ne laissent rien subsister de mon corps, et que mes funérailles ne soient une charge pour personne. Alors je serai vraiment disciple du Christ, quand le monde ne verra plus mon corps[...]. Je gagnerai à me trouver en face des bêtes qui me sont préparées. J'espère les rencontrer dans de bonnes dispositions ; au besoin je les flatterai de la main, pour qu'elles me dévorent tout de suite, et qu'elles ne fassent pas comme pour certains qu'elles ont eu peur de toucher. Si elles y mettent de la mauvaise volonté, je les forcerai [...]. Feu et croix, troupes de bêtes, dislocation des os, mutilation des membres, broiement de tout le corps, que tous les supplices du démon tombent sur moi, pourvu que je jouisse de Jésus-Christ [11] ».

L'Église primitive développe très vite le culte des martyrs, appelés des saints. Leurs tombes, quand elles sont identifiées, deviennent des lieux de pèlerinage, mais aussi le noyau de cimetières : les chrétiens veulent se faire enterrer à leurs côtés pour bénéficier de leurs grâces et surtout de leur intercession jusque dans la mort. Les épisodes de persécution qui se succèdent dans l'Empire romain sont autant d'occasions d'étoffer les martyrologes, des calendriers dédiés aux innombrables martyrs : Blandine, livrée aux lions dans un cirque de Lyon en 177, Laurent, supplicié sur des charbons en 258, de nombreux évêques ainsi que quelques papes, tels Fabien (250), Étienne (257), et Sixte II (258).

La fin des persécutions et la théologie trinitaire

La nouvelle religion se perçoit très tôt comme catholique (en grec, *katholicos*), c'est-à-dire universelle, un mot qui apparaît pour la première fois dans une lettre d'Ignace aux habitants de Smyrne, peu avant sa mort, en 106 : « Là où paraît l'évêque, que là soit la communauté, de même que là où est le Christ Jésus, là est l'Église catholique [12]. » La foi en Jésus-Christ s'étend très vite, essentiellement autour des centres urbains :

après l'Asie Mineure, l'Italie, l'Afrique du Nord et la Grèce, elle atteint la Gaule (Lyon connaît ses premiers martyrs en 177), l'Espagne et même l'Angleterre au IIIe siècle. Chaque communauté s'organise autour de son *espiscopos*, son évêque, qui baptise, célèbre la Cène, veille au respect de la doctrine et entretient des relations avec les autres évêques.

L'Église de Rome, qui a réussi à imposer sa primauté après la disparition de l'*ekklesia* jérusalémite en dépit des persécutions qui s'abattent sur elle, s'emploie à définir l'orthodoxie dogmatique. Dans la seconde moitié du IIe siècle, elle élabore un credo (ou confession de foi) ainsi formulé : « Je crois en Dieu, Père tout-puissant, et en Jésus-Christ, son Fils unique, notre Seigneur, né du Saint-Esprit et de la Vierge Marie, crucifié sous Ponce Pilate et enseveli, ressuscité des morts au troisième jour, monté aux cieux, assis à la droite du Père d'où il viendra juger les vivants et les morts, et au Saint-Esprit, à la sainte Église, à la rémission des péchés, à la résurrection de la chair[13]. » Les papes s'arrogent l'autorité d'excommunier – l'une des premières excommunications connues est celle de Marcion, en 144, mais d'autres centres chrétiens montent également en puissance : Alexandrie la Grecque, Carthage qui est le centre de référence de l'importante Église d'Afrique du Nord (soixante et onze évêques africains assistent au concile qui s'y tient en 216), Antioche, la troisième ville de l'Empire. Rome ne réussit pas à imposer sa vision de l'orthodoxie. Au contraire, les divisions dogmatiques interchrétiennes s'amplifient à la fin du IIIe siècle quand, aux querelles autour de la nature du Christ, s'ajoute un autre sujet de discorde : la nature des relations du Père au Fils et au Saint-Esprit, c'est-à-dire la Trinité.

Naissance du christianisme

Sur le plan politique, l'Église connaît à partir de 260 une période de paix, grâce à un édit promulgué par l'empereur Gallien autorisant la liberté de culte. La foi dans le Christ gagne les couches supérieures de la société et le patrimoine de l'Église s'accroît, grâce aux donations des fidèles. La trêve dure quarante-trois années au cours desquelles l'Empire romain est en butte à des troubles intérieurs et aux attaques des Barbares et des Perses sur ses frontières. En 303, voulant protéger la religion d'État de l'avancée chrétienne, l'empereur Dioclétien met brutalement un terme à la trêve : il ordonne la confiscation des biens et objets de l'Église, l'arrestation de ses clercs, il interdit à ses membres, y compris les préfets et les sénateurs, de servir dans l'administration, lance ses troupes contre les chrétiens et met à mort des unités entières de son armée converties à la religion du Christ. La grande persécution, qui affaiblit encore plus l'Empire, se poursuit jusqu'à la prise du pouvoir par Constantin, en octobre 312.

Le nouvel empereur voit dans la poursuite des répressions, ainsi que dans les divisions internes de l'Église, des causes supplémentaires d'affaiblissement de son empire ; il est par ailleurs sensibilisé au christianisme par certains de ses proches dont son père, un général romain adepte du monothéisme solaire, réputé être un protecteur des chrétiens. Constantin, qui connaît la rigueur morale de ces derniers, souhaite combattre à travers eux l'hédonisme et l'individualisme qui minent son empire. Le 13 juin 313, il promulgue l'édit de tolérance de Milan qui reconnaît la liberté des cultes. Il décide également de renforcer la primauté de l'évêque de Rome pour l'aider à mieux contrôler l'ensemble de son Église et éviter des schismes. En 314, l'évêque de Rome Miltiade, réfugié deux ans plus tôt dans les catacombes, se voit offrir le palais de Latran, et Constantin convoque pour lui le concile d'Arles pour mettre fin au schisme donatiste. En 318, afin de renforcer ses liens avec les chrétiens, Constantin interdit les sacrifices privés des païens et il entame l'année suivante la construction de la basilique Saint-Pierre du Vatican. Les plus hauts postes de l'administration impériale, dont celui de préfet du Prétoire (l'équivalent d'un chef de gouvernement), sont par ailleurs offerts aux chrétiens.

C'est alors que se développe vers 320, à partir d'Alexandrie, un courant théologique puissant mené par le moine Arius, qui contredit l'orthodoxie romaine. Selon celui-ci, le Fils ou Logos étant engendré par le Père pour être la cause seconde de la création, seul le Père répond à la définition de Dieu. Le Christ est donc Dieu en second. Arius est soutenu par une partie des évêques, notamment antiochiens. Constantin, qui se dit « évêque du dehors » (il ne sera baptisé que sur son lit de mort), convoque le premier concile œcuménique qui se tient à Nicée, en 325, au cours duquel il est affirmé que « Jésus-Christ est le Fils de Dieu, engendré et non pas fait, consubstantiel du Père ». Arius est condamné à la quasi-unanimité (les évêques récalcitrants ayant été menacés de rétorsion par l'empereur), mais l'arianisme continue de se propager.

L'introduction de la notion de consubstantialité (de la même substance) a pour effet d'envenimer la crise doctrinale. Les controverses débordent les théologiens pour gagner la rue. La question est de savoir comment concilier le monothéisme avec l'existence de trois personnes divines. L'historien Ammien Marcellin (v. 330-400) déplore, dans son *Res Gestæ* (Histoire), que les chrétiens se disputent « comme des bêtes fauves [14] ». Et dans une homélie restée célèbre, prononcée en 383 à Constantinople, Grégoire de Nysse (v. 341-394) se plaint : « Réclamez votre monnaie et le commerçant se met à parler théologie, du Créé et de l'Incréé ; demandez le prix du pain, on vous répondra : " Le Père est plus grand et le Fils est inférieur " ; et si vous vous inquiétez de savoir si votre bain est prêt, l'intendant vous déclare que le Fils est sans importance [15]. »

Il faudra attendre plus d'un demi-siècle avant qu'un second concile œcuménique se réunisse, en 381, à Constantinople, et formule le dogme trinitaire : « Le Fils unique de Dieu est vrai Dieu de vrai Dieu, engendré non pas créé, de même substance que le Père. L'Esprit procède du Père et du Fils, il est adoré et glorifié ensemble avec le Père et le Fils. » Ainsi est affirmée l'existence d'un Dieu unique en trois personnes qui n'existent chacune qu'en relation avec les deux autres, agissant indivisiblement.

Une autre querelle christologique conduira au premier schisme de l'Église. Elle est suscitée par l'évêque Nestorius de Constantinople qui, en 428, affirme que Marie n'est pas la mère de Dieu (Theotokos) mais de Jésus « le Fils et Seigneur » (Christotokos), ce qui revient à nier la divinité de Jésus. En réponse, l'Église d'Alexandrie met en avant l'union indissoluble des deux natures du Christ, sa nature humaine ayant, selon elle, été totalement absorbée, au moment de sa conception, par la nature divine, « comme une goutte de miel se dilue dans la mer » : c'est la doctrine monophysite qui reconnaît une seule nature, divine, au Christ. En 451, le concile de Chalcédoine condamne nestorianisme et monophysisme et confirme que le Christ est pleinement Dieu et pleinement homme, profession de foi reconnue aujourd'hui par la majorité des chrétiens. L'Église d'Alexandrie fait sécession et prend le nom d'Église copte. D'autres Églises orientales la suivent dans la doctrine monophysite, dont l'Église jacobite d'Antioche (dite syrienne orthodoxe), l'Église arménienne et l'Église syro-malabare indienne. Quant aux disciples de Nestorius, ils se regroupent dans une Église nestorienne dont il subsiste aujourd'hui quelques communautés, notamment en Irak.

À travers ce survol très rapide de la naissance du christianisme, on peut constater qu'il est vain de chercher à savoir qui est le véritable fondateur de la nouvelle religion : Pierre, Paul, Jacques, voire Constantin ? Paul joue assurément un rôle déterminant, notamment dans la rupture avec le judaïsme et l'expansion de la nouvelle communauté, mais l'Église des premiers apôtres l'a précédé et il s'appuie sur une tradition chrétienne déjà existante. Constantin va jouer un rôle décisif pour consolider la nouvelle religion, lui assurer une stabilité dogmatique et une position-clé pour assurer la cohésion sociale de l'Empire. Ce faisant, il favorise l'expansion du christianisme, mais introduit aussi le ver de la tentation théocratique qui va progressivement dénaturer le message du Christ.

Notes

1. Flavius Josèphe, *Autobiographie*, 2, 11.
2. Le mot araméen *abba* sera très tôt utilisé par tous les chrétiens, y compris ceux de langue grecque, dans leurs prières. Les chercheurs sont unanimes à considérer que cet usage surprenant ne peut s'expliquer que par la volonté de préserver une tradition instaurée par Jésus.
3. Jusqu'à la fin du Ier siècle, le titre « rabbi » est donné à ceux qui ont un savoir, en signe de respect. Il ne prendra sa signification actuelle qu'après la chute du Temple, en 70, puis la constitution du judaïsme rabbinique sous l'impulsion de Johanan ben Zakaï, un rabbin exilé à Jamnia.
4. Étienne Trocmé fut l'un des principaux défenseurs de la thèse de l'appartenance zélote de Paul : celle-ci expliquerait à la fois l'intensité de ses persécutions contre les chrétiens, et ses deux tentatives d'assassinat par des groupes juifs, comme s'il avait « trahi un engagement solennel envers une société secrète ». Voir *L'Enfance du christianisme* (Noêsis, 1997) p. 81-82.
5. Dans ses *Antiquités juives* (20, 9, 1), Flavius Josèphe raconte la mise à mort du « frère de Jésus appelé le Christ, du nom de Jacques, ainsi que quelques autres » par les sadducéens et l'hostilité que suscite cette condamnation dans la population juive de Jérusalem.
6. Les rares fragments d'Héraclite qui nous sont parvenus ont été consignés au IIIe siècle par Diogène Laërce,

auteur de *Vies, doctrines et sentences des philosophes illustres,* une anthologie des philosophes grecs de l'Antiquité, de leurs œuvres et des écoles qu'ils ont fondées.

7. *Pédagogue,* 1, 5 et 1,8.

8. *Contre Praxeas ou sur la Trinité,* 1. Tertullien élabore, dans cette lettre, la théologie des relations entre le Père, le Fils et le Saint-Esprit, telle qu'elle sera reprise dans le credo chrétien.

9. L'influence considérable du Protoévangile de Jacques se reflète à travers les nombreuses traductions, totales ou partielles, qui en ont été retrouvées, notamment en syriaque, en copte, en latin, en arménien, en éthiopien, en latin et même en arabe.

10. *I Petri,* 4, 12-13.

11. Épître de saint Ignace d'Antioche aux Romains.

12. *Lettre aux Smyrniotes,* 8, 2.

13. Cette formulation, qui établit les fondements de la foi chrétienne, sera reprise presque à l'identique au concile de Nicée, en 325.

14. *Res Gestæ* 22, 5, 4.

15. *De deitate Filii et Spiritus Sancti* (Sur la divinité du Fils et de l'Esprit-Saint), in *Patrologia Græca,* 46, 557.

IV

Une société chrétienne

En 313, par la seule volonté d'un homme, l'empereur Constantin, le christianisme passe brusquement, sans transition aucune, du rang de religion persécutée à celui de religion reconnue et surtout privilégiée dans le vaste Empire romain qui s'étend autour du Bassin méditerranéen et sur une grande partie de l'Europe. L'Église, qui survivait grâce aux dons des fidèles, se retrouve tout aussi brusquement à la tête d'un richissime patrimoine, offert par l'empereur et alimenté par ses immenses donations. Rome se couvre de basiliques consacrées aux apôtres et aux martyrs ; Bethléem et Jérusalem sont dotées par Hélène, la mère de Constantin, des basiliques de la Nativité et du Saint-Sépulcre et l'identité chrétienne de la Palestine est consacrée. En 324, Constantin réunit les Empires romains d'Orient et d'Occident sous sa seule autorité, étendant d'autant le pouvoir et les privilèges de l'Église. En 330, pour des raisons politiques, il transfère sa capitale à Byzance, rebaptisée Constantinople ; le pape peut ainsi régner librement à Rome pour en faire le centre de l'Église. Les persécutés d'hier se retrouvent, sans jamais s'être battus pour cela, en position dominante. Ils ont l'oreille du pouvoir ; bientôt ils auront, de manière directe, le pouvoir qu'ils entendent exercer selon les enseignements du Christ et en s'appuyant sur les valeurs qu'il a révélées : l'égalité, la justice, la charité.

La religion officielle

Les attentions de Constantin envers le christianisme poussent les élites à se convertir en masse à la nouvelle religion qui devient la voie d'accès aux fonctions élevées et aux privilèges d'État. Les lois sont modifiées de manière à intégrer les valeurs chrétiennes : le premier décret en ce sens, publié en 316, interdit de marquer le visage des criminels parce que celui-ci « a été formé à l'image de la beauté céleste ». Le divorce, condamné par Jésus dans les Évangiles, est soumis à de sévères restrictions. En 325, les jeux de cirque sanglants, pourtant fort prisés dans l'Empire, sont prohibés. Les fêtes sont elles-mêmes christianisées : le dimanche, *Dies Solis* ou Jour vénérable du Soleil, qui était le jour où se réunissaient les chrétiens pour faire mémoire de la mort et de la résurrection du Christ, devient le Jour du Seigneur, et la fête du *Solis invicti* ou Soleil invaincu, le solstice d'hiver célébré le 25 décembre en lien avec le culte de Mithra, celle de la Nativité.

En échange de la protection qu'il accorde à l'Église et de son soutien à la primauté de l'évêque de Rome, le pape, Constantin intervient dans les affaires de cette Église, en particulier les querelles dogmatiques quand il craint que celles-ci dégénèrent en schismes. Précisons que le titre de pape, littéralement « père », était alors donné à tous les évêques en signe de respect filial ; l'évêque de Rome n'en obtiendra l'exclusivité qu'avec Grégoire VII (1030-1085). En 314, moins de deux ans après son accession au pouvoir, l'empereur convoque un concile régional à Arles pour mettre fin au schisme donatiste, et s'oppose à la révocation par le pape des évêques donatiens. En 325, il intervient de la même manière au concile de Nicée dont il impose le credo à l'ensemble de l'Empire. Loin de s'en offusquer, les évêques interprètent cette confusion du politique et du religieux comme une volonté de Dieu. Ils sont nombreux à multiplier les panégyriques de Constantin, tel Eusèbe de Césarée qualifiant l'empereur de « soleil rayonnant [qui] illumine le moindre de ses sujets et le plus éloigné au fond de son empire par la présence de ses Césars comme par les rayons perçants de sa propre clarté [...]. Au roi unique sur la terre correspond le Dieu unique, le Roi unique dans le ciel [1] ».

Constantin soutient fermement l'Église et son orthodoxie, beaucoup moins le message christique. Comme ses prédécesseurs, il mène des guerres pour protéger les frontières de l'Empire et ordonne des assassinats pour défendre son trône, sa personne ou son honneur : il fait étrangler Lucius, l'empereur d'Orient, puis son fils ; obsédé par la peur du complot, il fait tuer son propre fils Crispus ainsi que son épouse Fausta. Curieusement, bien qu'il ait pris position contre l'arianisme lors du concile de Nicée, Constantin se fera baptiser sur son lit de mort par Eusèbe de Nicomédie, l'un des deux évêques qu'il fit exiler en raison de leurs positions arianistes. À la mort de Constantin, en 337, ses fils, qui sont baptisés, lui succèdent et poursuivent, comme le feront leurs propres successeurs, sa politique de privilèges vis-à-vis de l'Église, alors que les chrétiens ne sont qu'une minorité au sein de la population, encore majoritairement païenne et juive. Des évêchés sont créés dans chaque ville où l'évêque, « époux de son Église », conserve son siège jusqu'à sa mort et agit en souverain.

Une nouvelle cohésion sociale

Le IVe siècle est marqué dans l'Empire par une succession de famines qui entraînent un exode des paysans vers les villes et un accroissement de la pauvreté. Les conséquences de ce désastre sont cependant très positives pour l'Église qui étend son influence grâce à l'implication des évêques dans l'organisation du système caritatif, au nom du principe évangélique d'amour des pauvres et des exclus. Chaque évêché instaure son *matricula*, un registre des pauvres où ceux-ci s'inscrivent pour bénéficier des distributions d'aides. Une concurrence s'installe entre eux, autant pour donner aux miséreux que pour recevoir en échange les largesses de l'empereur et les dons des particuliers. Un passage de la *Didachè*, littéralement l'enseignement, un court texte anonyme du IIe siècle qui résume en seize chapitres les enseignements de Jésus et des apôtres, est mis en exergue : « Si tu possèdes quelque chose grâce au travail de tes mains, donne afin de racheter tes péchés. N'hésite pas avant de donner, et donne sans murmurer [2]. » Les dons sont appelés les « dépôts de piété [3] ». Les évêques construisent des asiles, lieux d'accueil où sont pris en charge les malades et les exclus, l'initiative la plus spectaculaire revenant à Basile, l'évêque de Césarée qui, au début des années 370, édifie aux abords de sa ville une gigantesque léproserie que l'on dit de la taille d'une cité, le Basileias.

Ces initiatives sociales sont un frein aux troubles qu'aurait pu déclencher la misère. En même temps, en mettant en avant l'appartenance de tous les hommes, riches et pauvres, à la même condition

Une société chrétienne

humaine qui scelle leur fraternité, l'Église touche des franges de plus en plus larges au sein des populations urbaines. Les empereurs s'inclinent devant ce pouvoir : en 379, Gratien renonce au titre impérial de *Pontifex Maximus*, souverain pontife, que les évêques, puis le seul évêque de Rome, récupèrent, et il ôte la statue de la Victoire de la salle du Sénat, à Rome. En 391, son successeur, Théodose Ier, établit le christianisme comme religion d'État de l'Empire et interdit les cultes païens sous peine de sanctions. En retour, l'Église ne conteste pas le culte de l'empereur qui, « par décret divin doit être aimé du genre humain », ainsi que le rappelle le serment que continue de prêter l'armée sous Théodose. Les persécuteurs d'hier sont à leur tour la cible de vexations et de confiscations de la part des chrétiens. Ceux qui avaient été persécutés arborent avec orgueil les signes de leur nouveau statut. Rares sont ceux qui osent dénoncer ce dévoiement du christianisme. L'historien Sulpice Sévère (v. 360-v. 429) le fait avec un mélange d'humour et de rage : « Voici un homme qui n'est remarquable ni par son œuvre ni par sa vertu. On fait de lui un clerc. Aussitôt il élargit ses franges, il se plaît à être salué ; il s'enfle d'orgueil aux visites qu'il reçoit et lui-même se montre partout. Auparavant il avait coutume d'aller à pied ou à âne ; maintenant, devenu superbe, il se fait traîner par des chevaux écumants. Naguère il se contentait comme logement d'une petite et pauvre cellule ; maintenant il fait élever de hauts plafonds lambrissés, il fait aménager de nombreuses pièces, il fait sculpter les portes, il fait peindre les armoires ; il dédaigne les vêtements grossiers, il veut s'habiller d'étoffes souples. Pour cela, il lève tribut sur ses chères veuves et sur les vierges ses amies [4]. »

L'emprise cléricale sur la société s'accroît quand Théodose autorise les évêques à régler tous les litiges, y compris profanes, dans le cadre des *episcopalis audientia*, les cours d'arbitrage épiscopales. Les taxes y sont peu élevées, et les évêques qui rendent justice selon les règles du droit romain sont en général réputés pour leur équité – c'est le cas par exemple de saint Augustin qui siégeait à Hippone même durant la sieste, tant les plaignants étaient nombreux devant sa cour. Pour la première fois dans l'histoire, les pauvres peuvent avoir accès aux tribunaux, à condition de se convertir au christianisme; ils sont nombreux à franchir le pas pour bénéficier de tous les avantages liés au fait d'être chrétien, alors qu'en parallèle, les services de l'État s'étiolent.

La supériorité du pouvoir de l'Église sur celui de l'Empire s'impose de manière éclatante avec la crise des statues, déclenchée en 386 par le renversement des effigies de Théodose et de son épouse, à Antioche, après qu'eut été décrété un impôt supplémentaire en période de famine. L'intervention d'Ambroise, l'évêque de Milan, apaise de manière inattendue le courroux impérial, entraînant ce commentaire de Jean Chrysostome : « Il est vraiment magnifique le pouvoir du christianisme qui parvient à contenir et calmer un homme sans égal sur la terre, un souverain assez puissant pour tout détruire et dévaster, et qui lui apprend à mettre en pratique une telle philosophie [5]. » Forts de leur impunité, des chrétiens, menés par les clercs, s'attaquent aux temples païens qu'ils saccagent et transforment en églises. Les autorités n'intervenant pas, l'intolérance chrétienne s'étend aux Juifs. Elle culmine en 438, à Jérusalem, où ces derniers sont réunis pour la fête des Tabernacles : « La Croix a vaincu », clament des manifestants devant le palais de l'impératrice Eudocie.

À la mort de Théodose, en 395, l'Empire est de nouveau partagé entre un Empire d'Orient qui perdurera jusqu'à la chute de Constantinople en 1453, et un Empire d'Occident qui vit ses dernières années. Goths, Vandales, Francs, Huns et autres peuples barbares, pour la plupart convertis au christianisme dans sa version arienne par l'évêque Ulfilas, ont franchi les frontières (les Goths envahissent Rome en 410). Les institutions impériales se sclérosent et, en l'absence d'un pouvoir civil, il ne reste plus que l'autorité de l'Église. Dans l'Empire occidental, les évêques sont les seuls à même de négocier avec les Barbares et de gérer les cités ; ils deviennent peu à peu leurs conseillers. En 476, Romulus Augustulus, le dernier empereur romain, est déposé à Ravenne.

L'Église orthodoxe d'Orient

Si la déliquescence, puis la chute, de l'Empire romain d'Occident a permis aux papes d'imposer leur droit d'ingérence dans les affaires temporelles, la situation est différente dans l'Empire d'Orient où la puissance impériale perdurera plusieurs siècles. Bien que les conciles d'Éphèse (381) puis de Chalcédoine (451) aient mis Constantinople à « égalité d'honneur » avec Rome, l'ancienne Byzance ne peut se prévaloir d'une primatie fondée par un apôtre et imposer, comme elle le souhaiterait, son primat sur les autres sièges reconnus par ces mêmes conciles œcuméniques, à savoir Alexandrie, Antioche et Jérusalem. Cela, d'autant qu'elle est elle-même soumise à l'empereur byzantin qui intervient dans les affaires doctrinales et s'accorde le privilège de nommer et rétrograder les évêques.

Au VIe siècle, l'empereur Justinien (526-565), qui tentera de s'emparer de Rome, établit à la tête de l'Église une pentarchie de cinq sièges patriarcaux (les quatre sièges et Rome) et accorde un statut d'autocéphalie (d'autonomie) aux Églises situées au-delà des frontières de l'Empire, notamment les Églises de Perse, d'Arménie et de Géorgie. L'organisation justinienne sera de courte durée : culturellement, et même linguistiquement différentes, dirigées par des patriarches à forte personnalité, les Églises réunies par Justinien s'engagent vers une indépendance doctrinale croissante, qui va en s'amplifiant au fur et à mesure que l'Empire s'érode, à partir du milieu du VIIe siècle, sous l'avancée des troupes musulmanes. Relativement isolées, ces Églises, dites orthodoxes ou orientales, se placent sous la protection des rois dans les pays où elles sont implantées. Seule Constantinople continuera, pendant un millénaire, de ferrailler avec Rome, frôlant à plusieurs reprises la rupture.

La contre-offensive chrétienne

La confusion qui s'installe, à partir de 313, entre le pouvoir politique et le pouvoir religieux, et les compromissions qu'accepte puis réclame l'Église pour conserver ses privilèges suscitent le désarroi de certains chrétiens qui y voient une contradiction avec la parole de Jésus devant Ponce Pilate : « Mon royaume n'est pas de ce monde » (Jean, 18, 36). Dans leur soumission aux enseignements testamentaires, ceux-là, qui hier recherchaient le martyre, n'envisagent pas de se révolter contre l'empereur ou les évêques : « Que chacun se soumette aux autorités en charge. Car il n'y a point d'autorité qui ne vienne de Dieu, et celles qui existent sont constituées par Dieu. Si bien que celui qui résiste à l'autorité se rebelle contre l'ordre établi par Dieu », a affirmé Paul dans son épître aux Romains (13, 1-2). Alors ils se retirent du monde pour vivre leur foi loin de l'Église.

Le monachisme : sauvegarde de l'idéal évangélique et de la culture

L'histoire chrétienne donne au monachisme un père fondateur : Antoine. Riche héritier, celui-ci abandonne tous ses biens au début du IVe siècle et se retire dans le désert d'Égypte pour vivre son face-à-face avec Dieu loin des turbulences du monde. Bien que Jésus n'ait pas prôné ce mode de vie, les trois premiers siècles du christianisme ont connu des individus qui quittaient tout pour se consacrer au Christ, mais cette ascèse était peu courante, les chrétiens préférant aller au martyre pour témoigner de l'exigence de leur foi. Avec la fin des persécutions, cette option extrême n'existe plus. Antoine est rejoint par des disciples qui s'installent dans des grottes autour de la sienne où ils vivent en reclus, pratiquant, chacun de son côté, le jeûne et la prière perpétuelle : ainsi se forme la première communauté d'anachorètes. Sa réputation, propagée par Athanase, l'évêque d'Alexandrie, se répand dans le monde chrétien dont elle fait l'admiration. « Celui qui n'a pas reçu d'éducation s'élève et prend le ciel d'assaut, et nous, avec toute notre science, nous restons là à patauger dans la chair et le sang », écrit saint Augustin en 386, en commentant l'expérience d'Antoine [6].

Les déserts d'Égypte et de Syrie se peuplent d'ermites, vivant seuls ou en petites communautés que les évêques tentent de contrôler. Basile de Césarée (329-379) rédige l'une des premières règles de vie monastique ; destinée à ses moines de Cappadoce, elle prône la discipline plutôt que la mortification systématique des corps, réprouve l'isolement complet qui est un manquement au devoir chrétien de charité et introduit le travail dans une vie qui reste néanmoins essentiellement dédiée à l'oraison.

En Occident, les pèlerins de retour de Jérusalem racontent ces ascètes et ces moines qui réhabilitent l'idéal de perfection chrétienne dans sa pureté, évanouie depuis que l'Église s'est compromise avec le monde. Le monachisme est érigé en exemple. En 416, l'un des premiers monastères occidentaux, Saint-Victor, est fondé près de Marseille par Jean Cassien qui avait pratiqué l'ascèse en Palestine et en Égypte ; en 420, Honorat, l'évêque d'Arles, édifie à son tour un immense monastère sur l'île de Lérins. Les monastères se multiplient au rythme des nombreuses vocations, édictant chacun ses propres règles de vie.

Deux Italiens vont simultanément contribuer à la formation du monachisme proprement occidental, dont le modèle se diffusera dans toute l'Europe. Le premier est Benoît de Nursie. Né vers 480, il fonde en 529, entre Rome et Naples, dans le Latium, l'abbaye du mont Cassin où il instaure le cénobitisme, la vie en communauté de moines autour d'un abbé. Il édicte à l'intention de son abbaye une règle structurée, rythmant les journées en périodes régulières de sommeil, de prière, de lecture, de repos et de travail physique. Il insiste sur l'équilibre à apporter entre l'activité et l'oraison, et met l'accent sur la discipline, l'obéissance et la modération. Ainsi naît la communauté bénédictine dont le modèle de vie fait école : l'essor des abbayes est spectaculaire, et les moines bénédictins sont bientôt présents dans tout l'Occident. Un second personnage, moins connu, a joué un rôle capital dans le modelage des particularismes du modèle monachique occidental : Magnus Flavius Cassiodore. Vers 530, cet aristocrate romain, un fin érudit nourri de culture classique, se retire dans un monastère construit sur ses domaines de Calabre. Scandalisé par l'ignorance des moines qui consacrent toute leur vie à la prière, il décide de leur enseigner les bases de la culture, c'est-à-dire aussi bien les mathématiques et la musique que le latin, une langue en voie de disparition, supplantée par les dialectes locaux depuis la fin de l'Empire romain. Pour assurer la transmission des apports des Anciens, Cassiodore réserve chaque jour quelques heures de la vie de « ses » moines à la copie de manuscrits, chrétiens et profanes.

La règle de Benoît de Nursie n'exigeait pas des moines une grande culture, mais un simple apprentissage de la lecture afin de s'occuper l'esprit à l'heure des repas et pendant les longues périodes de carême ; chaque abbaye était donc dotée de sa bibliothèque. Plus cultivés que la masse largement analphabète, les bénédictins se laissent rapidement séduire par les principes de Cassiodore dont ils adoptent les très pédagogiques manuels d'enseignement et le goût de la copie qu'ils privilégient au détriment du travail manuel. Aux bibliothèques des abbayes s'adjoignent des *scriptoria*, des ateliers de copie où se développe l'art du manuscrit. Les copistes sont loin d'être des érudits, mais dans un Occident plongé dans le marasme, les monastères sont désormais les ultimes vestiges de la richesse spirituelle et théologique du christianisme des Pères, ainsi que de la culture gréco-romaine qui avait fait l'Occident.

Bien avant la chute officielle de l'Empire romain, en 476, les Barbares ont envahi et ravagé les villes d'Occident, et quand débute le Moyen Âge, il n'existe plus d'État apte à s'investir dans l'espace public selon la tradition de Rome qui bâtissait, encourageait les arts, les jeux, les joutes, les écoles. Le seul système d'enseignement qui subsiste est réservé aux moines, à l'abri des monastères. Les évêques continuent d'aller s'instruire à Rome, où la papauté veille à leur formation intellectuelle pour assurer l'évangélisation de la masse, et surtout pour continuer de seconder les princes barbares dont ils deviennent les principaux conseillers. Les prêtres, aussi analphabètes que leurs ouailles, s'occupent surtout des affaires de ce monde. Quant aux habitants de l'ancien Empire, ils vivent dans la terreur des invasions, des famines qui se profilent, des maladies qui les accompagnent. L'image des moines en sort rehaussée : au milieu de toute cette misère, tant matérielle que morale et spirituelle, ils sont réputés pour leur savoir et leur probité, leur attachement à la prière et leur exercice de la charité. Malgré la méfiance un peu méprisante que leurs élites affichent à l'égard de la vie laïque et du bas clergé séculier, ils restent les ultimes incarnations de l'idéal de vie chrétienne tel qu'exprimé par les écrits testamentaires.

Cependant, par manque de transmission, la foi chrétienne commence à s'éroder au sein des populations. Les rites païens sont de nouveau pratiqués aux abords des sources, pourtant christianisées par leur consécration à des saints, et même lors des pèlerinages aux tombes des martyrs dont le Moyen Âge est très friand. S'inspirant des pratiques des Églises d'Orient, l'Église latine exhume des reliques de saints et les partage pour édifier de nouvelles églises – ou reconvertir des temples païens en églises. Le culte des saints et des martyrs est encouragé, les récits de leurs vies sont recopiés (et souvent enjolivés) dans les *scriptoria* des monastères. Vers 530, les évêques, prenant la mesure des ravages de l'inculture des prêtres, fondent les premières écoles épiscopales ou cathédrales, appelées ainsi parce que rattachées à l'évêque, destinées à la formation des clercs. Hors de l'Église, il n'existe désormais plus de lettrés ; tous les écrits qui nous sont parvenus de cette période sont l'œuvre de moines ou d'évêques.

L'Église et le pouvoir

À partir du milieu du ve siècle, submergée par la vague burgonde à l'est et wisigothe au sud, l'Église tente, avec l'aristocratie romaine, de préserver ce qui reste de l'État. Les Francs ont conservé leurs dieux germains quand le roi Clovis remporte la bataille de Soissons en 486 et poursuit son avancée vers la Gaule pour l'unifier, avec le soutien de l'Église qui voit en ce chef païen le seul moyen de combattre l'arianisme barbare dominant, pourtant chrétien. En retour, et pour sceller cette nouvelle alliance, Clovis se fait baptiser, vers 496 ou 500, au cours d'une cérémonie spectaculaire, en même temps que trois mille de ses hommes [7]. Pour l'Église d'Occident, l'événement est aussi capital que la promulgation en 313, par Constantin, de l'édit de tolérance de Milan.

En juillet 511, quelques mois avant sa mort, Clovis réitère une initiative qui était entrée dans les usages des empereurs romains sans susciter de réprobation ecclésiale : il convoque et préside un concile, à Orléans. Trente-deux évêques du royaume franc, y compris de l'Aquitaine récemment reprise aux Wisigoths, y participent. Le concile condamne l'arianisme et pose les règles régissant les relations entre l'Église et le roi, à l'avantage de ce dernier. Désormais, les évêques et les abbés des monastères sont nommés par le souverain ; en échange, l'Église est exemptée de taxes et impôts, et les clercs ne relèvent plus de la justice civile mais des tribunaux ecclésiastiques, quelle que soit l'infraction qu'ils commettent. Le concile instaure le droit d'asile pour toute personne prenant refuge dans une église, ainsi que le droit d'un esclave à être libéré s'il est ordonné, même à l'insu de son maître qui sera dédommagé par l'évêque. Dans la première moitié du VIe siècle, tandis que Rome est ravagée par les armées byzantines puis lombardes, l'Église gallo-romaine continue de tisser son alliance avec les rois francs : trois conciles gaulois sont convoqués à Orléans par les successeurs de Clovis, renforçant la protection réciproque entre les rois et des évêques et entre les deux institutions, l'Église et l'État. Le IIIe concile (538) interdit par exemple le travail dans les champs le jour du Seigneur, tandis que le IVe concile est essentiellement consacré à des mesures antijuives : désormais, un Juif ne peut plus posséder d'esclaves chrétiens (alors que l'inverse est admis), ni paraître en public durant la période pascale dont les dates sont unifiées dans toute la Gaule.

Au VIIe siècle, les conquêtes musulmanes réduisent brutalement la puissance de l'Église d'Orient et, avec elle, celle de l'Empire byzantin dont Rome dépend théoriquement depuis un siècle – tout en étant, de fait, administrée par les seuls papes. Jérusalem et Antioche (638), Alexandrie (642), Carthage (698) tombent aux mains des Arabes qui avancent jusqu'à Tolède (711) et tentent une percée en royaume franc. Les armées musulmanes sont arrêtées en 732, à Poitiers, par Charles Martel, maire du palais de la dynastie mérovingienne finissante, qui soumet l'Aquitaine, la Provence et la Bourgogne, restaurant l'unité du royaume franc. Rome, menacée par les Lombards, fait appel à celui qui est considéré comme le nouveau défenseur de la chrétienté : c'est le fils de Charles

Une société chrétienne

Martel, Pépin le Bref, qui vient à son secours. Celui-ci, qui inaugure la dynastie carolingienne, a besoin du soutien de l'Église pour asseoir sa nouvelle autorité. Il conquiert les villes d'Italie, ne discute pas l'authenticité d'un faux testament de Constantin léguant de vastes territoires à la papauté. De Ravenne à Pérouse, Pépin le Bref dépose les clés des villes conquises sur le tombeau de saint Pierre, à Rome. En 754, le pape Étienne II se déplace à Saint-Denis, en France, pour le sacrer en échange de sa protection. Deux ans plus tard, les terres prises aux Lombards sont faites « patrimoine de saint Pierre »; le pape devient le chef temporel des États pontificaux qui subsisteront jusqu'en 1870. L'alliance de la papauté avec une monarchie d'ordre divin est consacrée, le roi, qui se considère représentant de Dieu sur terre, est promu premier défenseur de l'Église; les évêques sont le relais de son autorité et les principaux agents de son pouvoir. Au XIIIe siècle, Dante introduit ainsi cet épisode dans son *Enfer* : « Ah! Constantin, de combien de maux fut mère, non ta conversion, mais cette dot que reçut de toi le premier Père enrichi [8]. »

Charlemagne, le fils de Pépin, est intronisé à Rome, en 800, aux cris d'une foule l'acclamant « Auguste couronné de Dieu ». L'Église, qui fonde en lui l'espoir de restaurer un empire chrétien unifié, n'abdique devant aucune compromission. Le roi nomme, parmi ses favoris, les évêques et les abbés de son « Saint Empire romain germanique », et ils lui prêtent serment en échange de dotations en terres et en biens. Cette pratique perdure avec les successeurs de Charlemagne, mais le rapport de force s'inverse : les évêques, qui sacrent les rois, revendiquent le contrôle du pouvoir jusqu'à imposer leur tutelle aux empereurs. La confusion est telle entre l'Église et l'État que le partage de l'Empire carolingien en 843 et les assauts qui se multiplient à ses frontières ont autant de conséquences sur l'Église que sur l'État, qui entrent de concert dans une nouvelle ère de crise. Les papes, investis dans la gouvernance des États pontificaux et obnubilés par les luttes de pouvoir et les intrigues qui se nouent pour l'accession au trône pontifical, n'ont plus qu'un lien ténu avec le message évangélique. Les conciles régionaux convoqués dans la deuxième moitié du IXe siècle se révèlent tout aussi vains : dans toute l'Europe, les évêques se comportent désormais en seigneurs de leur ville où ils agissent à l'abri des fortifications, délaissant les campagnes où vit pourtant la majorité du peuple ; les monastères qui n'ont pas été détruits par les invasions sont souvent dirigés par des abbés laïcs et deviennent des symboles d'enrichissement. L'Église, mondanisée, a en grande partie occulté le message spirituel de ses origines.

Les relations avec l'Église d'Orient, de langue grecque, restent tendues. Les querelles portent d'abord sur la place de la papauté – Rome revendique une primauté s'exprimant dans l'exercice de l'autorité juridique sur les Églises locales, Constantinople ne lui concède qu'une autorité morale. Mais aussi, sur le plan théologique, autour du Filioque, littéralement « et du Fils », une mention rajoutée par l'Église d'Occident, au VIIIe siècle, au symbole de Nicée de 381, selon lequel « l'Esprit-Saint procède du Père ». Ruptures et excommunications réciproques ponctuent ces relations jusqu'à la fracture définitive entre le patriarche de Constantinople Michel Cérulaire et le pape Léon IX, en juillet 1054.

Une société chrétienne

L'Europe chrétienne

Dans le contexte de décadence morale et spirituelle du début du IXe siècle, la prise de conscience d'un nécessaire retour aux valeurs du message de Jésus se fait plus vive. C'est ainsi que le duc Guillaume d'Aquitaine, en 909, offre un terrain pour l'édification d'un monastère à Cluny, près de Mâcon, et assortit ce don de l'obligation de placer le monastère sous la seule protection du pape auquel doit être versée la redevance quinquennale.

Les réformes clunisienne et grégorienne

À Cluny, qui échappe ainsi aux tutelles temporelles, la règle bénédictine est de nouveau appliquée : les moines recommencent à faire vœu de chasteté, de pauvreté et d'obéissance, et leur vie est strictement réglée en moments de silence et de prière, excluant tout autre travail et même les études : leur seul but est de louer Dieu dans des célébrations d'une sublime magnificence. En 931, le pape Jean XI confirme l'indépendance de Cluny à l'égard de toute autorité laïque, et autorise l'abbaye à placer d'autres monastères sous sa tutelle. En quelques décennies, l'ordre clunisien rassemble la plupart des monastères francs et essaime dans le reste de l'Europe, de l'Allemagne à l'Espagne et l'Angleterre où les abbayes, quand elles n'adoptent pas la règle strictement clunisienne, engagent néanmoins une profonde réforme spirituelle inspirée de Cluny. À son apogée, au début du XIIe siècle, l'ordre de Cluny réunit plus de dix mille moines et des centaines d'abbayes dotées par les rois et les papes, somptueuses par leur architecture et par les œuvres d'art qu'elles abritent et qui sont considérées, au même titre que la beauté liturgique, comme un éloge de la splendeur divine et un moyen d'atteindre sa contemplation.

La renaissance chrétienne des monastères, dont la réputation de piété se propage rapidement, touche les populations qui redécouvrent leur religion à travers la ferveur et la spiritualité des moines. Les campagnes se couvrent d'églises, les évêques, issus pour certains des rangs monastiques, œuvrent à la réforme du clergé séculier, formellement soutenue par les papes à partir de Clément II, en 1046. Sur le modèle initié par les monastères, la papauté s'emploie à supprimer la mainmise laïque sur l'Église. En 1059, Nicolas II écarte l'empereur de l'élection des papes qu'il confie aux seuls cardinaux. La querelle des investitures (la désignation des évêques et des abbés) est réglée en 1075 par Grégoire VII, lui-même issu de l'ordre clunisien, au profit de la papauté dont il affirme la prééminence sur les pouvoirs temporels. Il entame la réforme dite grégorienne, qui libère l'Église des princes et il édicte ses *Dictatus papae*, vingt-sept courtes sentences stipulant, entre autres, que « le pape est le seul dont les princes baisent les pieds », que « le pape peut déposer les empereurs » et qu'il peut également « délier les sujets du serment de fidélité » aux princes [9]. Renforcé dans son autorité, le pape devient le seul souverain de la hiérarchie ecclésiale occidentale. Dans les décennies suivantes, les successeurs de Grégoire VII seront contraints à des compromis avec les pouvoirs civils qui recouvreront un droit de regard sur les nominations épiscopales et sur l'investiture des biens d'Église.

La Trêve de Dieu

La réforme clunisienne déclenche le mouvement dit *Treuga Dei*, ou Trêve de Dieu, institué en 989 au

Une société chrétienne

concile de Charroux, qui interdit la violence à l'encontre des églises, des paysans et des personnes désarmées, sous peine d'excommunication. Nobles et chevaliers, réputés pour leurs actes de cruauté gratuite à l'égard de la masse et même avec leurs pairs, obtempèrent avec zèle à cette injonction de l'Église. Le nouvel idéal de l'honneur chevaleresque, un mélange de courage, de loyauté et de dévouement pour la protection des faibles et des femmes, se répand dans toutes les terres chrétiennes d'Europe, désormais étendues jusqu'à la Pologne, la Hongrie et la Scandinavie. À l'adolescence, les jeunes nobles sont ainsi adoubés dans la chevalerie au cours d'une cérémonie religieuse de sacre, précédée d'une nuit de prière et accompagnée d'une messe de bénédiction des armes déposées sur l'autel, près de reliques de saints ou de martyrs. Encouragés à défendre la foi chrétienne, nombreux sont ceux qui se rendent en Espagne pour se battre contre les Maures musulmans ; une indulgence plénière est accordée en 1063 par le pape Alexandre II à ceux qui participent à la prise de la ville de Barbastro, en Aragon.

Initiée par l'Église, codifiée en 1054 par le concile de Narbonne, la Trêve de Dieu contribue à pacifier enfin l'Europe chrétienne et elle reçoit de ce fait le soutien actif des princes et des rois. Le continent, qui avait été par le passé profondément divisé par les guerres, s'unifie par le biais de la religion : la société entière, et chaque individu au sein de la société, est placée sous le signe du sacré symbolisé par le pape et l'Église. Des rois aux simples paysans, tous partagent la même foi, vivent selon le même calendrier et défendent les mêmes valeurs morales. La formation religieuse du peuple, qui n'avait pas accès aux sermons, privilège épiscopal durant le haut Moyen Âge, est mise en avant par le clergé qui enseigne les valeurs chrétiennes à travers les vies des saints et des martyrs, diffusées à l'identique dans toutes les communautés, avec les mêmes légendes et les mêmes iconographies sacrées. Le culte des saints, qui existait depuis le IIe siècle, se développe pour occuper une place prépondérante dans la piété médiévale. Aux dates anniversaires de leur naissance ou de leur mort, des pèlerinages sont organisés sur leurs tombes, attirant, pour les plus importants d'entre eux, des fidèles de toute l'Europe.

Pauvreté et charité

L'Église remet également en avant une notion évangélique qui avait marqué l'Église primitive, dite l'Église des pauvres, avant de se diluer au fil des siècles au profit du pouvoir et de ses ors : la charité et l'accueil des exclus. Parce que les Évangiles exaltent la pauvreté, celle-ci devient une valeur spirituelle en soi, à condition d'être voulue et non subie, dans une optique d'imitation de Jésus qui avait délibérément choisi l'humilité et le renoncement aux biens matériels. La charité est introduite dans l'économie du salut : les riches sont invités à donner, et l'aumône est progressivement dotée du pouvoir de racheter les péchés, y compris quand la richesse est acquise par des voies douteuses. « C'est à travers l'ethos de la pauvreté et la mise en pratique de celui-ci par les élites spirituelles que s'effectue une consécration magique et religieuse de la place de la richesse dans la structure sociale », résume Bronislaw Geremek [10]. Les dons directs sont encouragés, les dons à l'Église et à ses œuvres sociales sont privilégiés. Et ils abondent, permettant au clergé de s'enrichir tout en louant le Christ nu qui « n'a pas où reposer la tête » (Luc, 9, 58). Les actions caritatives se multiplient : outre les aumônes directes, des institutions hospitalières sont construites dans les villes (le premier hôpital de Paris est fondé en 1175) et sur les routes des pèlerinages pour accueillir pauvres et voyageurs. Une théologie de la charité se développe, beaucoup plus axée sur ses bienfaits pour la vie spirituelle du donateur que sur le récipiendaire du don, conçu comme une part du plan de Dieu pour le salut de l'homme.

Essor de la culture et fondation des universités

En même temps, l'enseignement devient une priorité de l'Église qui, stabilisée dans ses frontières européennes, y voit un outil pour l'éducation au « vrai » christianisme, c'est-à-dire à la doctrine catholique romaine. La construction des écoles épiscopales avait été initiée par Charlemagne au début du IXe siècle ; à la fin du XIe siècle, celles-ci, implantées dans les villes à proximité des sièges épiscopaux, ont supplanté en prestige les écoles monastiques rurales. Mais il n'existe pas de culture hors de l'Église : toute réflexion intellectuelle est forcément théologique, et la création artistique est entièrement mise au service de Dieu et des Écritures. Des esprits brillants émergent, tel Pierre Abélard (1079-1142) à qui l'usage systématique du raisonnement logique dans le décryptage de la foi vaudra une condamnation papale en 1140.

Pour mieux contrôler la doctrine, les papes encouragent l'essor des universités gratuites au nom de la justice envers les étudiants pauvres, en lieu et place des groupes informels réunis autour d'un maître indépendant. Le concile du Latran III insiste sur cette notion de gratuité : « Celui qui aurait l'audace de contrevenir à cette disposition ne pourrait recevoir de bénéfice ecclésiastique. Il semble juste que, dans l'Église de Dieu, soit privé de son travail celui qui, poussé par la cupidité de son âme, vendrait la licence d'enseignement et tenterait ainsi de faire obstacle au progrès des Églises [11]. » La première université, où est enseigné le droit canonique, est inaugurée à Bologne, en 1120. En 1170, deux universités de théologie s'ouvrent, à Paris et à Oxford, et en 1180, Montpellier accueille une université de médecine. C'est ensuite le tour de Valence, Lisbonne, Padoue, Naples, Rome, Angers, Toulouse... En parallèle, les riches et les nobles financent des collèges qui sont à l'origine des maisons destinées à l'accueil des étudiants pauvres, mais qui deviennent rapidement des lieux d'effervescence intellectuelle où les étudiants s'entraînent aux disputes et les maîtres prodiguent des cours. En 1257, Robert de Sorbon, chapelain de saint Louis, fonde un collège destiné à une vingtaine d'étudiants en théologie : c'est la future Sorbonne.

Réforme cistercienne et naissance des ordres mendiants

Deux siècles après la réforme clunisienne, les abbayes se sont laissé corrompre par leur puissance, et elles se sont éloignées de l'idéal de perfection qui avait été le moteur de leur rayonnement. Le message du Christ continue pourtant d'exercer son magnétisme sur des individus. En 1112, Bernard rejoint l'abbaye bénédictine de Cîteaux, fondée en 1098 par Robert, abbé de Molesnes, en réaction au relâchement des monastères clunisiens. Il installe à proximité, à Clairvaux, une petite communauté monastique se revendiquant de Cîteaux mais dotée de règles plus sévères : l'ordre cistercien qui naît ainsi met en avant le travail et prône le retour radical aux valeurs de la pauvreté et de l'humilité qui se reflètent dans l'austérité de ses abbayes. Les moines de Cîteaux font école, et à la mort

Une société chrétienne

de Bernard de Clairvaux, en 1153, plus de trois cent cinquante monastères cisterciens existent en Occident, implantés dans leur majorité à l'écart des villes.

Dans cet esprit de retour à l'authenticité christique, en Italie d'abord, dans tout l'Occident ensuite, des chrétiens renouent avec l'érémitisme ; leurs déserts sont les forêts où ils vivent dans le dénuement et la pénitence. Ces hommes de Dieu acquièrent une réputation de saints vivants, un mouvement dévotionnel se cristallise autour de leur personne, les masses se pressent pour les voir et les écouter. Des communautés d'ermites se forment autour de personnalités charismatiques comme Romuald de Ravenne (950-1027), Jean Gualbert (990-1073) ou encore saint Bruno qui, en 1084, fonde la Grande Chartreuse, un monastère regroupant une communauté d'ermites reclus à l'origine de l'ordre des Chartreux.

C'est également pour répondre aux préceptes des Évangiles, dont l'institution ecclésiale s'éloigne de plus en plus, que naissent les ordres mendiants. François d'Assise, fils d'un riche commerçant, se retire en 1208 dans la pauvreté absolue et vit de mendicité pour répondre au message de Jésus. Comme lui, il fréquente les lépreux et prêche sur les routes. La légende veut que le pape Innocent III, pourtant pourfendeur de la mendicité qu'il jugeait indigne, l'ait vu en rêve soutenant la basilique Saint-Jean de Latran en ruine. Il est plus probable que le pape, qui s'est octroyé le titre de *Vicarius Christi*, vicaire du Christ, ait cherché à récupérer ce prédicateur charismatique mais se réclamant de son autorité pour lutter contre des mouvements schismatiques autrement plus dangereux pour l'Église, tels les Vaudois lyonnais qui se revendiquent de l'autorité des seuls Évangiles ou les Umiliati du nord de l'Italie. François fonde l'ordre des

Franciscains, ou frères mineurs, dont les moines se consacrent à la prière et à la prédication, s'engagent à n'accumuler de biens ni pour eux ni pour leur communauté, et vivent de leur travail et des aumônes. Le pendant féminin des Franciscains, l'ordre des Clarisses, est créé par une proche de François, Claire d'Assise.

En 1216, Dominique fonde un second ordre de frères mendiants : les Dominicains, appelés aussi les frères prêcheurs. Comme les Franciscains, ceux-ci prônent et vivent l'humilité et la pauvreté, mais tandis que François se méfiait des choses de l'intellect et réprouvait l'étude au profit de la seule mystique, Dominique insiste au contraire sur l'importance du savoir et de la vie intellectuelle des frères. Comme ce fut le cas, trois siècles plus tôt, pour les monastères issus de la réforme de Cluny, les ordres mendiants ont répondu à une vraie demande religieuse, palliant les carences d'un clergé séculier engoncé dans les affaires mondaines.

L'Église, bras armé du Christ

« Heureux les persécutés pour la justice, car le Royaume des cieux est à eux. Heureux êtes-vous quand on vous insultera, qu'on vous persécutera, et qu'on dira faussement contre vous toute sorte d'infamie à cause de moi. Soyez dans la joie et l'allégresse, car votre récompense sera grande dans les cieux : c'est bien ainsi qu'on a persécuté les prophètes, vos devanciers », disait Jésus (Matthieu, 5, 10-12).

Durant les deux premiers siècles de son existence, l'Église minoritaire offre ses fidèles et ses évêques au martyre sans cesser de brandir les principes pacifistes du Christ qu'elle applique à la lettre : « Aimez vos ennemis, faites du bien à ceux qui vous haïssent... » (Luc, 6, 27). Quand elle accède au pouvoir, par la volonté de Constantin, l'Église commence à se méfier de ceux qu'elle considère être ses ennemis, les païens. Mais elle répugne à verser le sang : c'est l'Empire qui devient le bras armé de l'Église et se charge de la répression des « fauteurs de troubles » par la confiscation de leurs biens, leur renvoi en exil et même leur mise à mort.

Augustin et la guerre juste

La violence au nom de Dieu suscite peu de débats, si ce n'est pour définir les conditions théologiques de la guerre juste. Hilaire de Poitiers est l'un des rares à la condamner, vers 365, au nom du principe de charité. Vers 400, Augustin, un temps séduit par la doctrine manichéenne, se retourne contre elle et publie un court traité, *Contre Faustus*, où il légitime l'usage de la force contre les hérétiques au nom d'un bien : assurer leur bonheur en les ramenant sur la voie de Dieu, selon la volonté de Dieu. Augustin puise son argumentation dans la Bible : « Quelle idée a Faustus de nous objecter la spoliation des Égyptiens, sans savoir ce qu'il dit ? Moïse a si peu péché en cela qu'il eût péché en ne le faisant pas : car il en avait reçu l'ordre de Dieu, qui juge sans doute, non seulement d'après les actes, mais d'après le cœur de l'homme, ce que chacun doit souffrir et par qui il doit le souffrir [...]. Il faut céder aux ordres de Dieu en obéissant, et non leur résister en discutant [12]. » Et il s'en prend aux pourfendeurs de la violence sacrée : « Dieu seul ne permet pas que personne souffre sans raison. Du reste, cette prétendue bonté du cœur humain, aussi ignorante que fausse, se pose aussi comme adversaire du Christ; elle l'empêche d'exécuter les ordres du Dieu bon pour la punition des impies [13]. » Les paroles d'Augustin sont sans appel et influeront fortement sur la théologie chrétienne de la guerre : « Maintenant, si l'intelligence humaine bornée, pervertie et incapable de bien juger, comprend la distance qu'il y a entre agir par passion ou par témérité et obéir à l'ordre de Dieu, qui sait ce qu'Il permet ou ordonne, et quand et à qui, et aussi ce qu'il convient à chacun de faire ou de souffrir; dès lors elle n'éprouvera ni admiration ni horreur pour les guerres faites par Moïse, parce qu'il n'a fait qu'exécuter les ordres de Dieu, sans cruauté mais par obéissance; et que Dieu lui-même n'était point cruel en donnant ces ordres, mais punissait justement les coupables et tenait les justes dans la crainte. En effet, que blâme-t-on dans la guerre? Est-ce que des hommes qui doivent mourir tôt ou tard, meurent pour établir la paix par la victoire? C'est là le reproche d'un lâche, et non d'un homme religieux. Et c'est souvent pour punir ces excès, pour résister à la violence, que des hommes de bien, par le commandement de Dieu ou de quelque autorité légitime, entreprennent des guerres, quand ils se trouvent placés dans une situation telle que l'ordre lui-même exige ou qu'ils les ordonnent ou qu'ils les exécutent [14]. »

Quant aux propos de Jésus rapportés par Luc (« À celui qui te frappe sur une joue présente l'autre »), Augustin estime que « cette disposition n'est pas dans le corps, mais dans l'âme : car là est l'asile sacré de la vertu qui a habité aussi chez les anciens justes, nos pères [15] ». En 417, dans une lettre à Boniface, préfet militaire en charge de la répression des donatistes, Augustin ajoute à ces propos : « Il y a une persécution injuste, celle que font les impies à l'Église du Christ; et il y a une persécution juste, celle que font les Églises du Christ aux impies. [...]. L'Église persécute par amour et les impies par cruauté [...]. L'Église persécute ses ennemis et les poursuit jusqu'à ce qu'elle les ait atteints et défaits dans leur orgueil et leur vanité, afin de les faire jouir du bienfait de la vérité [...]. L'Église, dans sa charité, travaille à les délivrer de la perdition pour les préserver de la mort [16]. » La logique qui conduira aux croisades et à l'Inquisition est en marche.

Les croisades

En 853, Léon IV reprend l'argumentation augustinienne et lance le premier appel papal à combattre les infidèles, c'est-à-dire les musulmans, au nom de la défense de la foi. Ses successeurs assortissent cet appel de promesses d'indulgence plénière pour les guerriers, autrement dit de remise totale des peines dans l'au-delà. Le 27 novembre 1095, alors qu'évêques, abbés, rois et princes d'Europe sont réunis en concile à Clermont, le pape Urbain II lance un appel à la croisade pour porter secours aux chrétiens d'Orient et délivrer des infidèles Jérusalem, le lieu de pèlerinage privilégié des chrétiens d'Occident, pour le rachat de leurs péchés : « Soldats de Dieu, tirez le glaive et frappez vaillamment les ennemis de Jérusalem. Dieu le veut. » Dans une Europe où le christianisme triomphe, revigoré par la réforme clunisienne et la mise en application de la Trêve de Dieu, l'appel du pape est entendu par les foules qui se précipitent pour recevoir le morceau d'étoffe en forme de croix que revêtent les partants. Emmenés par leur chef spirituel et représentant du pape, Adhémar de Monteil, les croisés entament leur guerre sainte avant même de franchir les frontières de l'Occident, en massacrant les communautés juives de Metz, Trèves, Mayence, Cologne,

Ratisbonne. Jérusalem tombe le vendredi 15 juillet 1099, un jour et une heure choisis en souvenir de la crucifixion de Jésus, aux cris de « Dieu le veut ». Et tandis que leurs chefs s'en vont glorifier le Christ au Saint-Sépulcre, les guerriers, appelés *peregrini* ou pèlerins, se déchaînent pendant trois jours contre les infidèles, juifs et musulmans confondus.

Huit croisades sont organisées entre 1095 et 1270. La première, qui est animée par une foi fervente et ponctuée de miracles comme la « découverte » de la Sainte Lance à Antioche, est l'occasion pour l'Église d'établir les règles spirituelles de cette guerre « voulue par Dieu » : en prononçant son vœu indélébile sous peine d'excommunication, le guerrier se place, ainsi que sa famille et ses biens, sous la protection de l'Église ; une sacralité est reconnue à sa personne ; l'indulgence plénière lui est accordée, ainsi qu'une promesse de salut éternel au nom du Christ. À la fin de la deuxième croisade, saint Bernard explique que les défaites de l'Occident sont un châtiment de Dieu infligé aux pécheurs. En 1204, la quatrième croisade est menée par des chrétiens contre d'autres chrétiens et aboutit à la prise de Constantinople et à son sac meurtrier. Mais quand la sixième croisade est menée par un souverain excommunié, l'empereur Frédéric II, qui réussit à conquérir Jérusalem, cette entreprise a cessé d'être perçue par le peuple comme une aventure spirituelle, quand bien même les papes successifs réitèrent que ces œuvres sont agréables à Dieu. Pour financer les expéditions, Rome autorise le rachat des vœux, étend les privilèges des croisés à ceux qui contribuent matériellement à leur départ, et confisque des biens juifs. La septième croisade, menée en 1248 par Louis IX (le futur saint Louis), est pourtant un échec, de même que la huitième, qui ne dépasse pas Carthage.

Une société chrétienne

Raison et foi

Désastre politico-ecclésial, les croisades constituent cependant un tournant capital pour la pensée occidentale, y compris théologique, grâce à la rencontre avec une civilisation musulmane en plein âge d'or qui a traduit et étudié les auteurs grecs oubliés en Occident depuis la chute de l'Empire romain. La redécouverte d'Aristote, de Platon, de Ptolémée, d'Euclide et des stoïciens se réalise à travers les œuvres d'al-Farabi (872-950), auteur de la première synthèse de Platon et d'Aristote, d'Avicenne (980-1037), qui applique la logique et les mathématiques à la métaphysique, du mystique al-Ghazali (1059-1111), qui expose la philosophie classique pour mieux la combattre, et surtout d'Averroès (1126-1198) et du juif andalou Moïse Maimonide (1135-1204) qui réintroduisent Aristote en Occident.

Les penseurs médiévaux, tous hommes d'Église, sont fascinés par la richesse de la culture classique. Ils s'emploient dès lors à concilier la philosophie grecque et la doctrine chrétienne, la raison et la foi, dans la lignée de Clément d'Alexandrie, Origène et des autres Pères apologétiques des IIe et IIIe siècles, ainsi que des Cappadociens du IVe siècle, tels Grégoire de Nazianze, Basile de Césarée et Grégoire de Nysse. Les philosophes de l'Antiquité sont retraduits en latin à partir de l'arabe. Les écoles et les universités d'Europe redeviennent un lieu d'effervescence théologico-intellectuelle, comme l'étaient autrefois celles d'Alexandrie ou de Rome. En référence aux établissements où s'opère cette fusion qui transformera la face de la théologie, ce courant prend le nom de scolastique et aura pour principaux représentants Albert le Grand (1206-1280) et surtout Thomas d'Aquin (1225-1274) qui puise chez Aristote les moyens de concilier la raison et la foi. L'Église soutient ces recherches tant qu'elles ne s'opposent pas à son dogme. Elle ne se doute pas de l'ampleur de cette révolution d'où émergeront, à partir du XVe siècle, les grands humanistes.

La lutte contre les hérésies

Né dans le terreau d'un judaïsme multiforme, le christianisme a été traversé, dès le Ier siècle de son existence, par des courants internes divergeant sur des questions théologiques parfois centrales et qui ont donné lieu, pour certains, à des schismes durables. Avant même d'accéder à la reconnaissance de l'Empire, l'Église romaine s'est considérée comme l'unique héritière de Pierre, et à ce titre gardienne des enseignements du Christ, s'arrogeant une suprématie spirituelle et doctrinale au risque de disputes et de ruptures avec les autres Églises, à l'époque orientales. Déjà, au début du IIIe siècle, un Tertullien furieux écrivait au pape Calixte : « Quelle sorte d'homme es-tu donc, toi, qui renverses et changes aussi complètement l'intention manifeste du Seigneur lorsqu'il a conféré ce don qui s'attache personnellement à Pierre [17] ? »

Au Moyen Âge, le christianisme occidental, ciment de la société dans toutes ses dimensions, se forge en éliminant les hérésies d'une manière qui gagne progressivement en violence. Les premiers bûchers sont allumés au XIe siècle, à Orléans, pour les manichéens, des non-chrétiens qui se sont implantés en Allemagne et dans le nord de la France et qui sont livrés aux clercs par des populations convaincues de la nécessité de leur châtiment. Bientôt, des disciples du Christ, souvent de petits groupes entourant des prédicateurs indépendants, sont à leur tour victimes de la violence quand, protestant contre la dépravation morale des clercs obnubilés par la quête du pouvoir et des richesses, ils réclament un retour aux valeurs évangéliques de pauvreté, d'humilité et d'amour du prochain, et en viennent à des contestations portant sur le dogme et le rite. En 1139, le deuxième concile du Latran rappelle les pouvoirs civils à leur devoir d'assistance de l'Église dans la répression des hérésies. En 1163, au concile de Tours, le pape codifie les modalités d'enquête dans les cas d'hérésies suspectées. En 1179, alors que l'échec de la deuxième croisade en Terre sainte ébranle les convictions des masses chrétiennes, le troisième concile du Latran assimile la lutte contre les hérétiques à la croisade contre les infidèles. Et en 1184, le pape Lucius III institue, dans chaque diocèse, un tribunal permanent et offre aux délateurs d'hérétiques trois ans d'indulgences.

Les hérétiques connaissent une courte période de répit après l'élection du pape Innocent III, en 1198. Celui-ci tente la persuasion, en particulier vis-à-vis des cathares auprès desquels il envoie ses propres prédicateurs, dont saint Dominique, pour les ramener à la doctrine catholique. La trêve s'achève en 1208 à la suite de l'assassinat du légat du pape, Pierre de Castelnau, et l'année suivante, l'Église organise la première croisade contre les Albigeois. En 1215, au quatrième concile du Latran, Innocent III rappelle aux évêques leur devoir de dénoncer les hérésies comme « voies de damnation » ; cette injonction ne met cependant pas fin à l'activité des chrétiens protestataires qui, inspirés par l'exemple vaudois, font circuler des traductions des Écritures en langues vernaculaires et se retrouvent en communautés pour les lire et les commenter.

L'Inquisition

Le 8 février 1232, la bulle *Ille humani generis* de Grégoire IX crée l'Inquisition (du latin *inquisitio*, enquête) et la confie aux Dominicains dont l'ordre a été créé un quart de siècle plus tôt. L'année suivante, les franciscains sont associés à cette entreprise qui dépend directement du pape, théoriquement le seul inquisiteur qui dote ses délégués de lettres de pouvoir, les évêques ayant pour mission « de les recevoir amicalement, de les bien traiter, de les seconder de [leur] bienveillance, de [leur] conseils, de [leur] appui ». En 1244, la bulle *Ad extirpanda* d'Innocent IV instaure la torture dans la procédure mise en place par l'Église, et en 1261, Urbain IV autorise les inquisiteurs à procéder eux-mêmes à la torture.

Tel est le cadre de l'Inquisition, une entreprise de l'Église chrétienne ne visant que des chrétiens baptisés, et ne recueillant aucune objection parmi les théologiens reconnus qui s'alignent sur le verdict de Thomas d'Aquin (1225-1274) : « Les hérétiques méritent d'être retranchés du monde par la mort. Il est en effet beaucoup plus grave de corrompre la vie de l'âme que de falsifier la monnaie qui permet de subvenir aux besoins temporels [18]. » La procédure implacable des inquisiteurs médiévaux est animée par leur sentiment déclaré « d'amour et de miséricorde » envers l'accusé chrétien et leur conviction d'agir pour son salut, dans un esprit de charité. Elle est identique dans tout l'Occident, s'ouvrant par un sermon public sur la foi dans le Christ et les principes évangéliques. L'inquisiteur accorde ensuite un délai, aux hérétiques pour se livrer et à la population pour les dénoncer sous peine d'excommunication. La preuve essentielle de l'hérésie résidant dans l'aveu, celui-ci est le plus souvent extorqué sous la torture « en une seule séance » selon la règle de l'Église, en « une séance continuée » étalée sur plusieurs jours selon l'usage dont les temps sont précisés dans les manuels de l'Inquisition. Pour être valide et complet, l'aveu est réitéré hors torture et doit comprendre des noms de complices. La panoplie des sanctions que prononce l'inquisiteur est large : jeûnes, pèlerinages, amendes, flagellations publiques, port permanent d'une étoile sur les habits, prison. La peine de mort, elle, reste la prérogative des autorités civiles : dans ces cas, la protection de l'Église est retirée à l'accusé qui est conduit sur le bûcher, un jour de fête afin que le public assiste à sa mise à mort, encadré par des religieux qui tentent jusqu'au dernier moment de sauver son âme du diable.

La liste des victimes est longue : après les cathares, les vaudois et des prédicateurs indépendants, l'Inquisition s'attaque aux franciscains dits spirituels, qui prônent un retour à l'idéal évangélique de pauvreté oublié par leur ordre, puis aux béguines, des mystiques laïques vivant en communauté dans la prière et la pauvreté, à des réformateurs tel Jean Hus, enfin aux sorciers et aux sorcières à l'encontre desquels, à partir du xve siècle, les inquisiteurs édictent directement la peine de mort.

L'Inquisition espagnole, plus tardive, obéit aux mêmes règles, même si elle concerne aussi, dans les faits, les communautés juive et musulmane. Dans l'Espagne du xive siècle, les violences des chrétiens à l'égard des autres communautés s'intensifient, et les pillages se font sur ordre des prêtres : Juifs et musulmans n'ont d'autre choix que de se convertir ou s'exiler. Mais les *conversos*, les convertis, ne sont pas considérés comme des chrétiens à part entière : au début du xvᵉ siècle, sous l'impulsion d'un ascète dominicain qui sera canonisé en 1455, Vincent Ferrier, des ordonnances sont édictées à leur encontre et à l'encontre de leurs descendants, interdits de nombreuses fonctions – les tribunaux de l'Inquisition ayant la responsabilité de la traque généalogique. En 1478, la bulle *Exigit sincer devotionis* du pape Sixte IV autorise Ferdinand et Isabelle d'Aragon à charger des prêtres « âgés de quarante ans au moins » et « craignant Dieu » de la traque des *conversos* qui restent juifs de cœur et commettent ainsi un « crime contre la foi »; jusqu'à l'édit d'expulsion de 1492, les Juifs non convertis ne sont pas concernés par les tribunaux de l'Inquisition; à partir de cette date, tout Juif qui reste en Espagne est considéré comme baptisé, donc *conversos*. En 1483, le dominicain Tomás de Torquemada, confesseur de la reine, réputé pour son austérité et sa science théologique, est nommé inquisiteur général en Aragon; à sa mort, en 1498, plus de cent mille procès ont été tenus.

L'Inquisition espagnole va durer trois siècles et demi – le dernier jugement d'un *conversos* a lieu en 1756, à Tolède. S'abattant essentiellement sur les Juifs, et plus tard sur les Maures baptisés, elle n'épargnera pas pour autant les « crimes religieux », des hérésies réformistes aux délits sexuels qualifiés de « péchés abominables ». À peine sortie de plusieurs siècles de pluralité confessionnelle, l'Espagne a voulu démontrer son attachement au catholicisme par des pratiques inquisitoriales implacables, entourées d'un cérémonial religieux encore plus marqué que dans les autres contrées de l'Occident chrétien, sous prétexte d'une nécessaire éducation des baptisés, longtemps « pervertis » par la coexistence avec des non-chrétiens. Procès et mise en œuvre des sanctions y ont été encadrés de messes et de prêches. Des qualificateurs, experts en théologie, ont assisté les inquisiteurs en leur fournissant des pseudo-arguments de foi pour mener à bien leur entreprise. On n'a sans doute jamais été aussi loin dans le délire pour légitimer ce qui contredit pourtant tout l'enseignement du Christ que dans l'ouvrage de Louis de Paramo publié en 1598 : *De origine et progressu Officii Sanctae Inquisitionis*. Le théologien entend tout simplement prouver que l'Inquisition remonte jusqu'à Dieu et que les inquisiteurs n'ont qu'un seul but : l'imitation de Jésus-Christ ! Le premier procès d'inquisition de toute l'histoire a été instruit par Dieu lui-même envers Adam et Ève, affirme l'auteur. Jésus a continué son travail et a transmis cette pénible mais sainte charge aux apôtres, puis à leurs successeurs, le pape et les évêques.

En 1542, la première congrégation de la curie romaine est instituée par le pape. Son nom est éloquent : Sacrée Congrégation de l'Inquisition romaine et universelle, le futur Saint-Office de Pie X (1908), qui porte depuis le concile Vatican II (1965) le nom de Congrégation pour la doctrine de la foi. Sa mission, depuis sa création, est de veiller à ce qu'aucune déviance ne vienne entacher la vérité du Christ, du moins telle qu'affirmée par l'Église catholique romaine.

Les Indiens ont-il une âme ?

En 1492, la chute de Grenade met fin à la présence musulmane en Espagne. Tandis que l'Inquisition connaît ses heures les plus sombres sous l'égide de Torquemada, Christophe Colomb débarque sur l'île de Saint-Domingue : c'est le début de la conquête de l'Amérique et de ses faramineuses richesses. Une seconde expédition est aussitôt montée : des Noirs, dont la traite par les Portugais a été autorisée par le pape Nicolas V en 1454, sont embarqués sur les caravelles où prennent place les premiers colons.

L'Amérique est la terre de l'or, celle aussi des « sauvages ». Les colons qui affluent en masse, attirés par les promesses du Nouveau Monde, y découvrent ces peuplades étranges que les rois d'Espagne leur offrent en même temps que les terres à exploiter, à condition qu'ils les nourrissent et les convertissent à la foi catholique. Les Indiens sont dès lors victimes d'un véritable génocide : les hommes et les enfants meurent sous la surcharge de travail, les femmes et les nourrissons sont victimes de violences gratuites et extrêmes, pratiquées sous forme de jeu.

En 1510, le dominicain Bartolomé de Las Casas (1474-1566), fils d'un compagnon de voyage de Christophe Colomb, qui s'est lui-même déjà rendu à deux reprises en Amérique, est nommé prêtre à Saint-Domingue. Il est très vite scandalisé par ce qu'il qualifie de « tyrannies diaboliques » dont il fera un long récit dans une lettre rédigée cinquante ans plus tard, à l'intention des nobles de la Cour, « afin de n'être aussi coupable, en me taisant, des pertes sans nombre d'âmes et de corps » ainsi que du viol « de la loi naturelle et divine » auquel se livrent les colons. En prélude à une description apocalyptique des mœurs des chrétiens occidentaux vis-à-vis des indigènes, il écrit : « Ceux qui sont allés d'Espagne en ces pays-là, prétendument chrétiens, ont eu recours à deux moyens généraux et principaux pour extirper et effacer de dessus la face de la terre ces malheureuses nations. L'un est une guerre injuste, cruelle, sanglante et tyrannique ; l'autre, après avoir tué tous ceux qui sont encore susceptibles de rechercher, espérer ou envisager la liberté, ou d'échapper aux tourments qu'ils endurent [...], d'opprimer avec la plus dure, la plus horrible, la plus âpre servitude qui s'abattit jamais sur des hommes ou sur des bêtes [19]. »

Mis à part une poignée d'humanistes, tel Montaigne, qui s'indignent des récits parvenant des Amériques, Bartholomé de Las Casas est presque seul à défendre l'idée que les Indiens sont des hommes, porteurs de la dignité attachée à toute personne humaine, et à ce titre égaux des chrétiens, leurs « frères en Christ ». Pour la plupart des théologiens, ces Indiens sont, dans le meilleur des cas, des humains inférieurs, voire des êtres ignorés de Dieu puisque n'ayant pas été touchés par le message de Jésus, offert au monde mille cinq cents ans plus tôt. À plusieurs reprises, Las Casas retourne en Espagne plaider sa cause auprès des rois-catholiques et leur demander de substituer des Noirs, pour lesquels il admet la légitimité de l'esclavage, aux indigènes. Mais sa parole est de peu de poids face à l'impôt et à la dîme qui remplissent les coffres des rois et de l'Église.

À la fin des années 1530, Las Casas publie une *Histoire générale des Indes*, long récit consacré à la vie et aux coutumes de ces peuples qu'il côtoie depuis trois décennies. L'ouvrage connaît un tel succès en Europe que lorsqu'il revient plaider sa cause, en 1542, auprès de Charles Quint, il obtient la promulgation des lois nouvelles qui abolissent l'esclavage – mais ne seront jamais appliquées. Promu évêque du Chiapas, il est contraint de quitter son évêché en 1546 en raison des révoltes des colons contre les lois qu'il a inspirées.

La controverse de Valladolid

C'est dans ce contexte que se déroule, en 1550, la controverse de Valladolid, organisée à la demande du pape Jean III pour lui permettre de statuer sur la nature véritable des Indiens d'Amérique [20]. Un légat du pape est chargé d'arbitrer le débat opposant Las Casas au théologien et chroniqueur de l'empereur Juan Gines de Sepulveda qui, s'appuyant sur Aristote, affirme que ces créatures sans âme n'ont qu'une apparence humaine, et qu'il est de ce fait légitime pour un chrétien de les réduire en esclavage sans commettre pour autant un péché. Le 15 août 1550, en présence d'une assemblée de juristes et de théologiens et d'un représentant de Charles Quint, le légat ouvre ainsi la controverse : « Le Saint-Père m'a envoyé jusqu'à vous avec une mission précise : décider, avec votre aide, si ces indigènes sont des êtres humains achevés et véritables, des créatures de Dieu et nos frères dans la descendance d'Adam. Ou si au contraire, ils sont des êtres d'une catégorie distincte, ou encore même des sujets de l'Empire du Mal. »

Le débat, au cours duquel les deux protagonistes usent avec abondance des expressions « vrai chrétien » et « réellement chrétien », porte concrètement sur l'évangélisation des indigènes. Pour Sepulveda, défenseur de « la justice de la guerre contre les hérétiques, encore prouvée par la très grande et juste contrainte exercée par l'Église contre les gentils » (3e objection), « la fonction propre de l'apôtre est de s'efforcer de les convertir et de leur prêcher l'Évangile ainsi que de faire montre de toutes ses forces tout ce qui est utile pour cette fin » (5e objection). Le pape, ajoute-t-il, a, « par une commission du Christ, le pouvoir de les forcer à écouter » (10e objection). Et d'expliquer : « Le frénétique aussi éprouve de la haine pour le médecin qui le soigne, tout comme le jeune homme mal élevé pour le maître qui le punit, mais que ni l'un ni l'autre ne cessent pour autant d'être utiles et qu'il ne faut pas y renoncer » (9e objection). Pour asseoir son argumentation, il cite saint Augustin : « Si on se contentait d'effrayer les infidèles sans les instruire, ce serait là une tyrannie cruelle. D'autre part, si on se bornait à les instruire sans leur inspirer quelque crainte, endurcis dans leurs habitudes invétérées, ils arriveraient bien difficilement à prendre la voie qui mène au salut [21]. »

Pour sa part, Las Casas se pose d'emblée en défenseur d'une « affaire qui concerne Dieu et son honneur ». Et il avance l'amour pour argument : « Jésus-Christ, pontife suprême, a confié ces gens aux prélats et au pape, qui tient de Lui son pouvoir spirituel et par conséquent temporel, et Il leur a ordonné de les amener à sa sainte foi et de les introduire dans son Église par la paix, l'amour et les œuvres chrétiennes, et en ayant commerce avec eux comme avec de douces brebis, quand bien même ils seraient des loups » (4ᵉ réplique). Et d'évoquer les Évangiles, là où son adversaire puisait ses arguments dans les guerres bibliques : « Christ, Fils de Dieu, en envoyant prêcher les apôtres, n'a pas ordonné de contraindre ceux qui ne voudraient pas les écouter, mais de quitter pacifiquement le village ou la ville et de secouer sur elle la poussière de leurs pieds, en réservant leur châtiment pour le jour du Jugement, comme on le voit au chapitre 10 de saint Matthieu » (10ᵉ réplique).

En 1570, quatre ans après le décès de Las Casas, le roi du Portugal interdit la réduction des Indiens à l'esclavage. En Europe, où Luther a publié en 1517 ses quatre-vingt-quinze thèses contre les indulgences, le protestantisme a gagné tous les pays autrefois catholiques : il est devenu religion d'État en Suède (1527) et au Danemark (1536) ; en Angleterre, le roi a été proclamé chef unique de l'Église anglicane (1534), les communautés réformées s'étendent en Allemagne, en Suisse et en France où le massacre de protestants à

Le Christ philosophe

Wassy, le 1ᵉʳ mars 1562, marque le début des guerres de Religion. Les réformés utiliseront les thèses et les arguments de Bartholomé de Las Casas pour critiquer Rome. En 1659, l'Inquisition fera interdire sa *Très Brève Relation de la destruction des Indes*...

NOTES

1. *Triakontaeterikos*, 5, 5.
2. *Didachè*, 4, 6-7.
3. Cette expression est utilisée pour la première fois par Tertullien, *Apologétique*, 39, 7-8.
4. *Dialogues*, 404.
5. Homélies sur les statues, 21, 13.
6. *Confessions* 8, 8, 19.
7. Ce chiffre est rapporté par Grégoire de Tours dans son *Histoire des Francs*, 2, 31.
8. *La Divine Comédie, L'Enfer*, chant 19.
9. *Dictatus papae*, 9, 12 et 27.
10. *La Potence ou la pitié, l'Europe et les pauvres du Moyen Âge à nos jours*, Gallimard, 1986, p. 33.
11. Concile du Latran III, canon 18.
12. *Contre Faustus*, traduction de l'abbé Devoille in *Œuvres complètes de Saint Augustin* (dir. M. Raulx), Guérin et Cie éditeurs, 1869, 22, 71.
13. *Contre Faustus, op. cit.*, 22, 72.
14. *Contre Faustus, op. cit.*, 22, 74.
15. *Contre Faustus, op. cit.*, 22, 76.
16. Saint Augustin, Lettre 185.
17. *De pudicitia*, 21a.
18. *Somme théologique II-II*, question 11, article 3.
19. *Très Brève Relation de la destruction des Indes*, Mille et une nuits, 1999, p. 15.

20. Texte intégral de la controverse de Valladolid in *La Controverse entre Las Casas et Sepulveda*, introduction, traduction et notes de Nestor Capdevila, Librairie philosophique J. Vrin, Paris, 2007.
21. *Ibid.*

V

De l'humanisme chrétien à l'humanisme athée

Le grand ébranlement de la Réforme protestante, qui fait éclater le monopole religieux de l'Église romaine sur la société européenne, est précédé d'un mouvement des idées qui dépasse le cadre théologique du conflit entre protestants et catholiques : l'humanisme. Le projet humaniste consiste à mettre l'homme au centre de tout en affirmant sa dignité, sa liberté et ses capacités de connaissance. On considère généralement qu'il naît en Italie à la fin du XIVe siècle avec Pétrarque et il ne cesse de se développer tout au long du XVe siècle. Il relève à la fois de facteurs internes à l'évolution du christianisme – progrès de la raison sous l'influence de la théologie rationnelle thomiste, recours au message évangélique pour défendre la liberté individuelle face à la domination des clercs – et de facteurs nouveaux, dont deux sont particulièrement déterminants : la redécouverte de l'Antiquité avec la traduction des grands auteurs grecs et romains, élargissant ainsi l'horizon intellectuel des Européens, et l'invention de l'imprimerie, qui permet une plus large diffusion du savoir.

Au fil des siècles, le projet humaniste va se développer jusqu'à émanciper l'individu et la société de la tutelle de la religion. Mais contrairement à ce qu'on croit fréquemment, il ne naît pas contre les idées chrétiennes, ni contre l'idée de Dieu. Le premier moment de l'humanisme, celui de la Renaissance, reste profondément ancré dans une vision chrétienne. C'est au nom des principes évangéliques, qu'ils harmonisent avec la pensée des Anciens, que les humanistes valorisent l'homme et critiquent les abus de l'institution ecclésiale. Dans un second temps, celui des Lumières du XVIIIe siècle, l'humanisme se radicalise, de même que la critique des institutions religieuses. Mais la plupart des philosophes des Lumières restent chrétiens et s'appuient de manière implicite ou explicite sur l'éthique évangélique pour libérer définitivement la société de l'emprise des Églises et édifier une morale laïque. De même insistent-ils sur la nécessaire distinction entre la raison et la foi et émancipent la raison de la perspective théologique, mais ils n'opposent pas ces deux ordres. Ce n'est que dans un troisième temps, au milieu du XIXe siècle, que certains penseurs entendent aller plus loin et débarrasser l'homme de toute croyance religieuse, considérée comme une aliénation. Commence alors seulement le temps de la rupture réelle entre humanisme et christianisme et de l'opposition radicale entre foi et raison.

L'humanisme de la Renaissance et la Réforme

Considéré comme le premier des humanistes par les historiens, le poète italien Pétrarque a passé sa vie à collecter des manuscrits des Anciens à travers l'Europe. Si les auteurs grecs et latins, dont il exhume de précieux ouvrages en fouinant dans les bibliothèques des universités et dans les greniers des monastères, le fascinent, c'est pourtant un texte on ne peut plus chrétien qui va le convaincre de la nécessité d'un recentrement sur l'homme par un effort d'introspection : les *Confessions* de saint Augustin. Il raconte lui-même l'anecdote au début du quatrième livre des *Lettres familières*. Il a entamé l'ascension du mont Ventoux avec son frère, et une fois parvenu au sommet, décide d'ouvrir le livre au hasard : « C'est un livre de petit format, gros comme le poing, mais d'une infinie douceur. Je l'ouvre pour y lire ce que j'y rencontrerai. Que pouvais-je y rencontrer, qui ne fût plein de piété et de dévotion ? Mes yeux tombent par hasard sur le dixième livre. Mon frère, qui attendait de ma bouche une parole d'Augustin, était tout ouïe. J'en prends à témoin Dieu et mon frère qui était présent, les premières paroles sur lesquelles mes yeux se portèrent furent celles-ci : " Dire que les hommes s'en vont admirer les cimes des montagnes, les vagues puissantes de la mer, le large cours des fleuves, les plages sinueuses de l'Océan, les révolutions des astres, et qu'ils ne font même pas attention à eux-mêmes ! " (...) Bien satisfait désormais d'avoir vu cette montagne, je tournai en moi-même les yeux de mon esprit... » Chrétien fervent aux accents parfois mystiques, Pétrarque montre que le christianisme vaut surtout parce qu'il parle de la profondeur de l'être humain, de son intériorité. En cela, il rejoint la sagesse des auteurs anciens qui cherchent à comprendre l'homme. Christianisme et sagesse antique ne s'opposent donc pas, mais tiennent le même discours à partir d'un point de départ différent. Tout le credo des humanistes de la Renaissance est ainsi énoncé, eux qui n'auront de cesse de faire « concorder » le message des Évangiles et la sagesse des Anciens, quitte à les opposer parfois au dogmatisme et à la volonté de domination des clercs.

Liberté et connaissance

À travers cette synthèse du christianisme et de la philosophie antique, deux grands thèmes vont émerger dans la pensée humaniste moderne : la liberté de l'homme et l'importance de sa raison qui aspire au savoir universel. Au XVe siècle, un esprit surdoué résume parfaitement cette ambition : Giovanni Pic de la Mirandole. Adolescent, il apprend de nombreuses langues vivantes et anciennes et s'attelle à un projet insensé : connaître et organiser tout le savoir de l'humanité ! Il étudie la Bible et les écoles de sagesse grecques, les mystères orphiques et la religion zoroastrienne, la kabbale juive et la philosophie arabe, le droit canon et la mystique néoplatonicienne... À vingt-trois ans, il synthétise ses recherches dans neuf cents thèses sur lesquelles il entend débattre avec tous les savants de son époque, qu'il inviterait à ses frais à Rome. Mais la condamnation de ses thèses par le pape fait échouer son projet. Finalement protégé par Laurent de Médicis – qui joua, à la suite de son grand-père Cosme, un rôle déterminant dans le développement de la pensée humaniste –, il mourut à Florence en 1494 à l'âge de trente et un ans.

L'apport de ce jeune prodige est déterminant dans l'histoire de la pensée car il entend montrer, trois siècles avant Rousseau, que la dignité de l'homme vient du fait qu'il est le seul être vivant dépourvu de nature propre qui le déterminerait vers tel ou tel comportement. Puisque l'homme n'est pas déterminé par sa nature, il est à la fois *libre* et *perfectible*. Il peut choisir le bien ou le mal, vivre comme un ange ou comme une bête. L'homme est créateur de sa propre vie, il peut devenir ce qu'il veut. C'est cette indétermination radicale qui fonde la dignité de l'homme. Mais pour Pic, cette liberté est un cadeau de Dieu. Dans son texte introductif aux fameuses neuf cents thèses, il place ces paroles dans la bouche du Créateur s'adressant à l'être humain : « Si je t'ai mis dans le monde en position intermédiaire, c'est pour que tu examines plus à ton aise tout ce qui se trouve dans le monde alentour : si nous ne t'avons fait ni céleste ni terrestre, ni mortel, ni immortel, c'est afin que, doté pour ainsi dire du pouvoir arbitral et honorifique de te façonner toi-même, tu te donnes la forme qui aurait eu ta préférence. Tu pourras dégénérer en formes inférieures, qui sont bestiales ; tu pourras, par décision de ton esprit, te régénérer en formes supérieures, qui sont divines [1]. »

Pic de la Mirandole fait émerger le concept moderne de liberté, mais sans le séparer de sa source divine. En cela il reste fidèle à l'enseignement du Christ sur la liberté que j'ai évoqué plus haut. Il ne fait en fin de compte que le pousser jusqu'au bout, l'expliciter de manière nouvelle en faisant usage de sa raison. L'humanisme chrétien affirme donc l'autonomie de l'individu. Puisque Dieu a voulu que l'homme soit libre à l'égard des déterminismes de la nature, il est logique qu'il souhaite qu'il le soit aussi à l'égard des contraintes extérieures. La conséquence de l'humanisme chrétien, c'est nécessairement la revendication d'une libération à l'égard des autorités religieuses qui portent atteinte à cette liberté fondamentale. Au XVe siècle, la puissance de l'institution ecclésiale est encore trop forte pour que cette revendication puisse être aussi clairement formulée. Il faudra attendre encore un peu avant que cette logique interne au message du Christ, reprise à nouveaux frais par les penseurs de la Renaissance, puisse aboutir à une véritable émancipation concrète des individus.

Le Christ philosophe

Au XVIᵉ siècle, un autre humaniste, Érasme – que j'ai déjà évoqué dans l'introduction de ce livre –, reprend cette thématique en insistant sur le fait que « les hommes ne naissent pas hommes, ils le deviennent [2] ». D'où l'importance de l'éducation pour permettre à l'enfant d'atteindre son plein épanouissement, de développer ses potentialités et de corriger ses mauvais penchants. Érasme rédigera plusieurs traités d'éducation dans lesquels il insiste sur la nécessité pour le maître de respecter la *singularité* de l'élève, sa sensibilité, son libre arbitre et sa forme particulière d'intelligence. De même suggère-t-il de donner à l'enfant une grande variété d'auteurs anciens à étudier, afin qu'en cherchant à les imiter il puisse se forger un style personnel plutôt que d'être enfermé dans un moule unique.

Ce thème de l'éducation, de l'individu en particulier et du genre humain en général, si important pour les auteurs des XVIIIᵉ et XIXᵉ siècles, apparaît dès la Renaissance. Mais il n'y a chez aucun auteur de cette époque l'idée que cet autoperfectionnement de l'homme par les efforts de sa raison s'oppose en quoi que ce soit à la religion chrétienne, du moins dans sa version évangélique. Au contraire, le Christ apparaît comme l'un des principaux, sinon le principal éducateur du genre humain (*Christus magister*). Il révèle à la fois la liberté de l'homme et sa dignité, l'incite à mener une vie juste et charitable et le soutient constamment par sa grâce pour qu'il y parvienne. Derrière le philosophe qui insiste sur la liberté et le développement de la raison, pointe toujours le chrétien qui exhorte tel Érasme : « Place devant toi le Christ comme l'unique but de toute la vie. » Mais regarder Jésus-Christ ne signifie pas pour autant l'adorer dévotement et organiser des cérémonies en son honneur. Le chrétien doit chercher à imiter le

De l'humanisme chrétien...

Christ, marcher à sa suite en essayant de mettre en pratique son enseignement. « Par Christ n'entends pas un vain mot, mais rien d'autre que la charité, la simplicité, la patience, la pureté, bref, tout ce qu'il a enseigné [3]. »

Cette exigence évangélique est au cœur de la pensée d'Érasme, comme de celle des autres humanistes de la Renaissance, qui ne cessent de prendre appui sur elle pour critiquer les égarements des clercs. Rien n'est plus abominable, répète inlassablement Érasme, que « lorsque nous exerçons notre tyrannie sous un prétexte de justice et de droit, quand la religion nous sert d'occasion pour ne songer qu'au gain, quand sous l'étiquette de la défense de l'Église, nous sommes à l'affût du pouvoir, quand on prescrit comme profitables aux intérêts du Christ des choses les plus éloignées possible de la doctrine chrétienne [4] ».

Pourtant, ni Érasme, ni Pétrarque, ni Dante, ni Marsile Ficin, ni Pic de la Mirandole, ni Léonard de Vinci et tant d'autres humanistes, aussi critiques soient-ils avec l'institution, n'oseront ou ne voudront assumer une rupture avec l'Église catholique. Mais ils ont initié un mouvement de recentrement sur l'homme, sur sa liberté, sur sa raison et de retour à la vérité du message évangélique qui vont avoir des conséquences colossales dans l'histoire de l'Occident et favoriser l'émergence de ce qu'on pourra appeler le « sujet moderne », c'est-à-dire un individu libre et autonome, qui entend exercer sa raison critique et qui n'accepte plus que ses règles de vie lui soient dictées de l'extérieur.

La Réforme protestante

La Réforme protestante, qui survient du vivant même d'Érasme, est la première grande contestation des temps moderne qui va faire vaciller l'Église et la confronter brutalement à ses contradictions. Celle-ci était parfaitement prévisible tant l'édifice était corrompu. Les papes, les évêques, les prêtres et même les moines pratiquent si bien tous les vices qu'ils dénoncent – la convoitise, la concupiscence, la domination, la paresse, l'orgueil, la gourmandise, la vanité et tant d'autres – que nul n'est plus dupe en chrétienté de cette aberrante contradiction. Mieux même, on commence sérieusement à douter non plus seulement de la sainteté des représentants du Christ sur terre, mais de la sainteté de l'Église elle-même comme institution. Le discours sur la non-faillibilité de l'Église en matière dogmatique (qui a précédé pendant des siècles ce qui deviendra en 1870 le dogme formel de l'infaillibilité pontificale) ne résiste plus à l'avancée de la critique interne. Les réformateurs ne font que cristalliser un mouvement de révolte profond qui animait des pans entiers de la société chrétienne. Une révolte qui concerne non seulement les mœurs corrompues des clercs et leur tyrannie exprimée dans l'Inquisition, mais plus encore leur prétention à dire immanquablement le vrai.

La goutte d'eau qui a fait déborder le vase a été la pratique des indulgences. Au fil des siècles, les clercs ne se sont pas contentés de rançonner les fidèles à toutes les étapes de la vie chrétienne, du baptême aux funérailles en passant par le mariage. Il ne leur a pas suffi d'exiger un legs de la part du défunt ou de ses héritiers sous peine d'excommunication et de refus de sépulture chrétienne. Non, ils ont inventé quelque chose de plus génial encore pour assurer leur confort terrestre : vendre l'au-delà. L'idée est fort simple : puisque l'Église enseigne depuis le Moyen Âge l'existence du purgatoire – un lieu où doivent souffrir la plupart des fidèles qui ne sont ni des saints ni des damnés, afin d'expier leurs péchés avant d'aller au paradis – et que par ailleurs l'Église est convaincue d'avoir reçu le pouvoir de pardonner les péchés au nom de Dieu, pourquoi ne pas vendre aux fidèles une remise des peines du purgatoire ? Non pas une vente à la sauvette effectuée par de pauvres prêtres ignares et cupides, mais une vente en bonne et due forme, avec certificat de l'institution qui, justement parce qu'elle est sainte et infaillible, garantit aux fidèles de moins souffrir dans l'au-delà. Bienheureux les riches, le Royaume des cieux est à eux !

Le 31 octobre 1517, Martin Luther, un moine de trente-quatre ans, affiche sur la porte de l'église de Wittenberg (Saxe) quatre-vingt-quinze thèses dans lesquelles il dénonce le scandale des indulgences : « Ils prêchent des inventions humaines, ceux qui prétendent qu'aussitôt que l'argent résonne dans leur caisse, l'âme s'envole du Purgatoire » (27e thèse). Sa critique ouvre une terrible brèche dans l'enceinte qui protégeait l'institution de toute critique radicale, de toute véritable remise en cause : l'autorité infaillible de son magistère. La critique luthérienne va progressivement s'étendre à bien d'autres domaines – les sacrements, la primauté de l'évêque de Rome (le pape), la vie religieuse, la question du salut etc. –, allant naturellement jusqu'à une rupture complète avec l'Église (Luther est excommunié en 1521). Les Réformés entendent revenir aux Écritures comme seule source d'autorité. C'est la raison pour laquelle ils font traduire la Bible en langue vernaculaire (allemand, français, anglais etc.) : dorénavant chaque fidèle doit pouvoir exercer son esprit critique et vérifier ce qui est dit dans les textes pour contrer la prétention de l'Église à être la seule interprète de la parole du Christ. Des assemblées de fidèles lisent ensemble la Bible sous la responsabilité de pasteurs mariés et les protestants ne conservent que deux sacrements au lieu de sept : le baptême et l'Eucharistie, à laquelle ils donnent d'ailleurs un sens symbolique. L'institution religieuse comme médiation n'est plus nécessaire : seule la foi est source de salut.

Même si elle avait été souhaitée, une telle révolution n'aurait pas été possible quelques siècles plus tôt : Luther aurait péri sur le bûcher. L'évolution politique de l'Europe et les rivalités entre rois et princes auront permis l'éclosion et le développement d'un tel mouvement de dissidence. Il ne faut d'ailleurs se faire aucune illusion, les protestants ont été protégés par des princes qui trouvaient ainsi un bon moyen d'échapper à leur tour à l'influence temporelle de l'Église et les guerres de Religion qui allaient bientôt ensanglanter l'Europe suivent tout autant des logiques religieuses que politiques. Avec l'avènement de la Réforme, la chrétienté n'a pas disparu, mais l'Église romaine a perdu le monopole qu'elle détenait en Occident depuis Constantin. Chaque pays a sa religion officielle – catholique ou protestante – selon le principe « *cujus regio, ejus religio* » : tel prince, telle religion. C'est non seulement la fin du monopole de l'Église catholique en Europe, mais aussi la victoire du pouvoir temporel sur le pouvoir spirituel car dorénavant, même dans les pays catholiques, les souverains n'entendent plus se soumettre à l'autorité du pape.

L'humanisme des Lumières

L'humanisme de la Renaissance a apporté cet élan de liberté et d'esprit critique qui a sans doute favorisé l'éclosion de la Réforme protestante. Mais, même éclatée, la religion chrétienne continue de s'imposer à tous. La poussée émancipatrice va se poursuivre au cours des siècles suivants avec deux principaux objectifs : libérer définitivement les individus et la société de la religion en créant un État impartial, qui respecte et garantit la diversité des croyances de ses membres ; créer une société démocratique reposant sur des individus libres et égaux en droits. Ce sera la tâche immense des Lumières et c'est tout d'abord le rapport séculaire entre individu et groupe, entre conception du passé, du présent et de l'avenir qui est bouleversé [5].

Monde moderne contre tradition

Comme je l'ai déjà évoqué à propos du message révolutionnaire du Christ, dans l'univers traditionnel, l'individu existe dans la mesure où il occupe une place particulière dans le groupe, place qui lui est le plus souvent attribuée par sa naissance au sein d'une hiérarchie sociale. Il se soumet aux croyances, aux règles et aux normes collectives, c'est-à-dire à un univers de représentations partagées par tous et qui n'est pas contestable car il vient « d'en haut » (la transcendance fonde le lien social) mais aussi « d'avant » (le passé mythique est valorisé). Dans l'univers moderne qui émerge – le message du Christ n'a pas été entendu et on est resté dans un horizon traditionnel –, l'individu entend être le législateur de sa propre vie et occuper la place qu'il a acquise par son mérite au sein d'une société qui doit être égalitaire. Il entend être libre de choisir ses croyances et de fonder ses propres valeurs au sein d'un monde pluraliste où doivent pouvoir cohabiter des valeurs contradictoires, qui sont toutes soumises à la critique de la raison. Le passé n'apparaît plus comme un horizon indépassable de perfection auquel on se réfère, mais au contraire comme un monde imparfait. L'avenir, au contraire, est valorisé comme promesse de perfection. Ce dernier trait est véritablement un point nodal, car il change radicalement la perspective de l'humanité qui ne se vit plus comme en état de chute, mais de perfectionnement. Le changement – individuel et social – apparaît comme facteur de progrès et c'est très justement que le philosophe Marcel Gauchet parle de « l'impératif du changement » comme moteur de nos sociétés modernes. Le mieux est toujours à venir. La dynamique du changement est valorisée en tant que telle : les Modernes se pensent meilleurs que les Anciens parce qu'ils viennent après. Inversement, les Anciens pensaient que leurs pères étaient meilleurs parce qu'ils étaient avant.

Dans ce second moment de la modernité que constituent les Lumières, le monde moderne se pense donc comme un univers en rupture avec le monde traditionnel. Cette idée n'a cessé de gouverner l'esprit européen tout au long du XVIIIe siècle et a pris la double forme du mouvement des idées (que l'on appelle « Lumières ») et des révolutions politiques et sociales. Comme le précise l'historien Alphonse Dupront : « Monde des Lumières et Révolution française se situent ainsi comme deux manifestations d'un procès plus entier, celui de la définition d'une société des hommes indépendante, sans mythe ni religions (au sens traditionnel du terme), société " moderne ", c'est-à-dire société sans passé ni traditions, du présent, et tout entière ouverte vers l'avenir [6]. »

Raison critique et autonomie du sujet

Cette volonté de faire « table rase » du passé est au cœur même du projet philosophique de René

De l'humanisme chrétien...

Descartes (1596-1650). Celui-ci joue un rôle crucial en prônant une méthode philosophique de doute systématique, de remise en cause et d'analyse critique de tout le savoir acquis. Outre sa méthode, deux points clefs de sa pensée s'avéreront décisifs dans l'histoire des idées : le fait qu'il identifie le sujet avec la conscience réflexive – le célèbre *Cogito, ergo sum*, « je pense donc je suis » – et sa recherche d'un fondement rationnel de la connaissance, d'un savoir universel fondé sur le modèle de la connaissance mathématique. En séparant radicalement l'ordre de la raison et l'ordre de la foi, il émancipe définitivement la philosophie de la théologie et instaure les fondements épistémologiques de la science moderne. C'est pourquoi Hegel considérait Descartes, à ce double titre, comme le philosophe fondateur de la modernité. Pour le meilleur et pour le pire, serais-je tenté d'ajouter au regard des conséquences désastreuses pour l'environnement qu'introduira la conception cartésienne de l'homme « maître et possesseur de la nature » (*Discours de la méthode*, 6).

Sur fond d'humanisme, « raison critique » et « autonomie du sujet » deviennent les deux mots d'ordre du siècle des Lumières. Ils sont d'ailleurs intimement liés : c'est par la raison critique que l'individu, le sujet, va s'émanciper, va se réapproprier ce qu'il avait si longtemps remis aux mains de Dieu ou de l'Église. Pour les philosophes des Lumières, la raison est véritablement ce bien commun de l'humanité, elle est universelle, elle s'exprime à travers la connaissance scientifique, elle postule l'égalité de tous les hommes et exige la démocratie, elle justifie le libre arbitre et l'autonomie de chaque homme considéré comme sujet dans un État de droit.

Ainsi, ce deuxième moment de la modernité se caractérise par une volonté farouche, obstinée, militante, généreuse, exaltée – parfois aussi cruellement fanatique, comme en témoigne la Terreur qui a accompagnée la Révolution française – de créer une cité humaine par les seules forces de l'homme. On ne veut plus dépendre d'un ordre extérieur, une « hétéronomie », de lois divines ou d'une tradition non vérifiées par la raison critique. On veut tenir debout tout seul, sans autre tuteur que les lumières de la raison. En un mot, on entend devenir adulte. Emmanuel Kant, l'un des principaux artisans de « l'Aufklärung » (Lumières allemandes) de la fin du XVIIIe siècle, exprime on ne peut plus clairement ce projet d'autonomie fondé sur la raison : « Qu'est-ce que les Lumières ? La sortie de l'homme de sa minorité dont il est lui-même responsable. Minorité, c'est-à-dire incapacité de se servir de son entendement sans la direction d'autrui, minorité dont il est lui-même responsable, puisque la cause en réside, non dans un défaut de l'entendement, mais dans un manque de décision et de courage de s'en servir sans la direction d'autrui. *Sapere aude !* Aie le courage de te servir de ton propre entendement. Voilà la devise des Lumières [7]. »

On le voit, ce qui est directement atteint par la volonté des Lumières, c'est la prétention des Églises à subordonner la connaissance rationnelle aux Écritures et au magistère. L'affaire Galilée, qui a manifesté l'opposition de l'Église catholique à une avancée objective de la raison pour sauvegarder sa vision du monde héritée de la Bible, a servi de cas exemplaire aux penseurs des Lumières pour justifier la nécessité de séparer la raison de la foi, de libérer la philosophie et la science de la théologie chrétienne. La raison critique s'introduit aussi dans la libre lecture des textes bibliques et tente de les « démythologiser ». Entreprise commencée par les Réformateurs, cette relecture critique du texte biblique sape le fondement de l'autorité des institutions religieuses, et pas seulement chrétiennes, comme le montre l'exemple de Baruch Spinoza, qui est banni de la Synagogue par les rabbins le 27 juillet 1656 pour avoir remis en cause la Révélation de Moïse et proposé une lecture rationnelle de la Torah.

Des Lumières croyantes et laïques

Pour autant, comme je l'ai déjà évoqué, la plupart des philosophes des Lumières ne sont pas athées : ils croient en Dieu, mais en un Dieu lointain, étranger aux discours ecclésiastiques et aux pratiques catholiques, renvoyées le plus souvent au rang de « superstitions ». Adeptes d'une religion naturelle, comprise comme rationnelle et bienveillante, ils taxent l'entreprise cléricale visant à parler au nom de Dieu et à formuler toutes sortes de dogmes d'un « obscurantisme » qu'il convient de combattre pour libérer la raison. Voltaire, par exemple, luttera toute sa longue vie contre ce qu'il appelle « l'infâme », c'est-à-dire la vision d'un Dieu aux passions humaines, l'institutionnel, le discours théologique qui légitime la tyrannie des clercs. La religion naturelle qu'il prône se limite à la croyance en l'Être suprême et en une éthique universelle inspirée des principes de l'enseignement du Christ. C'est pourquoi son œuvre est émaillée de citations des Évangiles, qui lui servent d'ailleurs souvent à montrer combien l'Église s'est détournée des préceptes de son fondateur : « Si l'on veut bien y faire attention, la religion catholique, apostolique et romaine est, dans toutes ses cérémonies et dans tous ses dogmes, l'opposé de la religion de Jésus [8]. » Kierkegaard et Ellul ne diront pas autre chose.

C'est la raison pour laquelle les penseurs des Lumières construiront leur discours sur la tolérance en référence constante au message du Christ. Né chez les premiers humanistes de la Renaissance, ce thème s'est fortement développé face aux violences dont ont été victimes les minorités religieuses. Il postule avant tout l'absence de répression face à des opinions religieuses considérées comme fausses ou déviantes par rapport aux opinions du souverain, partagées par la majorité du groupe social. La tolérance concerne donc l'autorité politique dans son rapport au religieux. À la suite d'Érasme qui, dans son *Querela pacis* (1517), fait valoir combien le caractère violent de la répression contredit la doctrine chrétienne de fraternité et d'amour du prochain, les philosophes des XVIIe et XVIIIe siècles abondent dans ce registre. John Locke débute ses célèbres *Lettres sur la tolérance* (1689) par un long rappel des enseignements pacifistes du Christ qui condamnent toute idée de contrainte religieuse, mais, plus encore, il rappelle que le principe même de liberté de conscience, que la tolérance en faveur de ceux qui diffèrent de religion, est parfaitement « conforme à l'évangile de Jésus-Christ ». De même, Voltaire consacre un chapitre entier de son *Traité sur la tolérance* au comportement et aux paroles du Christ et conclut ainsi : « Je demande à présent si c'est la tolérance ou l'intolérance qui est de droit divin ? Si vous voulez ressembler à Jésus-Christ, soyez martyrs, et non bourreaux [9]. »

La morale kantienne

Mais au-delà de ces nombreuses références explicites au message du Christ, l'entreprise des Lumières va beaucoup plus loin en absorbant de manière *implicite* l'essentiel de l'éthique juive et chrétienne. Le Christ a enseigné la liberté, l'égalité, la fraternité, la séparation des pouvoirs ? Fort bien, disent les modernes. Reprenons tous ces excellents principes dans une perspective humaniste, sans référence à Dieu, en les adossant à la raison et non à la foi. Ce que Nietzsche dénoncera plus tard comme un tour de passe-passe, n'est pourtant pas absurde. Ce n'est pas parce que Moïse a transmis les Dix commandements et Jésus délivré son enseignement au nom de Dieu, que ceux-ci ne reposent pas, de manière ultime, sur la raison. Pour les philosophes des Lumières, qui sont aussi presque toujours des croyants, il n'y a rien de choquant à imaginer que la foi n'a fait que porter pendant des siècles un message qui, en soi, est profondément rationnel. Pour eux, Dieu est la Raison suprême qui a non seulement créé un monde selon des lois physiques rigoureuses, mais qui a aussi inscrit une loi morale universelle au plus profond de la conscience humaine. De même que les savants ne font que mettre au jour les lois admirables de la nature, de même les philosophes ont pour mission d'expliciter les règles morales inscrites en l'homme. Exercer sa raison permet à l'être humain de retrouver cette loi morale au-delà de la Révélation biblique. Toute l'entreprise kantienne s'éclaire ainsi. Dans les *Fondements de la métaphysique des mœurs*, publiés en 1785, le philosophe allemand substitue les « impératifs catégoriques » dictés par la raison aux lois divines édictées par la Bible : « Agis selon une maxime telle que tu puisses vouloir en même temps qu'elle devienne une loi universelle » ; « Agis de telle sorte que tu uses de l'humanité, en ta personne et dans celle d'autrui, toujours comme fin, et jamais simplement comme moyen » ; « Agis de telle sorte que ta volonté puisse se considérer elle-même, dans ses maximes, comme législatrice universelle. »

Kant, qui a entretenu des liens très étroits avec les principaux penseurs et acteurs politiques de son époque, notamment les révolutionnaires français, a eu une influence décisive dans la construction d'une nouvelle morale européenne qui se veut résolument laïque, mais qui, par sa parenté avec le message biblique, est susceptible de toucher tous les citoyens, qu'ils soient juifs, chrétiens, agnostiques ou athées. Il saute aux yeux que la devise républicaine « liberté, égalité, fraternité » est d'inspiration christique, mais pour les révolutionnaires, elle est fondée en raison, c'est une maxime universelle.

Mais ce qui est véritablement nouveau et capital dans l'entreprise des Modernes, c'est d'introduire ces grands principes religieux refondés en raison dans les constitutions et les lois des États. Ce qui est à l'œuvre dans le mouvement philosophique des Lumières, c'est donc moins la liberté intérieure (« spirituelle » à l'époque de la Renaissance) que la libération sociale concrète qui s'incarne dans le droit. À partir du XVIIIe siècle, grâce au travail conjoint des philosophes et des juristes, la traduction dans le droit de ces grands principes éthiques prend la forme concrète de la séparation des pouvoirs, de l'égalité de tous les citoyens devant la loi, de l'abolition de l'esclavage et de la torture, de la liberté de croyance. Les philosophes des Lumières n'entendent pas simplement formuler une belle intention – aussi importante soit-elle comme en témoignent les « Bills of rights » anglaise et américaine et les dix-sept articles de la *Déclaration des droits de l'homme et du citoyen* (26 août 1789). Ils veulent changer radicalement l'organisation de la société pour rendre celle-ci plus juste, pour permettre à l'individu d'échapper à l'arbitraire, à la loi du plus fort et à la tyrannie des gouvernants, pour lui donner une place non plus en fonction de son hérédité, mais de son mérite personnel. Ainsi sont nées les démocraties modernes.

De l'humanisme chrétien...

L'humanisme athée

Même s'ils critiquent ou combattent l'Église romaine, les philosophes de la Renaissance et des Lumières, à de rares exceptions près, ne condamnent donc pas plus le christianisme dont ils s'inspirent largement, que la croyance en Dieu à laquelle ils restent attachés. Pour la plupart d'entre eux, l'athéisme est même nocif. Non seulement parce qu'ils ne partagent pas la conviction des athées, mais davantage encore parce qu'ils estiment que la religion – une religion naturelle, tolérante – est utile aux individus et aux sociétés. Certains vont jusqu'à considérer que les athées – à la différence des agnostiques, qui refusent de se prononcer sur l'existence de Dieu –, par leur « refus fanatique » de toute divinité, sont aussi dangereux pour la cohésion sociale que les catholiques ! Locke n'hésite pas à les exclure, comme les papistes, de la sphère du tolérable : « Enfin, ceux qui nient l'existence d'un Dieu ne doivent pas être tolérés, parce que les promesses, les contrats, les serments et la bonne foi, qui sont les principaux liens de la société civile, ne sauraient engager un athée à tenir sa parole ; et que si l'on bannit du monde la croyance d'une divinité, on ne peut qu'introduire aussitôt le désordre et la confusion [10]. » Voltaire partage cette opinion et n'a guère plus d'estime pour les athées – « qui sont pour la plupart des savants hardis et égarés qui raisonnent mal ». Et il ne cesse de reprocher aux autorités religieuses de fabriquer des athées : « S'il y a des athées, à qui doit-on s'en prendre, sinon aux tyrans mercenaires des âmes, qui, en nous révoltant contre leurs fourberies, forcent quelques esprits faibles à nier le Dieu que ces monstres déshonorent [11] ? »

Cette critique de l'athéisme est si virulente que les philosophes qui le sont viscéralement, comme Condorcet ou Turgot, restent assez prudents selon la maxime en vogue : « Qui n'a pas de religion ne doit pas se dire athée. » Il en va tout autrement au XIXᵉ siècle. Les athées déclarés et virulents et ne sont plus quelques esprits isolés, comme l'étaient l'abbé Meslier (1664-1729) ou le baron d'Holbach (1723-1789), mais des pans entiers des élites culturelles. La plupart des grands esprits européens – à commencer cette fois par les Allemands, contrairement à ceux de l'Aufklärung – sont convaincus que la religion et la foi en Dieu constituent un obstacle majeur à la réalisation d'un authentique progrès individuel et social. C'est ainsi que quatre des plus influents penseurs de la modernité (le mot apparaît à cette époque) – Comte, Feuerbach, Marx et Freud – opèrent une critique radicale du christianisme et entendent démasquer la religion comme aliénation individuelle et collective. Leur athéisme se fonde donc sur un humanisme, mais un humanisme qu'ils entendent enfin débarrasser non seulement de l'Église, mais aussi du Christ et de Dieu.

Comte : la religion comme aliénation intellectuelle

Empruntant à Turgot la théorie des trois stades de l'humanité, Auguste Comte affirme dans son *Cours de philosophie positive* (1830-1842) que l'humanité évolue du stade théologique vers le stade métaphysique, puis vers le stade scientifique ou positiviste. La culture apparaît dès le premier état, mais l'homme interprète encore le monde par son imaginaire et a recours au mythe, aux croyances et aux pratiques magiques. À l'intérieur de ce stade théologique, Comte distingue encore trois étapes : le fétichisme, le polythéisme et le monothéisme. Le deuxième état de l'humanité se caractérise par une poussée de la raison critique et de l'abstraction : on interprète philosophiquement le monde. Mais ce n'est que dans le troisième stade que l'homme cesse enfin de se poser la question infantile du « pourquoi » pour ne s'intéresser qu'aux faits et au « comment » des choses, ce qui est le propre de la science. Ce stade positiviste sera pleinement réalisé lorsque toutes les activités humaines – le politique, le droit, la morale, l'économie – seront fondées uniquement sur la méthode scientifique d'observation et d'expérimentation.

La philosophie positiviste doit hâter ce passage au stade positif et promouvoir une science de la société qui englobe toutes les sciences particulières. Comte la nomme « sociologie », entendue non pas comme une discipline particulière d'analyse du fonctionnement des sociétés, mais comme une « physique sociale », la science suprême permettant d'accéder à une société totalement rationnelle, productive et pacifique, gouvernée non plus par un souverain adoubé par la religion (stade théologique) ou par le peuple (stade philosophique), mais par une élite de scientifiques et de techniciens positivistes. Dans les dernières œuvres de Comte, le positivisme revêt des accents mystiques assez délirants et devient une véritable religion, avec son catéchisme, son culte, ses saints (les savants qui ont guidé l'évolution de l'humanité), son pape (Auguste Comte lui-même), qui prétend remplacer Dieu par l'Humanité et l'Église catholique par le positivisme.

*Feuerbach : la religion
comme aliénation anthropologique*

Le philosophe allemand Ludwig Feuerbach entend porter un coup plus radical à la religion en en démontant la mécanique fondamentale, en mettant au jour de manière rationnelle ce qui constitue son « essence ». Prenant le christianisme en exemple, il développe la thèse selon laquelle les religions ne font que projeter sur Dieu l'essence même de l'homme. Les attributs divins ne sont que des qualités humaines fondamentales que l'homme se désapproprie pour les attribuer à un Être suprême imaginaire. « La religion est le solennel dévoilement des trésors cachés de l'homme, l'aveu de ses pensées les plus intimes, la confession publique de ses secrets d'amour », écrit-il dans l'*Essence du christianisme* publié en 1841. « Tu crois en l'amour comme en une qualité divine, parce que toi-même tu aimes, tu crois que Dieu est sage et bon, parce que tu ne connais rien de meilleur en toi que la bonté et l'entendement. » Ainsi l'homme se dépouille de ses propres qualités pour objectiver Dieu : c'est le mécanisme fondamental de l'aliénation anthropologique que Feuerbach tente avec ferveur de démonter. « Pour enrichir Dieu, l'homme doit s'appauvrir ; pour que Dieu soit tout, l'homme doit n'être rien. »

Pour sortir de cette aliénation anthropologique, l'homme doit se réapproprier les qualités qu'il a projetées sur la divinité. Il doit découvrir qu'il possède tous ses attributs et qu'il lui appartient de les développer et de les mettre en œuvre. Il n'aura alors plus besoin de croyance en Dieu et de religion. En inventant le concept de Dieu et en lui rendant un culte, l'humanité ne fait, en fin de compte et sans le savoir, que diviniser et honorer l'homme. Dans une perspective évolutionniste du progrès des sociétés, Feuerbach explique que « la religion est l'essence infantile de l'humanité » qui précède le temps de la maturité philosophique, où l'homme se réapproprie enfin consciemment ce qu'il avait inconsciemment projeté sur cet Être imaginaire [12].

Marx : la religion comme aliénation économique

Contemporain et lecteur attentif de Feuerbach, Karl Marx adhère à son analyse selon laquelle l'homme a créé en dehors de lui une force qu'il ne reconnaît pas comme sa force propre et qui l'asservit. Mais pour lui, cette explication, aussi juste soit-elle, ne suffit pas. Ce qui importe, c'est de comprendre pourquoi l'homme s'aliène dans la religion et comment il peut se libérer. Marx va donc se focaliser sur l'analyse historique et économique des sociétés qui produisent l'aliénation religieuse. Dans un texte célèbre publié en 1844, Marx explique que pour illusoire qu'elle soit, la religion constitue cependant une protestation réelle contre l'oppression socio-économique : « La détresse religieuse est, pour une part l'expression de la détresse réelle, et pour une autre, la protestation contre la détresse réelle. La religion est le soupir de la créature opprimée, l'âme d'un monde sans cœur, comme elle est l'esprit de conditions sociales d'où l'esprit est exclu. Elle est l'opium du peuple. L'abolition de la religion en tant que bonheur illusoire du peuple est l'exigence que formule son bonheur réel. Exiger qu'il renonce aux illusions sur sa situation, c'est exiger qu'il renonce à une situation qui a besoin d'illusions [13]. »

Marx entend donc passer de la critique philosophique de la religion à la critique politique d'une société injuste qui produit de la religion parce qu'elle produit du malheur. En s'attaquant aux racines du mal, l'exploitation économique de l'homme par l'homme, l'illusion religieuse disparaîtra d'elle-même avec les derniers exploités. L'essentiel consiste dès lors à transformer la société. Développant une analyse socio-économique poussée reposant sur la lutte des classes sociales, Marx reste inscrit dans une vision linéaire et progressiste de l'histoire. Il annonce de manière prophétique l'avènement de la révolution prolétarienne (même si l'idée de révolution introduit une discontinuité dans l'histoire) et l'établissement d'une société sans classes (le communisme). Dans une telle société, il n'y aura pas même besoin de combattre la religion, puisque l'aliénation socio-économique dont elle est l'expression aura disparu. Dieu s'évanouira avec la fin des conditions historiques qui l'ont produit.

Freud : la religion comme aliénation psychique

À l'instar de Marx, Sigmund Freud, le génial inventeur de la psychanalyse, reconnaît sa dette envers Feuerbach, philosophe qui l'a le plus impressionné au cours de sa formation. De *Totem et tabou* (1912) à *Moïse et le Monothéisme* (1939) en passant par *L'Avenir d'une illusion* (1927), Freud développe une critique radicale de la religion, qui emprunte à Feuerbach la thématique du caractère infantile et aliénant de l'attitude religieuse, conçue comme projection du psychisme humain sur des forces supérieures. Tandis que Marx cherche l'explication de cette attitude dans l'analyse économique des sociétés et les conflits sociaux, Freud entend les mettre au jour par l'étude des conflits du psychisme humain. Partant de son expérience empirique de thérapeute, sa théorisation progressive des lois de l'inconscient lui fournit des arguments pour tenter de démontrer le caractère profondément illusoire de la religion. Ce caractère revêt, selon les propres catégories élaborées par Freud, une face névrotique et une face psychotique.

Freud élabore tout d'abord une théorie de la naissance de la religion suivant la problématique psy-

De l'humanisme chrétien...

chique du « complexe paternel », c'est-à-dire du conflit névrotique typique du fils face au père : identification et désir de mort du père, désirance du fils pour son père qu'il idéalise après l'avoir tué/assimilé, culpabilité et peur de la castration. Fidèle à la notion de progrès linéaire des sociétés humaines, Freud est convaincu que, de même que le fils devenu adulte est appelé à résoudre ses conflits psychiques inconscients, de même l'humanité est appelée à dépasser ce premier stade infantile : « La religion serait la névrose de contrainte universelle de l'humanité ; comme celle de l'enfant, elle serait issue du complexe d'Œdipe, de la relation au père. Selon cette conception, il serait à prévoir que se détourner de la religion doit s'effectuer avec la fatale inexorabilité d'un processus de croissance et que nous nous trouvons aujourd'hui même au beau milieu de cette phase de développement [14]. »

Freud admet toutefois que l'analogie avec le schème névrotique n'épuise pas l'essence de la religion. Le 2 janvier 1910, il écrit ainsi à son disciple Jung : « La raison dernière du besoin de religion m'a frappé comme étant le désemparement (*Hilflosigkeit*) infantile, tellement plus grand chez l'homme que chez les animaux. À partir de ce moment il ne peut se représenter le monde sans parents, et s'octroie un Dieu juste [15]. » Élargissant la problématique à celle des parents et plus seulement à celle du père, Freud entend montrer que l'enfant a besoin de se créer la croyance en des forces surnaturelles protectrices pour parer aux dangers indéterminés qui le menacent dans le monde extérieur. Ce n'est plus la culpabilité qui est à l'origine de la religion, mais l'angoisse. C'est pour parer aux attaques de l'angoisse que l'homme invente un Dieu bon, véritable substitut de la protection parentale qu'il perçoit comme défaillante, mais aussi la croyance en la vie éternelle. Cette deuxième interprétation de la genèse psychique du religieux est de type psychotique : la religion est une fuite en dehors de la réalité, un déni du réel et de la souffrance, une incapacité de surmonter la peur face à la mort et à l'incertitude, un faux-fuyant. Freud en vient ainsi à envisager « la genèse psychique des représentations religieuses » comme des « illusions, accomplissement des souhaits les plus anciens, les plus forts et les plus pressants de l'humanité ; le secret de leur force, c'est la force de ces souhaits. Nous le savons déjà, l'impression d'effroi liée au désemparement de l'enfant a éveillé le besoin de protection – protection par l'amour – auquel le père a répondu par son aide ; la reconnaissance du fait que ce désemparement persiste tout au long de la vie a été la cause du ferme attachement à l'existence d'un père – désormais plus puissant, il est vrai. Du fait que la Providence divine gouverne avec bienveillance, l'angoisse devant les dangers de la vie est apaisée [16] ».

Convaincu que les avancées de la science vont permettre à l'humanité de quitter cette illusion que constitue la religion, Freud milite ouvertement contre l'aliénation individuelle et collective que constitue selon lui la foi en Dieu : « L'être humain ne peut pas rester éternellement un enfant, il faut qu'il finisse par sortir à la rencontre de la vie hostile [17]. »

NOTES

1. Giovanni Pico della Mirandola, *De la dignité humaine*, Éditions de l'Éclat, Paris, 1993, p. 9.
2. Formule tirée de son principal texte éducatif qui mériterait d'être relu avec profit par tous les pédagogues : *Il faut donner très tôt aux enfants une éducation libérale.*
3. *Le Manuel du soldat chrétien*, quatrième canon. Coll. « Bouquins », Robert Laffont, Paris, 1992, p. 561.
4. Lettre à Paul Volz, *ibid.*, p. 632.
5. Comme j'ai déjà traité de la question de la religion dans le monde moderne dans *Les Métamorphoses de Dieu* (Plon, Paris, 2003 et Hachette littérature 2005), je reprends parfois dans ce chapitre et dans le suivant quelques développements qui figurent déjà dans cet ouvrage.
6. *Qu'est-ce que les Lumières ?*, Paris, Gallimard, Folio, 1996, p. 33.
7. Emmanuel Kant, *Philosophie de l'histoire*, Aubier, Paris, 1947, p. 83.
8. Voltaire, *Dictionnaire philosophique*, « Tolérance », GF-Flammarion, Paris, 1964, p. 368.
9. Voltaire, *Traité sur la tolérance*, GF-Flammarion, Paris, 1989, p. 107.
10. *Lettre sur la tolérance*, GF-Flammarion, Paris, 1992, p. 206.
11. *Dictionnaire philosophique*, « Athéisme », *ibid.*, p. 56-57.

12. Citations extraites de l'*Essence du christianisme*, « Tel », Gallimard, Paris, 1968, p. 130, 135, 143-144, 153.

13. *Critique de la philosophie du droit de Hegel* (1844), cité dans : Karl Marx, Friedrich Engels, *Sur la religion*, textes choisis et traduits par G. Badia, P. Bange, E. Bottigelli, Paris, Editions sociales, 1968, p. 41- 42.

14. *L'Avenir d'une illusion*, Paris, PUF « Quadrige », 1995, p. 44.

15. S. Freud, C.G. Jung, *Correspondance* (1906-1914), Gallimard, Paris, 1992, p. 372.

16. *L'Avenir d'une illusion, op. cit.*, p. 30-31. J'ai préféré traduire « *Hilflosigkeit* » par « désemparement » plutôt que par le terme « désaide » utilisé par les traducteurs du passage cité.

17. *L'Avenir d'une illusion, op. cit.*, p. 50.

VI

La matrice du monde moderne

On peut constater les faits : par la raison critique et l'émancipation de l'individu, la modernité sape les institutions religieuses. Le catholicisme est le plus visé et le plus atteint, compte tenu de sa position dominante dans de nombreux pays européens et de la place prépondérante qu'y tient le dispositif institutionnel. Le monde moderne naît donc en partie en s'opposant à l'autorité de l'Église et en s'émancipant de la religion.

Il faut maintenant aller plus loin et s'interroger sur les raisons de cette accélération de l'histoire, de cette « précipitation », au sens chimique du terme, qui a donné naissance au monde moderne en ce lieu et en ce temps précis. Pourquoi ce qu'on appelle la modernité n'a-t-elle pas eu lieu ailleurs – en Chine, en Inde ou dans l'Empire ottoman par exemple – et à une autre période de l'histoire ? La question est cruciale. La modernité occidentale et ses composantes principales – raison critique, autonomie du sujet, universalité, laïcité – n'ont pu se développer qu'au sein d'un monde spécifique qui réunissait tous les facteurs permettant à ces composantes d'éclore et de se lier entre elles. Or, historiquement, ce monde spécifique a été le monde chrétien. Et aussi paradoxal que cela puisse paraître au premier abord, tant l'esprit moderne et les institutions religieuses se sont opposés, la modernité n'a pu se développer qu'au terme d'un long processus de mûrissement au sein de sa propre matrice religieuse – le christianisme – puis d'émancipation et de retournement contre elle. L'essentiel de l'histoire de l'Occident se résume à cet étonnant enchaînement des faits. Comment une telle chose a-t-elle pu se produire ?

Les chapitres précédents apportent déjà d'importants éclaircissements sur cette question. Nous avons vu que les grands principes modernes étaient déjà explicitement présents dans ce que j'appelle la philosophie du Christ : égalité, liberté de l'individu, fraternité humaine, séparation des pouvoirs spirituel et temporel. J'ai tenté de montrer qu'ils ont ressurgi à la Renaissance après avoir été soit oubliés, soit jamais perçus, soit déformés ou pervertis par l'Église depuis la conversion de l'Empire et la confusion des pouvoirs qui en résulta. J'ai expliqué comment les humanistes des Lumières s'étaient inspirés de ces principes pour émanciper l'individu et la société de la tutelle de la religion. Certes ils ont fait subir une transformation importante au message du Christ : ce n'est plus Dieu qui fonde l'éthique, mais la raison humaine. Ils ont, en fait, opéré un *transfert de légitimité*. Tandis que le Christ s'appuyait sur celui qu'il appelait son « Père » pour prêcher la liberté, l'égalité ou la fraternité, les humanistes se sont fondés sur la raison et sur le droit. En cela ils ont donné à l'éthique spirituelle du Christ une incarnation temporelle – un corps pourrait-on dire – qui lui faisait défaut. À quoi sert en effet de prêcher sur la liberté humaine si n'importe quel tyran politique ou religieux peut en empêcher l'exercice ? Non seulement les philosophes modernes n'ont rien renié de l'enseignement le plus universel du Christ, mais ils l'ont durablement installé dans la cité terrestre en opérant ce transfert de légitimité qui seul pouvait permettre d'échapper à l'arbitraire de l'interprétation théologique : car n'importe quelle institution peut parler au nom de Dieu. Si à travers son histoire la religion chrétienne avait été totalement évangélique, si elle avait réussi à incarner dans la société les préceptes du Christ, les hommes n'auraient sans doute pas ressenti le besoin de les extraire de leur contexte religieux pour les rendre opératifs. On constate en effet, en observant le parcours de l'Occident, que le recours à la raison et au droit a été rendu nécessaire du fait de l'oppression exercée en premier lieu par les institutions religieuses. Comme nous l'avons vu, tout le projet éthique de Kant s'inscrit dans cette logique.

Je n'insisterai pas davantage sur ce thème qui constitue la thèse centrale de cet ouvrage. Avant de m'interroger sur la question controversée des « racines chrétiennes » de l'Europe, je voudrais mettre encore en lumière deux autres points qui relèvent non plus seulement des Évangiles, mais plus largement du judéo-christianisme. J'ai déjà évoqué cette question dans un précédent ouvrage [1], mais il me semble utile d'y revenir ici.

Pour accoucher d'une telle entreprise – l'émancipation de la matrice chrétienne – sans doute fallait-il aux Modernes un mythe porteur et un outil efficace. Une foi et une arme. Le *progrès* est la croyance fondamentale qui a porté l'entreprise titanesque des Modernes. C'est le grand mythe de la modernité. La *raison* est l'outil essentiel sur lequel ils se sont appuyés : c'est l'instrument de la modernité. Or ces deux notions-clefs ont une longue histoire qui s'enracine très profondément dans la pensée juive, puis chrétienne. Résumons les grandes lignes de ce parcours historique sans lequel notre modernité reste inintelligible.

Histoire et progrès

Le progrès est le maître mot des modernes qui gouverne et éclaire leur propos fondamental : conduire, grâce à la raison, l'individu et les sociétés vers un perfectionnement sans fin, vers un monde de bonheur et de liberté. Cette notion est capitale pour comprendre la foi, l'enthousiasme, l'espérance des penseurs de la modernité, fussent-ils totalement athées. D'où vient cette idée de perfectionnement linéaire et infini de l'individu et des sociétés, idée qui apparaîtra totalement saugrenue à un hindou ou à un Chinois... et pour cause ?

Naissance de l'idée moderne de progrès

Dans ses *Digressions sur les Anciens et les Modernes* (1688), Bernard Le Bovier de Fontenelle est sans doute l'un des premiers auteurs à formuler le fondement du concept moderne de progrès : si les modernes sont supérieures aux anciens, c'est tout simplement parce qu'ils bénéficient des acquis de ceux qui les précèdent et peuvent, s'appuyant sur les lumières de leur raison, jeter les prémices des progrès à venir dans un processus illimité. La proposition affirme la supériorité du nouveau sur l'ancien à partir de trois postulats : 1. Le temps est orienté de manière linéaire (flèche du temps) ; 2. L'homme est indéfiniment perfectible grâce à sa raison ; 3. L'histoire est le lieu d'une maturation progressive du genre humain, qui va nécessairement de l'imparfait au parfait. Un demi-siècle plus tard, dans ses *Observations sur le progrès continu de la raison universelle* (1737), l'abbé de Saint-Pierre affirme que le progrès, conçu comme une véritable loi, ne concerne pas que les connaissances de l'esprit humain, mais s'applique aussi aux sociétés. Prenant l'analogie des âges de la vie humaine, il entend montrer que les sociétés évoluent aussi selon une loi de perfectionnement, à cela près qu'elles ne connaissent ni mort ni vieillesse : ce perfectionnement est infini.

Tout au long du XVIIIe siècle, les philosophes des Lumières, à de rares exceptions près (Rousseau notamment) vont reprendre et enrichir ce credo moderne, à travers l'élaboration des philosophies de l'Histoire. Dans une perspective qui reste encore religieuse, Lessing explique dans l'*Éducation du genre humain* (1780) que la perfection n'a jamais existé à l'origine mais qu'elle advient progressivement par l'exercice de la raison et que les bienfaits de l'éducation conduiront un jour l'homme à réaliser la promesse divine d'un âge d'or. Comme le souligne Alphonse Dupront, « désormais, le paradis n'est plus un paradis perdu, c'est un paradis promis, surtout un paradis que les hommes se préparent à eux-mêmes [2]. »

Tandis, en effet, que les Lumières allemandes tentent d'harmoniser une théologie chrétienne, où un Dieu bon et miséricordieux éduque progressivement l'homme, et une philosophie de l'histoire qui fait de la raison le moteur essentiel du progrès de l'humanité, les Lumières françaises ne s'embarrassent pas de la Révélation et de la grâce divine et font de la réalisation de cet âge d'or la résultante des seuls efforts de l'homme. Mieux, c'est en se débarrassant de la religion que l'humanité a des chances d'y parvenir. Dans son *Esquisse d'un tableau historique des progrès de l'esprit humain* (1793), Condorcet est on ne peut plus clair : « Il arrivera donc, ce moment où le soleil n'éclairera plus sur la terre que des hommes libres, ne reconnaissant d'autre maître que leur raison ; où les tyrans ou les esclaves, les prêtres et leurs stupides ou hypocrites instruments n'existeront plus que dans l'histoire et sur les théâtres ; où l'on ne s'en occupera plus que pour plaindre leurs victimes et leurs dupes, pour savoir reconnaître et étouffer, sous le poids de la raison, les premiers germes de la superstition et de la tyrannie, si jamais ils osaient reparaître [3]. » C'est par l'éradication de la religion chrétienne que les sociétés humaines vont enfin pouvoir continuer et accélérer leur loi de perfectionnement infini. Dans son *Discours* (1750), Turgot avait déjà exprimé, de manière moins virulente mais tout aussi radicale, la conception de trois stades évolutifs de humanité – le surnaturel, le philosophique et le scientifique – et celle d'une accélération de l'histoire liée au passage au stade scientifique, qui rend l'explication religieuse du monde définitivement caduque.

Essor et critique du mythe du progrès

Pendant environ cent cinquante ans, de la fin du XVIIIe siècle à la deuxième moitié du XXe siècle, la notion d'un progrès inéluctable des individus et des sociétés humaines constitue le moteur idéologique des sociétés européennes. S'appuyant sur la raison, la science, l'essor des techniques, le politique, l'État-nation, ses partisans annoncent l'avènement inéluctable d'un individu adulte vivant dans une société juste et harmonieuse.

Bien qu'elle s'en réclame à cor et à cri, la conception d'un progrès historique des sociétés humaines n'a cependant rien de rationnel. Rousseau, qui a tant insisté sur la perfectibilité de l'homme, ne croyait pas au progrès. Comme il le faisait remarquer : qu'est-ce qui prouve que le progrès des connaissances et des techniques, indéniable celui-là, doive conduire inéluctablement à l'amélioration des individus et à la réalisation de sociétés justes et harmonieuses ? Le progrès linéaire et cumulatif des sciences et des techniques, qui s'impose avec évidence à partir du XVIIIe siècle, n'implique nullement le progrès moral, philosophique ou spirituel de l'homme, ni même que celui-ci puisse exister en tant que tel. Cela est vrai tant sur le plan individuel que collectif. On peut être un grand scientifique et un piètre individu sur le plan humain, un virtuose de la technique et un salaud.

De même, la promesse de lendemains qui chantent, d'un monde meilleur qui adviendrait par la révolution politique, scientifique et technique a reçu un démenti cinglant tout au long du XXe siècle. La foi dans le progrès s'est en bonne partie effondrée avec les soixante millions de morts de la Seconde Guerre mondiale, Hiroshima, le Goulag, Auschwitz... L'homme contemporain a pris conscience, à travers tant d'horreurs, que les sociétés modernes prétendument « rationnelles » n'avaient rien à envier aux actes de barbarie des sociétés du passé, de l'ambiguïté fondamentale des avancées scientifiques et technologiques, des aberrations monstrueuses d'un système bureaucratique livré à lui-même. Quant à la certitude affichée au XIXe siècle que l'avancée de la modernité conduira de manière inéluctable à l'élimination du religieux, elle apparaît aussi aujourd'hui largement idéologisée et incantatoire : comme nous le verrons dans le chapitre suivant, la religion est toujours là, mais elle s'individualise et se métamorphose dans la modernité.

Le Christ philosophe

En entendant éradiquer le « mythe religieux », essentiellement judéo-chrétien, les sociétés européennes ont ainsi développé, sans en prendre conscience, un autre mythe. La notion de progrès constitue, en effet, un mythe puissant qui accompagne la naissance et surtout le déploiement de la modernité et qui offre en quelque sorte une *espérance* aux modernes : celle de l'avènement d'un paradis terrestre par les seules forces de l'homme. Les instruments de démystification et de désenchantement du monde (la raison critique, le politique, la science) ont à leur tour été mythifiés et enchantés. Ils sont devenus au XIXe siècle de véritables « religions séculières ». Cela tient en grande partie au fait que la notion moderne de progrès constitue la laïcisation d'une problématique profondément religieuse.

Origine religieuse de la notion de progrès : histoire du salut et millénarisme

Le mythe moderne se construit en effet en opposition radicale au « mythe religieux » qu'il dénonce tout en épousant les traits typiques de la religion : mobilisation des énergies et création de lien social par un triple phénomène d'absolutisation (de la raison, de la science, du prolétariat, de l'État-nation), de diabolisation (de la tradition, de la religion, de la bourgeoisie, d'une autre nation) et « d'utopisation » (promesse d'un monde meilleur à venir). On pourrait aussi souligner la ressemblance entre les religions séculières et la théologie chrétienne, avec ses trois vertus théologales de foi, d'amour et d'espérance. L'amour et la fraternité restent l'idéal recherché. La foi en Dieu est remplacée par la foi en la raison humaine et l'espérance d'un paradis céleste par celle d'un paradis terrestre. Ce dernier point est sans doute le plus décisif.

L'idée de progrès, telle que nous l'avons évoquée et qui sous-tend les religions séculières modernes, découle en effet très explicitement d'une thématique religieuse judéo-chrétienne.

Les scribes juifs qui rédigent le « corpus biblicum » à Babylone vers le ve siècle avant notre ère élaborent, semble-t-il pour la première fois, une conception linéaire du temps qui s'incarne dans une « histoire » entre Dieu et son peuple. En faisant alliance avec Abraham, Dieu lui fait la promesse de rendre sa descendance aussi nombreuse que les étoiles du ciel (Genèse, 15,5). En renouvelant l'Alliance avec Moïse, il s'engage à conduire le peuple hébreu « vers une terre plantureuse et vaste, vers une terre qui ruisselle de lait et de miel » (Exode, 3,8). Par la suite, les prophètes annoncent la venue dans un futur indéterminé d'un Messie sauveur et l'avènement à Jérusalem d'un véritable paradis terrestre où « il n'y aura plus ni cris, ni pleurs », où « le loup et l'agnelet paîtront ensemble » (Isaïe, 65,19-25). Promesses divines et prophéties établissent à la fois une conception linéaire du temps – on part d'un point pour aboutir à un autre – qui se distingue de la conception jusqu'alors dominante d'un temps cyclique, et donnent *un sens* à l'aventure humaine.

Cette conception de l'histoire découle de ces deux paramètres : choisi à un moment précis du temps par Dieu, « le peuple élu » progresse vers un état de réalisation ultime avec l'avènement de l'ère messianique. Les chrétiens reprennent cette conception, mais font de l'événement christique le moment-clef de ce que les catholiques appelleront « l'histoire sainte » et les protestants « l'histoire du salut » (Jésus étant considéré comme le Messie attendu et même comme l'incarnation de Dieu) et élargissent la notion de peuple élu à l'humanité entière.

À partir d'Augustin (354-430), se développe une théologie de l'histoire conçue comme une *maturation* pédagogique : Dieu éduque progressivement l'humanité, tel un individu, pour la conduire à la pleine maturité. C'est à partir de ces thématiques de temps linéaire, de perfectibilité indéfinie et d'accomplissement du genre humain qu'au XVIIIe siècle les philosophes de l'histoire assoient le concept moderne de progrès. D'une inspiration encore explicitement religieuse avec Lessing, la notion de progrès se laïcise progressivement pour devenir ouvertement antireligieuse avec Condorcet et aboutit aux systèmes athées du XIXe siècle : le progrès inéluctable des sociétés humaines passe par la fin de la religion.

La conception biblique de l'histoire comporte un autre paramètre qui va avoir une influence considérable dans la construction des grandes idéologies modernes : le millénarisme. Dans leur sacralisation du temps, la plupart des mythes religieux insistent sur le premier moment fondateur du monde, sur l'éblouissement des commencements, sur un paradis perdu, sur la valeur indépassable des origines. L'ordre social repose sur cette référence au passé. Dans une conception linéaire du temps, s'impose aussi la notion de fin définitive du monde et de l'histoire. De même que Dieu a librement décidé de créer le monde et d'inaugurer l'histoire, il décrétera un jour la *fin des temps*. À l'intérieur de ce schème général, la Bible propose un scénario plus complexe, qui a donné lieu et qui continue de donner lieu à maintes interprétations : le messianisme et le millénarisme.

Les prophéties juives annoncent la venue d'un messie sauveur qui instaurera sur la terre un monde nouveau où régneront la justice et la paix. Reconnu par ses disciples comme le Messie, Jésus, loin d'instaurer un paradis terrestre, annonce l'imminence de la fin du monde, son retour glorieux et l'avènement du Royaume de Dieu « hors de ce monde ». L'Apocalypse, le dernier livre de la révélation chrétienne, attribué par la tradition à l'apôtre Jean, semble indiquer que la fin des temps sera précédée d'une ère de paix et de bonheur terrestre qui durera mille ans, réintroduisant ainsi dans le discours chrétien des éléments messianiques de l'apocalypse juive. Le texte étant assez opaque et complexe, il existe une grande diversité de lectures de ces événements apocalyptiques. L'une d'elles met en valeur l'annonce selon laquelle cette période paradisiaque de mille ans sera précédée de profonds troubles et de grands bouleversements.

Pendant les quatre premiers siècles qui suivent la mort de Jésus, les chrétiens sont partagés entre attente immédiate de la fin des temps et du retour du Christ dans la gloire (parousie) ou une attente du millenium (le paradis de mille ans). Chaque bouleversement étant interprété soit comme le signe de la fin imminente du monde, soit comme le signe de l'avènement du millenium.

Saint Augustin va jouer un rôle décisif en proposant une autre interprétation des Écritures. Dans *La Cité de Dieu* (vingt-deux livres écrits entre 413 et 426), Augustin développe une théologie élaborée de l'histoire, montrant l'éducation progressive de l'humanité par Dieu, qu'il divise en deux grandes périodes : des origines à la Rédemption par le Christ, et de la Rédemption à la fin des temps. Lors de la première période, Dieu éduque le peuple juif en lui donnant la loi. Au cours de la deuxième période, Dieu éduque l'humanité entière par la grâce du Christ à travers l'Église. Les mille ans de bonheur terrestre annoncés par l'Apocalypse signifient de manière symbolique ce temps de l'Église terrestre. Il prendra fin avec le retour du Christ et le Jugement dernier, à un moment que Dieu seul connaît. Ainsi euphémisé, le millénarisme disparaît progressivement de la théologie chrétienne officielle.

Il ressurgit cependant régulièrement tout au long du Moyen Âge sous la forme de prophétismes mystiques combattus par l'Église. Le plus influent est celui de Joachim de Flore, au XIIIe siècle, qui annonce l'avènement de l'âge de l'Esprit (après celui du Père et du Fils) et d'une humanité enfin libérée du mal. À l'approche des temps modernes, les courants millénaristes se sécularisent progressivement pour devenir de véritables courants politico-religieux protestataires, tels le mouvement de « la guerre des paysans » ou le mouvement anabaptiste de Thomas Münzer au XVIe siècle. Réformateur religieux allemand contemporain de Luther, Thomas Münzer rejoint les paysans en révolte contre le système féodal et donne au mouvement le caractère d'une croisade apocalyptique d'instauration du Royaume de Dieu sur terre. Il est exécuté par les princes allemands en 1525. Or, ces courants protestataires issus de couches sociales opprimées s'inspirent directement de l'Apocalypse. Ils prônent l'avènement d'un monde terrestre juste et harmonieux et entendent actualiser la prophétie des bouleversements censés précéder le millenium par la mise en œuvre d'une rupture violente avec l'ordre établi : une *révolution*.

Avant de se séculariser et de se développer sur le terrain purement profane, l'idée révolutionnaire a donc germé dans l'imaginaire religieux du millenarisme à travers ces deux dimensions : rupture violente et promesse d'un monde nouveau, acceptation du chaos provisoire en vue d'un nouvel ordre de bonheur pour tous. On a ainsi maintes fois souligné la parenté étonnante entre communisme et millénarisme et, de manière plus large, son parallèle avec le modèle biblique d'une religion du salut : annonce d'un Messie sauveur, le prolétariat révolutionnaire, théorisation d'un « au-delà » de la vie présente supérieur aux individus mais inscrit dans un moment salvateur, celui de la Révolution, véritable promesse d'une humanité libérée et de « lendemains qui chantent ». Comme le christianisme, le communisme a eu ses militants capables de se consacrer corps et âme à la réalisation de cet idéal, ses martyrs, ses héros, mais aussi ses tyrans et ses bourreaux. Cette parenté entre communisme et eschatologie juive et chrétienne a d'ailleurs parfois été explicitement revendiquée par certains leaders socialistes pourtant matérialistes et athées, comme Rosa Luxemburg qui n'hésite pas à se réclamer de l'héritage des Pères de l'Église dont elle décrit la doctrine comme « communiste », et à affirmer que le mouvement socialiste a pris aujourd'hui en charge la cause évangélique d'égalité et d'amour du prochain en voulant établir le Royaume sur terre [4].

La raison

Venons-en maintenant à l'élément sans doute le plus déterminant dans l'avènement historique du monde moderne : la raison critique. Bien commun de l'humanité, la raison est partout présente à travers l'espace et le temps. Depuis le tournant du Néolithique, toutes les civilisations sont hautement rationnelles à divers niveaux : organisation, droit, systèmes d'explication du monde. Mais comment expliquer que ce soit en Occident seulement, et à un moment précis de l'histoire, que la rationalité ait évolué de telle manière qu'elle a pu donner naissance presque simultanément à la science, au capitalisme, à un essor technologique sans précédent, à une séparation complète des pouvoirs religieux et civil et aux droits de l'homme ? On a tenté d'apporter mille réponses à cette question. Ici aussi, le rôle joué par la religion juive et chrétienne semble déterminant.

Nietzsche et les meurtriers de Dieu

La thèse des origines chrétiennes de la raison critique est présente de manière embryonnaire chez un penseur que l'on peut difficilement qualifier de complaisant envers le christianisme : Friedrich Nietzsche. On connaît sa célèbre apostrophe : « N'entendons-nous rien encore du vacarme des fossoyeurs qui ensevelissent Dieu ? Ne sentons-nous rien encore de la putréfaction divine ? Dieu est mort ! Dieu reste mort ! Et c'est nous qui l'avons tué [5] ! » Dans l'esprit de Nietzsche, qui sont les meurtriers de Dieu ? Les ennemis de la foi chrétienne ? Des hommes d'autres religions ? Nullement. « C'est nous qui l'avons tué. » « Nous » : les chrétiens, les héritiers. Après avoir tué les dieux antiques au profit d'un seul Dieu, le judéo-christianisme devient le fossoyeur de son Dieu. Comment une telle chose a-t-elle pu se produire ?

Pour le philosophe, c'est la morale chrétienne qui, en aiguisant la sagacité de la conscience des fidèles, a créé les conditions de l'avènement de l'athéisme moderne : « On voit ce qui a effectivement remporté la victoire sur le Dieu chrétien : la moralité chrétienne elle-même, la notion de véracité prise de manière de plus en plus rigoureuse, la finesse de la conscience chrétienne aiguisée par le confessionnal, traduite et sublimée en conscience scientifique, jusqu'à la netteté intellectuelle à tout prix [6] ». Ainsi, à force d'introspection, d'exercice de l'esprit critique envers soi-même, la conscience chrétienne s'affine, la raison s'affûte, au point de découvrir que Dieu est proprement incroyable. Incroyable parce que trop humain. L'athéisme est donc le dernier avatar et l'aboutissement ultime du christianisme, il est « la *catastrophe* exigeant le respect d'une discipline deux fois millénaire en vue de la vérité, qui finalement s'interdit le *mensonge de la foi en Dieu* » (l'italique est de Nietzsche). L'esprit moderne, qui ne peut s'accommoder d'un Dieu aussi dérisoire, étriqué, pure projection de l'esprit humain, est donc né des exigences de la morale chrétienne. Allant jusqu'au bout de ses exigences, la rationalité morale finit par détruire le dogme et la croyance en ce Dieu « trop humain ».

Max Weber et la rationalisation

Nietzsche pointe le rôle-clef de la *rationalité* dans cet affinement de la conscience morale. Et il souligne son caractère critique. Un autre penseur allemand de la fin XIXe siècle et du début du XXe siècle a proposé une thèse assez similaire à celle de Nietzsche : Max Weber. Celui que l'on considère comme l'un des principaux pères fondateurs de la sociologie a en effet mis en lumière, de manière beaucoup plus systématique et étayée, une évolution historique interne du judaïsme, puis du christianisme, qui va conduire jusqu'à la modernité. Ce mouvement historique de longue durée est porté par un processus qu'il appelle « rationalisation ». Weber entend par « rationalisation » le déploiement, dans les différentes sphères de l'existence, de la

« rationalité instrumentale » (*Zweckrationalität*), c'est-à-dire de l'ajustement des moyens à une fin recherchée. Visant une plus grande efficacité, un meilleur rendement, la rationalité instrumentale ordonne, classe et produit une « différenciation fonctionnelle », une séparation et une spécialisation des divers domaines du savoir et de l'existence. C'est ce processus de rationalisation qui va permettre l'essor des sciences et des techniques, mais aussi du capitalisme, comme Weber tentera de le montrer dans sa célèbre thèse sur *L'Éthique protestante et l'esprit du capitalisme*. Or, pour le sociologue allemand, ce processus de rationalisation, qui est le vecteur principal de la modernité occidentale, a été engendré par le judéo-christianisme.

Weber oppose deux grandes figures charismatiques : celle du magicien et celle du prophète. Contrairement au magicien qui entretient les hommes dans une relation enchantée, irrationnelle et magique au monde, le prophète amorce le processus de rationalisation, en proposant une vision éthique, laquelle constitue une avancée rationnelle décisive. Avec l'avènement de la prophétie, de la loi, de la conception d'un Dieu unique, créateur et ordonnateur du cosmos, le monde cesse d'apparaître comme un jardin mystérieux, enchanté. Il apparaît au contraire comme « une totalité ordonnée de manière significative [7] ». C'est la fameuse théorie du « désenchantement du monde » (*Entzauberung des Welt*) : « Ce sont les prophéties qui sont parvenues à sortir le monde de la magie et qui créèrent par là même les bases de notre science moderne, de la technique et du capitalisme [8]. » Weber souligne ainsi que le judaïsme a développé une éthique de la vie quotidienne « hautement rationnelle, c'est-à-dire libre de toute magie, comme de toute quête irrationnelle de salut [9] ».

La matrice du monde moderne

Malgré le caractère plus irrationnel de la foi chrétienne qui introduit la notion d'un salut hors de ce monde, Weber montre que cette éthique rationnelle héritée du judaïsme perdure sous une nouvelle forme dans le christianisme, d'abord à travers l'ascétisme rationnel du monachisme catholique, puis par le biais de la Réforme protestante qui fait sortir l'ascétisme rationnel des cloîtres pour le mettre au service de la vie active dans le monde. Pour expliquer la naissance du capitalisme, Weber tente de montrer l'affinité élective qui existe entre l'ascétisme rationnel de l'éthique puritaine d'inspiration calviniste et l'esprit de l'entrepreneur capitaliste occidental. Le comportement de ce dernier, qui crée des réserves monétaires comme moyen de son action, apparaît tout à fait rationnel, mais repose sur une profonde irrationalité : celle qui consiste à croire que son plus grand devoir sur terre est de travailler sans relâche de façon ascétique et rationnelle. Comme le souligne le sociologue Jean-Paul Willaime, « la question qui intéresse Weber est celle de l'origine de cet élément irrationnel qui est à la base de cette formidable rationalisation du comportement économique [10] ».

Dans un premier temps, la Réforme joue un rôle crucial en situant l'idéal chrétien non plus dans la vie contemplative de type monastique, mais dans la vie active dans le monde à travers le travail conçu comme vocation. Dans un second temps, le puritanisme d'origine calviniste radicalise cette thématique de la vocation en faisant de la réussite professionnelle le signe de l'élection. Calvin croyait en la prédestination, c'est-à-dire en un salut individuel fixé de toute éternité, qui ne dépend que du bon vouloir de Dieu et en aucun cas des actions humaines. Dieu seul connaissant les élus et les damnés, le croyant se doit simplement de croire en son élection et de vivre comme s'il était élu, sa réussite en ce monde pouvant être lue comme un signe de la bienveillance divine à son égard et donc de son élection. Pour le fidèle, l'investissement assidu et ascétique dans une profession devient dès lors le meilleur moyen de mener une vie sainte et de trouver une confirmation, par sa réussite, de sa propre élection.

C'est donc dans ce triptyque profession-vocation-élection que l'on peut comprendre le lien qui unit l'ethos du fidèle protestant et l'ethos de l'entrepreneur capitaliste. À cela s'ajoutent d'autres éléments qui complètent ce cercle vertueux : la confiance qu'inspirent les puritains (confiance favorable au commerce) et surtout leur ascétisme vertueux qui les incite non seulement à travailler sans relâche, mais aussi à transformer les richesses acquises en capital à investir, plutôt que de les dépenser pour jouir de la vie. Autant d'éléments-clefs qui permettent de comprendre pourquoi le capitalisme est né en Occident dans ces milieux issus de la Réforme. Weber souligne d'ailleurs qu'en se développant, le capitalisme n'aura plus besoin de cet idéal spirituel. Une fois ses bases mécaniques posées, il continue de se déployer de manière profane et « la poursuite de la richesse dépouillée de son sens ethico-religieux a tendance à s'associer aux passions purement agnostiques, ce qui lui confère le plus souvent le caractère d'un sport [11] ».

On a apporté de nombreuses précisions et correctifs à cette thèse – les critiques portent surtout sur la sous-estimation par Weber du rôle du monachisme catholique dans l'avènement du capitalisme dont les prémices sont antérieurs à la Réforme. Il n'en demeure pas moins que Weber a montré de manière décisive le lien étroit entre judéo-christianisme et modernité par le biais du processus de rationalisation. Tandis que

Nietzsche met l'accent sur la dimension psychologique et le rapport à soi (la véracité de la conscience morale), Weber se penche surtout sur le rapport au monde. Nietzsche insiste davantage sur la démystification du Dieu chrétien, Weber sur la démagification du monde. À vrai dire, les deux analyses semblent valides et complémentaires : il y a bien démystification et désenchantement et ces deux phénomènes ont été produits par un long processus interne au judéo-christianisme, avant de le quitter et de se retourner contre lui.

La raison interrogative

À ces deux grands pôles d'explication, je crois qu'on pourrait ajouter un autre facteur religieux déterminant pour tenter de comprendre la manière dont la raison s'est développée de manière spécifique en Occident. Il tient à la manière dont le judaïsme d'abord et le christianisme ensuite conçoivent la Révélation divine. Pour les juifs comme pour les chrétiens, le texte biblique n'est pas écrit de la main de Dieu. Il a été écrit par des hommes inspirés par Dieu. Comme le dira la scholastique thomiste, les hommes ne peuvent recevoir l'inspiration divine que selon leur mode limité de compréhension (*quidquid recipitur ad modum recipientis recipitur* : tout ce qui est perçu l'est selon le mode de celui qui le perçoit). Ce qui signifie que ce texte n'est pas nécessairement parfait et qu'il demande à être interprété et enrichi dans sa compréhension. Le prophétisme juif dans un premier temps, puis l'effort de lecture talmudique répondent à cette exigence. La théologie chrétienne fera de même dès le Ier siècle.

Certes, cet effort d'interprétation connaîtra des résistances fortes et des limites. Au fur et à mesure de ses déconvenues – exil à Babylone, invasion romaine, destruction du Temple et dispersion en diaspora – le peuple élu aura tendance à se replier autour de son bien le plus précieux – la Torah, les cinq premiers livres de la Bible – et à lui accorder un statut de texte révélé par Dieu dans ses moindre mots. D'où la tentation d'une lecture fondamentaliste déjà critiquée par Jésus à son époque et contournée ensuite par certains rabbins qui chercheront à mettre au jour la multiplicité des sens des Écritures, que l'absence de voyelles de la langue hébraïque facilite grandement (la même racine consonantique peut donner plusieurs mots très différents). De même, dans le christianisme, les autorités religieuses considéreront jusqu'à la Réforme qu'elles ont le monopole de l'interprétation, ce qui limitera la liberté des théologiens. Il n'en demeure pas moins que l'effort interprétatif sera constant tout au long de l'histoire du christianisme.

Mieux, le message évangélique encourage le croyant à aller plus loin que la lettre du texte. Comme nous l'avons vu, Jésus critique ceux qui lisent le texte à la lettre au lieu de tenter de le comprendre selon l'esprit. Or, une interprétation selon l'esprit oblige chaque croyant à faire un effort personnel, à engager sa raison pour mieux comprendre *l'intention* de Dieu derrière la lettre du texte. Une parole du Christ aura une importance capitale dans l'histoire de la pensée chrétienne : « J'ai encore beaucoup à vous dire, mais vous ne pouvez pas le porter à présent. Mais quand il viendra lui, l'Esprit de vérité, il vous guidera dans la vérité tout entière » (Jean, 16, 12-13).

On comprend mieux pourquoi Jésus n'a pas écrit lui-même : son texte aurait nourri le fondamentalisme alors qu'il entendait le dépasser et sans doute montrer qu'aucun texte n'est définitif, car aussi universel qu'il puisse prétendre être, il n'en demeure pas moins lié à un contexte donné. Il limite donc sa parole à ce qui peut être à peu près compris par ses interlocuteurs et, plutôt que de la graver dans le marbre, annonce que l'Esprit divin conduira au fil du temps les croyants vers des horizons de connaissance et de compréhension plus larges et plus profonds encore.

Les Écritures chrétiennes portent donc, dans leur lettre même, la possibilité d'un progrès. Elles affirment que la Révélation n'est pas close, que tout n'est pas dit. Elles engagent le fidèle à chercher, avec l'assistance de l'Esprit-Saint, plus loin que le texte. On comprend dès lors l'incroyable travail de production théologique qui a animé les disciples du Christ tout au long des siècles. Or, et c'est là le point capital, ce travail s'appuie sur la raison. Certes une raison mise au service de la foi, mais une rationalité quand même, qui ne cesse de se développer et de s'aiguiser dans cet incessant effort d'interprétation des Écritures, de tentative de résolution de leurs contradictions et surtout de pousser jusqu'au bout leurs potentialités. C'est pourquoi les premiers théologiens – à commencer par l'auteur du quatrième Évangile – vont puiser dans l'héritage de la philosophie grecque (les Grecs qui ont inventé l'idée de progrès de la raison) afin d'approfondir et d'expliciter rationnellement les Écritures. Dès le IIe siècle, les Pères de l'Église qui vivent à Alexandrie – alors la véritable capitale intellectuelle du monde antique – ne cessent de faire l'éloge de la raison et ce sont eux qui inventent l'expression de « philosophie du Christ » (*philosophia Christi*) pour parler de la théologie naissante. Clément d'Alexandrie (150-220) établit ainsi la continuité entre la raison des Grecs et la parole du Christ : « Si, de façon générale, toutes les choses nécessaires et utiles à la vie viennent à nous de Dieu, la philosophie davantage encore est donnée aux Grecs comme une Alliance propre à eux, étant un échelon de la philosophie du Christ [12]. »

Tandis que l'interprétation légale repose avant tout sur la conviction que le passé est supérieur à l'avenir – ce qui est le propre de la pensée traditionnelle, et on dira aujourd'hui « traditionaliste » quand cette attitude se réactive au sein du monde moderne –, l'interprétation théologique rationnelle repose sur la conviction opposée : l'avenir est supérieur au passé, puisque « la vérité tout entière » est encore à venir. On retrouve ici, sous un autre angle, la notion de progrès que nous venons d'évoquer. Le progrès dans la compréhension de la foi est une promesse du Christ. Les premiers chrétiens ont compris que celle-ci ne peut se faire sans l'usage de la raison. L'équipage foi-raison a donc été le moteur de toute l'histoire de la pensée en Occident pendant quinze siècles. Il faudra attendre Descartes pour que cet équipage soit dissocié – et non encore opposé – et que la raison prenne son envol en dehors de la religion. Mais la raison qui s'est émancipée au XVIIe siècle et qui a donné naissance à la science moderne n'était pas une pure disposition, vierge de toute empreinte. Elle avait été extrêmement perfectionnée par la théologie chrétienne, notamment depuis le XIIIe siècle et la synthèse thomiste qui a utilisé les catégories philosophiques d'Aristote pour avancer encore plus loin dans la compréhension de la Révélation. Les historiens de la philosophie ont bien montré la filiation très repérable, en termes mêmes de concepts, qui conduit de Thomas d'Aquin à Descartes en passant par les grands auteurs scolastiques, notamment l'Espagnol Francisco Suárez sur lequel s'est appuyé Descartes pour critiquer la « philosophie première » de la scolastique, c'est-à-dire la métaphysique, fondée sur la philosophie d'Aristote. Quant aux premiers grands savants du monde moderne – Copernic, Tycho Brahe, Kepler, Galilée, Newton – malgré leurs difficultés avec l'institution, ils étaient convaincus d'être de bons chrétiens du seul fait qu'ils cherchaient par la voie rationnelle à déchiffrer les lois de la nature... posées par Dieu. « Aujourd'hui, les mouvements des planètes ne pourraient provenir d'une source naturelle isolée. Ils leur ont été imposés par un agent intelligent », affirme par exemple Newton [13].

Aucune opposition donc, pour eux, entre foi et raison. Sauf qu'au lieu d'exercer leur intelligence à tenter d'expliciter les mystères de l'Incarnation ou d'un Dieu trinitaire – il faut lire Thomas d'Aquin pour voir à quel point la théologie fait usage du raisonnement et de la logique – ces savants l'ont exercée pour tenter de mettre au jour les lois naturelles. La question a changé, mais l'intelligence est aussi aiguisée. Elle était non seulement mûre, mais aussi désireuse de connaître. Pour les premiers scientifiques du monde moderne, le monde créé est un livre qui doit être déchiffré. Le *désir de science* a précédé la science, et ce désir n'a rien d'étranger au monde chrétien, bien au contraire.

Car c'est encore un paradoxe subtil : Rome s'est opposée à la recherche scientifique lorsque cette dernière en arrivait à contredire son propre enseignement, mais elle ne l'a jamais condamnée en soi car elle était inscrite dans le projet chrétien de connaître toujours plus le mystère de Dieu et de sa création. Le procès de Galilée est exemplaire à cet égard : il ne lui est nullement reproché de chercher à comprendre

Le Christ philosophe

comment fonctionne la mécanique céleste. On ne lui a pas interdit d'observer le ciel mais, à la suite du chanoine Nicolas Copernic, d'en tirer des conclusions radicalement opposées à celles défendues par le magistère de l'Église au nom d'une double autorité : la cosmogonie biblique et les philosophes de l'Antiquité, notamment Ptolémée et Aristote. C'est cette contradiction interne à l'Église catholique qui rend cette question si opaque. Car d'une main elle a favorisé les progrès de la raison au nom du message du Christ, et de l'autre elle les a limités au nom de l'autorité de la tradition et du dogme qu'elle a recréé en contradiction avec ce même message. C'est pourquoi, comme Descartes l'a bien compris, il n'y avait qu'en séparant l'ordre de la raison et celui de la foi et en abandonnant tous les arguments d'autorité que la raison pouvait aller le plus loin possible dans l'exploration de l'homme et du monde.

Une petite parenthèse sur l'islam avant de poursuivre. Thomas d'Aquin a redécouvert Aristote par l'entremise des penseurs musulmans, ce qui montre que ceux-ci n'étaient pas allergiques à la pensée rationnelle grecque, bien au contraire. À leur arrivée en Égypte et en Syrie, au milieu du VIIe siècle, les conquérants musulmans découvrent les richesses de l'école d'Alexandrie et des monastères syriens où les auteurs grecs sont lus et commentés. Dans un premier temps, ils les lisent et les traduisent afin de prouver la supériorité de l'islam. Au milieu du VIIIe siècle, quand la dynastie abbasside s'installe à Bagdad, la quête du savoir devient une frénésie sous l'impulsion de souverains qui paient leur poids d'or les manuscrits traduits en arabe. Tandis que l'aridité culturelle envahit l'Occident, Bagdad – bientôt suivie par Cordoue – devient l'épicentre du savoir, par la volonté des souverains qui font venir à leur cour des savants de toutes origines et de toutes religions : philosophie, astronomie, astrologie, mathématiques, sciences naturelles et botaniques sont discutées et disputées par des juifs, des chrétiens et des musulmans. C'est à cette période que se développe l'école mutazilite qui conjugue théologie et rationalité, affirmant que le Coran est créé (alors que la doctrine de l'islam orthodoxe postule l'incréation du Coran, parole de Dieu éternelle) et soutenant le libre arbitre de l'individu (en opposition avec la notion coranique de *qadar*, la destinée ou fatalité). Le mutazilisme deviendra la croyance officielle de l'empire abbasside entre 827 et 848, puis il sera banni par l'islam sunnite et perdurera chez les Bouyides chiites jusqu'au XIe siècle, avant de disparaître.

C'est à partir de cette période que peu à peu, l'islam se referme sur lui-même. Sous l'influence de l'orthodoxie, elle-même ravivée par les assauts militaires que subissent les musulmans, tant en Espagne que sur les routes des croisades, les interprétations rationnelles de la religion sont proscrites : l'heure est désormais à la défense de l'islam, ce qui engendre fondamentalisme et rigorisme. C'est alors que le monde musulman entame son lent déclin. Selon la formule de Régis Debray, il a connu sa Renaissance avant son Moyen Âge. Aujourd'hui, des penseurs musulmans, occidentaux ou influencés par la pensée occidentale, cherchent à ranimer la flamme de l'ouverture à la critique rationnelle qui, autrefois, signa l'âge d'or de ce qui fut une brillante civilisation.

La question des « racines chrétiennes » de l'Europe

Tout ce qui vient d'être dit rend superflus de nouveaux développements pour pouvoir affirmer que l'Europe et l'Occident en général ne seraient pas ce qu'ils sont sans le christianisme. L'influence du message évangélique mais aussi celle de la théologie chrétienne ont été décisives tout au long de son histoire, y compris dans les deux premières phases de la modernité qui ont permis à l'individu et à la raison de s'émanciper de l'autorité religieuse. Il est difficile de le nier, même si le sujet est délicat, tant les passions anticléricales sont encore fortes en France. Cette question était d'ailleurs presque taboue chez les intellectuels français jusqu'à la publication, en 1985, du *Désenchantement du monde* de Marcel Gauchet. L'historien et philosophe, rédacteur en chef de la revue *Le Débat*, y souligne le formidable retournement consécutif à l'avènement de la modernité : le rejet par les modernes de la religion chrétienne qui a pourtant été la matrice des principaux vecteurs de la modernité, montrant ainsi comment le christianisme aura été historiquement « la religion de la sortie de la religion [14] ».

Plus récemment, dans son ouvrage de vulgarisation consacré à l'histoire de la philosophie, Luc Ferry consacre un long chapitre au christianisme et rappelle sans détour qu'« en s'appuyant sur une définition de la personne humaine et sur une pensée inédite de l'amour, le christianisme va laisser des traces incomparables dans l'histoire des idées. Ne pas les comprendre, c'est aussi s'interdire toute compréhension du monde intellectuel et moral dans lequel nous vivons encore aujourd'hui. Pour en donner un seul exemple, il est tout à fait clair que, sans cette valorisation typiquement chrétienne de la personne humaine, de l'individu comme tel, jamais la philosophie des droits de l'homme à laquelle nous sommes si attachés aujourd'hui n'aurait vu le jour [15] ».

Cette influence a largement dépassé l'histoire des idées : sur les décombres de l'Empire romain, l'identité européenne s'est forgée au long des siècles à travers l'édification d'une société chrétienne. À la fin du Moyen Âge, les universités et les monastères chrétiens formaient une immense toile, allant de l'Espagne aux pays scandinaves et de l'Angleterre à l'Ukraine, qui transmettaient un savoir commun, dans une même langue latine. Les symboles et les canons artistiques étaient les mêmes partout : ils étaient ceux de la chrétienté. Le christianisme a accouché de l'Europe comme il a accouché de l'Amérique, ce qu'aucun Américain ne songerait à contester !

Il convient toutefois d'apporter deux précisions de taille. À strictement parler, les « racines » de l'Europe ne sont pas chrétiennes. Elles sont grecques, juives, romaines, celtes... et plus lointainement encore égyptiennes, mésopotamiennes, perses... La quête généalogique des racines se perd nécessairement dans la nuit des temps. Le christianisme est devenu la matrice de l'Europe parce qu'il a lui-même absorbé l'héritage du monde antique. Il a absorbé dans une synthèse nouvelle – tout en apportant des éléments nouveaux déterminants – la foi juive, la raison grecque, le droit romain et certains mythes et cultes des anciennes religions des peuples celtes, baltes, germains...

Dans le cadre du débat qui a agité les esprits lors de la rédaction du préambule du projet de Constitution européenne, je ne dirais donc pas qu'il soit juste de parler de « racines chrétiennes de l'Europe ». L'expression est impropre et laisse à penser que les sources antiques sont niées. Il serait plus approprié de parler de rôle déterminant du christianisme dans la construction de l'identité européenne. Autre nuance : si le christianisme a été aussi déterminant dans l'avènement de notre monde moderne, il n'est plus aujourd'hui nécessaire de connaître son message ou d'y adhérer pour se sentir pleinement européen. L'Europe s'est totalement émancipée de sa matrice, même si elle en conserve, comme nous allons le voir dans le chapitre suivant, de nombreuses traces culturelles. Ce qui fonde le lien social et la citoyenneté européenne aujourd'hui, ce n'est plus la foi chrétienne, mais la raison et le droit laïc. C'est un fait et une évidence. Mais qui ne doivent pas non plus dissimuler un autre fait et une autre évidence : nous tous Européens, quelles que soient nos convictions religieuses – juifs, chrétiens, musulmans, bouddhistes, athées ou agnostiques –, nous sommes tous des héritiers de l'Europe chrétienne.

Pourquoi certains ont-ils tant de mal à admettre cette réalité historique? Pourquoi cette question est-elle si sensible et polémique alors que les faits sont là et que tant d'universitaires et de grands esprits, même hostiles au christianisme comme Nietzsche, l'ont démontré? Je crois que cela tient à une raison simple : le rejet épidermique de l'Église catholique et un déplacement de frontière : christianisme = institution qui opprime l'individu, s'oppose à la raison et rejette les valeurs de la modernité. Il est important de regarder de plus près cette question.

L'Église catholique et le monde moderne

Loin d'être apparue comme le visage radieux de « l'épouse du Christ », l'Église romaine a été pour des générations entières un écran de fumée qui a dissimulé la vraie nature du christianisme et qui continue, dans nos têtes modernes, à faire obstacle à cette simple acceptation du réel : la modernité ne s'oppose pas au christianisme, elle en découle même largement.

La matrice du monde moderne

Comme les Modernes ont vivement lutté contre l'institution catholique pour émanciper l'individu et la société de sa tutelle et que celle-ci s'est à son tour dressée de toutes ses forces contre les principes de la modernité, nous avons intériorisé cette radicale opposition.

La condamnation des idées modernes

Directement visée par ce qu'elle perçoit, à juste titre, comme une nouvelle et sans doute ultime limite posée à son pouvoir temporel, l'institution catholique condamne en effet, de toutes ses forces, « les idées modernes », et cela dès la Contre-Réforme (XVIe siècle) et plus fortement encore au XIXe siècle. Peu lui importe l'inspiration souvent chrétienne de ces idées : elle y voit surtout la fin de son règne terrestre, à l'image de ses États pontificaux qui seront bientôt réduits à la seule cité du Vatican. Certes, elle n'a pas tort de se scandaliser des massacres dont sont victimes ses fidèles, notamment lors de la Révolution française, ou de la manière dont on jettera ensuite brutalement les religieux hors de leurs couvents. Mais ce qui est surtout en jeu pour elle, c'est l'inversion définitive du rapport de force dans lequel elle se situe, depuis Constantin, vis-à-vis du pouvoir civil. La séparation des pouvoirs et l'avènement des républiques démocratiques auraient pu l'incliner à reconsidérer positivement, c'est-à-dire spirituellement, son rôle. Il n'en a rien été.

La Réforme protestante avait déjà si profondément ébranlé l'Église romaine, qu'elle s'était engagée dans un puissant mouvement de « Contre-Réforme » initié au concile de Trente (1545-1563). Bien qu'elle comprît la nécessité de moraliser les mœurs du clergé et qu'elle s'accompagnât de puissants mouvements de renouveau spirituel, avec notamment la création de nouveaux ordres religieux, la Contre-Réforme inaugura surtout un repli défensif de l'Église catholique, qui se manifesta par une raideur doctrinale accrue et une condamnation systématique du protestantisme comme de l'humanisme. Le concile de Trente fut clos par les pères conciliaires aux cris de : « Anathème à tous les hérétiques ! » Les attaques répétés depuis la Renaissance contre l'Église catholique n'ont finalement fait que renforcer son *intransigeance*, pour reprendre le mot si juste d'Émile Poulat.

Cette posture défensive et intransigeante culminera au milieu du XIXe siècle avec le long pontificat de Pie IX. La lecture des nombreux textes publiés par le pape révèle la lourde tendance paranoïaque qui a gagné le cercle des catholiques conservateurs, persuadés que l'Église romaine est victime d'un complot mondial fomenté par les socialistes, les francs-maçons, les communistes, les libres-penseurs et les philosophes, avec la complicité des catholiques libéraux, sous l'inspiration du diable ! Dans son encyclique *Qui Pluribus* (publiée le 9 novembre 1846), le pape s'exprime ainsi : « Personne d'entre vous n'ignore, Vénérables Frères, dans notre époque déplorable, cette guerre si terrible et si acharnée qu'a machinée contre l'édifice de la foi catholique cette race d'hommes qui, unis entre eux par une criminelle association, ne pouvant supporter la saine doctrine, fermant l'oreille à la vérité, ne craignent pas d'exhumer du sein des ténèbres, où elles étaient ensevelies, les opinions les plus monstrueuses, qu'ils entassent d'abord de toutes leurs forces, qu'ils étalent ensuite et répandent dans tous les esprits à la faveur de la plus funeste publicité. »

Avant de clore son pontificat par la convocation du premier concile du Vatican (le choix du lieu est tout un symbole !) et la promulgation du dogme de l'infaillibilité pontificale (1870), il publie en 1864 un texte au contenu si intransigeant qu'il conduira de nombreux intellectuels catholiques républicains à quitter l'Église ou à prendre sérieusement leurs distances avec Rome : le *Recueil des erreurs modernes* (*Syllabus errorum modernorum*). Synthétisant en des formules lapidaires le contenu de ses précédentes encycliques, le pape condamne en vrac : la liberté de conscience et de culte, les droits de l'homme, la liberté d'expression, le mariage civil, la séparation de l'Église et de l'État, la philosophie, l'athéisme, le protestantisme, le socialisme etc. Il réaffirme, *a contrario*, qu'il n'y a point de salut hors de l'Église, que celle-ci doit avoir un pouvoir temporel et des possessions terrestres, qu'elle doit faire usage de la force. Le dernier article résume bien l'esprit et la lettre du document, en condamnant expressément la proposition selon laquelle « le Pontife romain peut et doit se réconcilier et transiger avec le progrès, le libéralisme et la civilisation moderne » (art. LXXX).

Autre symptôme flagrant – aujourd'hui risible – du raidissement de l'Église catholique : la liste des ouvrages et des auteurs mis à l'index (c'est-à-dire condamnés) ne cesse de croître. À côté d'innombrables théologiens considérés comme hérétiques, on retrouve les noms des grands scientifiques, comme Copernic ou Galilée, la quasi-totalité des philosophes modernes, de Spinoza à Sartre et Simone de Beauvoir en passant par Descartes, Pascal, Hobbes, Locke, Voltaire, Rousseau, Montesquieu, Freud ou Kant (pour sa critique de la raison pure !)... Mais il ne faudrait pas oublier les écrivains qui sèment aussi « la peste des idées modernes », pour reprendre l'expression de Pie IX, et dont certains sont d'ailleurs des catholiques engagés : Hugo, Dumas, Zola, Lamartine, Balzac, Flaubert, Renan, Gide, Kazantzakis etc. Un auteur qui se voudrait un tant soit peu libre d'esprit devrait s'inquiéter de ne pas être cité dans cette admirable liste, qui réunit tout ou presque de ce que l'Europe compte de penseurs profonds et d'écrivains talentueux. En sont par contre absents les deux plus grands criminels des temps modernes : Hitler et Staline. Vu de Rome, *Madame Bovary* semble bien plus subversif que *Mein Kampf*.

Le concile Vatican II

Il faudra attendre 1966 pour que l'Église renonce à poursuivre ce patient travail de mise à l'index. Le concile Vatican II vient de s'achever et a montré que l'Église a fait son deuil d'une société chrétienne. En 1958, Jean XXIII succède à Pie XII – un pape particulièrement réactionnaire, qui est resté silencieux sur la Shoah mais qui s'est empressé de condamner toutes « les erreurs du temps » (*Humani generis*, 1950), à commencer par l'initiative des prêtres ouvriers. Conscient que l'Église catholique ne peut plus rester enfermée dans cette posture sectaire, le nouveau pape convoque un concile destiné à repenser de fond en comble sa situation dans le monde moderne. Ouvert en 1962 et clos en 1965 par Paul VI, le concile Vatican II constitue un tournant capital dans l'histoire de l'Église catholique. C'est pourquoi il a été perçu par certains de ses acteurs phares non seulement comme une sortie de la logique intransigeante initiée au concile de Trente mais, mieux encore, comme la clôture de l'ère constantinienne.

Pour la première fois en effet depuis le IVe siècle, l'Église catholique prend acte de sa mission entièrement spirituelle, de la séparation de l'Église et de l'État, accepte les droits de l'homme et admet la liberté religieuse. Elle cesse de condamner en bloc « les erreurs du monde moderne » et prône un discernement critique constructif. L'avancée la plus significative concerne la liberté de conscience : « Le concile du Vatican déclare que la personne humaine a droit à la liberté religieuse. Cette liberté consiste en ce que tous les hommes doivent être soustraits à toute contrainte de la part tant des individus que des groupes sociaux et de quelque pouvoir humain que ce soit, de telle sorte qu'en matière religieuse nul ne soit forcé d'agir contre sa conscience, ni empêché d'agir, dans de justes limites, selon sa conscience [16]. » L'Église catholique finit donc par admettre, près de deux siècles après son inscription dans le droit civil, ce principe fondamental des sociétés moderne et dont nous verrons dans la conclusion de cet ouvrage qu'il est pourtant au cœur même de l'enseignement du Christ. Ce revirement spectaculaire lui vaudra d'ailleurs un schisme : celui de Mgr Lefebvre, qui, bien plus que l'abandon de la messe en latin (retrouvée depuis grâce à Benoît XVI), n'a pas accepté ce qu'il considérait comme une abdication de l'Église devant le pluralisme et le relativisme modernes.

En fait la réalité est plus complexe. Certes l'Église catholique a opéré un virage spectaculaire et un esprit libéral ne peut plus l'accuser de vouloir régenter la société comme par le passé. Les fidèles et une bonne partie du clergé ont intériorisé les valeurs-clefs du monde moderne, à commencer par la liberté de choix des individus. Pourtant, l'institution continue d'apparaître comme dogmatique (condamnation par exemple, de la théologie de la libération) et surtout très normative sur le plan moral et disciplinaire, depuis l'encyclique *Humanae vitae* de Paul VI (1968) qui condamne la contraception jusqu'aux propos de Benoît XVI qui réaffirme l'opposition de l'Église à l'ordination d'hommes mariés et à la communion des divorcés remariés. Depuis le concile, les relations entre l'institution catholique et le monde moderne restent encore très crispées.

Une lecture attentive des actes de Vatican II montre d'ailleurs que l'Église catholique, dans le fond, n'a pas renoncé à se considérer comme dépositaire de la Vérité pleine. Dans cette même déclaration sur la liberté religieuse, les pères conciliaires prennent soin de préciser : « Le concile déclare que Dieu a lui-même fait connaître au genre humain la voie par laquelle, en le servant, les hommes peuvent obtenir le salut et parvenir à la béatitude. Cette unique vraie religion, nous croyons qu'elle subsiste dans l'Église catholique et apostolique à qui le Seigneur Jésus a confié le mandat de la faire connaître à tous les hommes [17]. »

L'Église catholique a donc renoncé à mettre en enfer tous les non-catholiques. Elle a gagné en charité. Elle s'est ouverte au dialogue avec les autres religions. Contrairement au passé, elle « ne rejette rien de ce qui est vrai et saint dans ces religions. Elle considère avec un respect sincère ces manières d'agir et de vivre, ces règles et ces doctrines qui, quoiqu'elles diffèrent en beaucoup de points de ce qu'elle-même tient et propose, cependant apporte souvent un rayon de la vérité qui illumine tous les hommes [18] ». Mais, comme le rappelle la constitution dogmatique sur l'Église, la plus importante du concile, l'Église catholique et romaine reste de manière mystérieuse et selon la volonté de Dieu le moyen par lequel les hommes reçoivent la grâce chrétienne et la plénitude du salut. Certes l'Église admet que tous les hommes de bonne volonté peuvent être éclairés par l'Esprit-Saint et sauvés, mais aucune religion, pas même les Églises orthodoxes ou protestantes, ne peut prétendre à cette médiation ultime et à cette droiture dans la vérité. Car si l'institution catholique admet que l'Église c'est avant tout « le peuple de Dieu », une Église mystique, l'Épouse du Christ telle qu'en parlent les épîtres du Nouveau Testament, le concile rappelle que « cette Église comme société constituée et organisée en ce monde, c'est dans l'Église catholique qu'elle se trouve, gouvernée par le successeur de Pierre et les évêques qui sont en communion avec lui [19]. » Cette conviction a encore été soulignée dans un document publié le 10 juillet 2007 par la Congrégation vaticane pour la doctrine de la foi : « Ces Églises et communautés séparées, bien que nous les croyions victimes de déficiences, ne sont nullement dépourvues de signification et de valeur dans le mystère du Salut. L'Esprit du Christ, en effet, ne refuse pas de se servir d'elles comme de moyens de salut dont la force dérive de la plénitude de grâce et de vérité qui a été confiée à l'Église catholique [20]. »

C'est ainsi que l'Église catholique tente à la fois de rendre compte de son ouverture à l'esprit de tolérance du monde moderne (plus personne, hormis les intégristes, n'est prêt à croire que les non-catholiques rôtiront dans les feux éternels de l'enfer) et de son attachement à son enseignement séculaire selon lequel l'Église est le lieu de réception de la vérité. Elle est passée d'une conception exclusiviste du salut (tous perdus en dehors de moi) à une conception inclusiviste du salut (tous sauvés à travers moi), en sauvegardant son originalité la plus spécifique : l'infaillibilité du successeur de Pierre dont on a vu pourtant combien elle a posé problème au cours de l'histoire.

Une difficile remise en cause

Certes, l'Église ne pratique plus l'inquisition, mais elle ne l'a jamais condamnée non plus comme pratique institutionnelle. Lorsque j'étais étudiant en philosophie, un théologien m'expliqua très sérieusement qu'on pouvait parfaitement comprendre et admettre l'Inquisition, si on se remettait dans le contexte historique de l'époque. Depuis, il a été promu évêque. Jean Paul II a été le premier pape à faire acte de repentance pour les fautes commises par les chrétiens au cours de l'histoire, et c'est un grand pas, mais il n'a jamais pu aller jusqu'à reconnaître que c'est l'institution en tant que telle qui s'est égarée. Dans sa lettre apostolique *Tertio millennio adveniente*[21], il évoque « le consentement donné, surtout en certains siècles, à des méthodes d'intolérance et même de violence dans le service de la vérité », allusion on ne peut plus claire à l'Inquisition. Et le pape de poursuivre : « La considération des circonstances atténuantes ne dispense pas l'Église du devoir de regretter profondément les faiblesses de tant de ses fils qui ont défiguré son visage[22]. » Contrairement à notre théologien, Jean Paul II admet que l'excuse du contexte historique ne suffit pas au regard des enseignements du Christ pour justifier de tels actes, mais selon lui ce n'est pas l'institution ecclésiale qui est responsable, ce sont ses membres. Ils se sont égarés pendant cinq siècles.

Cette difficulté à simplement admettre les errances du passé est apparue tout récemment encore dans la bouche de Benoît XVI à travers son étonnant discours de Ratisbonne. S'appuyant sur la controverse entre l'empereur byzantin Manuel II Paléologue et un lettré persan, il reproche à l'islam d'avoir répandu la foi par le glaive et oppose à cette religion barbare le modèle chrétien, belle alliance de la foi juive et de la raison grecque. Très bien, mais qu'a fait l'Église catholique pendant des siècles ? Pour ne prendre qu'un seul exemple parmi mille, l'année même où avait lieu cette controverse, en 1391, commence en Espagne la grande persécution antijuive qui décimera environ vingt pour cent des juifs espagnols à travers d'atroces pogroms à Séville, à Valladolid, à Gérone... Et contrairement à ce qu'affirme le pape, ce n'est pas son rapport privilégié à la raison grecque, ni même le discours pacifique de son fondateur qui ont permis au catholicisme de renoncer à la violence. La violence qu'a exercée l'institution catholique pendant des siècles – y compris durant l'âge d'or de la théologie rationnelle thomiste – n'a cessé que lorsque l'État laïc s'est imposé.

Cela dit, il serait très injuste de ne voir que l'aspect négatif de l'histoire de l'Église catholique et d'en faire le bouc émissaire qui porte tous les maux de notre histoire.

Elle a permis à une civilisation de se développer et de prospérer. Elle a créé d'innombrables œuvres de charité – hospices, orphelinats, dispensaires – et donné naissance à des courants spirituels et des ordres religieux qui ont sans cesse rappelé la nécessité de la conversion aux principes évangéliques. Historiquement, l'Église a aussi permis, à l'intérieur d'un certain cadre, à des idées-clefs de se développer : la raison, l'égalité, l'individu, la dignité de l'homme, l'universalité. En cela, malgré les égarements de l'institution, la condamnation de Galilée et la pratique de l'Inquisition, elle aura été la matrice du monde moderne et porté l'Évangile jusqu'à sa porte. C'est un petit miracle !

Il n'en demeure pas moins que les crispations doctrinales et disciplinaires du Vatican (bien mieux relayées par les médias profanes que par les prêches dans les églises) maintiennent dans l'esprit d'un large public – chrétien ou non – l'idée d'une forte opposition entre le monde moderne et la religion chrétienne.

NOTES

1. *Les Métamorphoses de Dieu, op. cit.* Je reprends ici quelques pages de cet ouvrage consacré à la religion dans la modernité.
2. *Op. cit.*, p. 55.
3. Cité par Jean Baubérot et Séverine Matthieu, *Religion, modernité et culture au Royaume-Uni et en France, 1800-1914*, Seuil, Paris, coll. « Points Histoire », 2002, p. 61.
4. Rosa Luxemburg, « Kirche und Sozialismus » (1905), in *Internationalismus und Klassenkampf*, Neuwied, Luchterhand, 1971, p. 45-47, p. 67-75.
5. *Le Gai Savoir*, § 125.
6. *Ibid.* § 357.
7. *Économie et société*, Paris, Plon, 1971, p. 473.
8. *Histoire économique*, Paris, Gallimard, 1991, p. 379.
9. *Le Judaïsme antique*, Plon, 1970, p. 20.
10. J.-P. Willaime, en coll. avec Danièle Hervieu-Léger, *Sociologies et religion, approches classiques*, PUF, Paris, 2001, p. 101.
11. Max Weber, *L'Éthique protestante et l'esprit du capitalisme*, Paris, Flammarion, 2000, p. 301.
12. *Stromates*, VI, 8.
13. Bernard Cohen, *Isaac Newton : Papers and Letters on Natural Philosophy*, Cambridge Harvard University Press, 1958, p. 284.
14. *Le Désenchantement du monde*, Paris, Gallimard, 1985, p. II.

Le Christ philosophe

15. Luc Ferry, *Apprendre à vivre. Traité de philosophie à l'usage des jeunes générations*. Plon, 2006, p. 75.
16. *Dignitatis humanae*, 2.
17. *DH*, 1.
18. *Nostra aetate*, 2.
19. *Lumen gentium*, 8.
20. Réponse à des questions concernant certains aspects de la doctrine de l'Église.
21. *Lettre apostolique sur la préparation du jubilé de l'an 2000*, 10 novembre 1994.
22. Paragraphe 35.

VII

Que reste-t-il de chrétien en nous ?

Que reste-t-il aujourd'hui en Occident de cette religion qui été pendant plus de mille ans le pivot de notre civilisation ? Il y a une trentaine d'années, le christianisme était donné pour presque moribond en Europe. Tout au long du XXe siècle, en effet, le déclin des Églises n'a fait que s'accentuer dans un contexte d'individualisation de la religion, de plus en plus cantonnée à la sphère privée. Les données empiriques révèlent de fait une crise des institutions religieuses et une sécularisation de la société qui semblent avancer en concomitance avec la modernité. La conviction s'est alors faite qu'un « modèle européen » expurgé de l'empreinte chrétienne, tant cultuelle que culturelle, gagnerait à terme l'Amérique, puis le monde entier. Ce diagnostic est aujourd'hui remis en cause par de nombreux sociologues. Non seulement « le monde reste aussi furieusement religieux qu'il a toujours été », selon la formule de Peter Berger, mais il semble même qu'on assiste dans de nombreux pays européens à un ralentissement de la baisse des principaux indicateurs religieux et même à un certain renouveau au sein des Églises catholiques (succès des JMJ), protestantes (développement des groupes évangéliques) et surtout orthodoxes (grand renouveau de la foi dans les ex-pays communistes). Malgré tout, la religion chrétienne n'est plus depuis longtemps le principal vecteur de lien social de nos sociétés européennes, et ce ne sont plus seulement aujourd'hui les sociétés mais les esprits qui se sécularisent, tant les repères chrétiens fondamentaux sont absents au sein des jeunes générations.

L'avenir de la religion chrétienne semble bien davantage assuré aux États-Unis, mais aussi, et encore plus, en Amérique du Sud, en Afrique et en Asie, où elle connaît une croissante très forte. En 1900, le christianisme représentait environ un tiers de la population mondiale et il était essentiellement présent en Occident. En 2000, il représente la même proportion, avec un peu plus de deux milliards de fidèles (dont la moitié de catholiques). Mais les chrétiens d'Europe et des États-Unis ne représentent plus qu'un gros quart des fidèles. L'Allemagne est le pays d'Europe occidentale qui compte le plus de baptisés, mais il vient seulement au septième rang mondial, derrière les États-Unis, le Brésil, le Mexique, la Chine, la Russie, les Philippines et même l'Inde. Assurément, « Dieu n'est pas mort, il a changé d'adresse », comme dit Odon Vallet.

Si l'avenir de la religion chrétienne ne se situe donc plus en Europe, qu'est devenu le christianisme pour nous Occidentaux, au terme de ce long parcours historique, dont j'ai tenté de résumer ici les grandes articulations ? Pour tenter de répondre avec justesse à cette question, il convient de distinguer trois formes de christianisme. Un christianisme religieux et cultuel, qui concerne une minorité de fidèles, aux visages très divers. Un christianisme culturel, qui imprègne des pans entiers de notre histoire, de la culture, du langage, des fêtes civiles. Un christianisme « invisible » enfin, celui des valeurs phares de notre modernité et de la morale laïque qui restent encore imprégnées de la matrice dont elles sont issues. Mais avant de développer ces trois points, il est nécessaire de rappeler comment les principaux vecteurs du monde moderne – autonomie de l'individu, raison critique –, une fois échappés de la matrice chrétienne, ont à leur tour profondément influencé la foi et le comportement religieux de l'homme occidental.

Le christianisme dans la modernité

Aujourd'hui, les Églises chrétiennes ont perdu l'influence qu'elles ont exercée sur les sociétés pendant des siècles. Elles ne peuvent plus imposer leur vision du monde, leurs pratiques, leurs morales. Elles sont devenues une voix parmi d'autres, qui exprime certes leurs opinions sur des sujets éthiques ou sociétaux, mais il ne s'agit plus de la voix unique. Plus profondément, les Églises ne parviennent plus à tenir ensemble les principaux critères de religiosité de leurs fidèles : croyance, pratique, appartenance, morale, doctrine... tout ce qui avant était plus ou moins relié est aujourd'hui disloqué. On peut par exemple croire sans appartenir, appartenir sans croire, croire sans pratiquer... et même pratiquer sans croire ! Le processus d'individualisation, qui n'a cessé de s'accélérer au cours des dernières décennies, mine donc profondément tout dispositif institutionnel et favorise le développement de ce que j'appelle une « religion personnelle », c'est-à-dire une religion choisie et composite qui peut fluctuer chez un même individu en fonction de ses besoins. Dans le monde moderne, les choix religieux sont évoqués en termes

« d'engagement personnel », de « choix individuel », des expressions qu'assument non seulement la masse des fidèles distants mais aussi les séminaristes catholiques en col romain et les jeunes femmes musulmanes qui portent le voile.

Autrement dit, on a assisté à une révolution copernicienne de la conscience religieuse : ce n'est plus la tradition qui moule l'individu, mais l'individu qui va prendre dans la tradition ce qui lui convient et rejeter le reste. Cette construction d'une religion personnelle est accentuée par le processus de mondialisation qui a considérablement élargi l'offre religieuse. Un individu européen peut aujourd'hui pratiquer la méditation zen, la kabbale juive ou s'initier à l'islam sans avoir à quitter son quartier.

Pluralisme et scepticisme

Autre conséquence de cette concurrence des religions, mais aussi de l'essor de la raison critique : l'acceptation du pluralisme religieux. Aujourd'hui, que ce soit en Europe ou aux États-Unis, à peine 10 % des individus pensent qu'il n'y a qu'une seule religion vraie. L'idée qui domine pour une très large majorité d'Occidentaux, c'est qu'« il existe des vérités fondamentales dans beaucoup de religions [1] ». Malgré les résistances des Églises, cette vision pluraliste s'est imposée, y compris chez les fidèles. Une enquête récente chez les catholiques français montre ainsi qu'ils sont seulement 7 % à penser que le catholicisme est « la seule religion vraie », tandis que 50 % pensent « qu'on trouve des vérités dans toutes les religions » et 39 % affirment même que « toutes les religions se valent [2] ». La religion dans la modernité est donc marquée au sceau d'un scepticisme qui l'ouvre à une tolérance typique de nos sociétés, qui considèrent comme légitime la pluralité de systèmes philosophiques et religieux. Comme l'exprime très bien le philosophe Marcel Conche : « Je ne suis pas de ceux qui doutent, mais je n'absolutise pas mes absolus. Ils valent pour moi. Mais valent-ils pour autrui ? Répondre à cette question serait penser pour lui. Mais nul, pas plus que mourir, ne peut philosopher pour un autre [3]. »

Un autre trait caractéristique du christianisme tel que vécu aujourd'hui par les Occidentaux est le probabilisme qui a remplacé les certitudes. Les croyances sont ainsi de plus en plus flottantes : l'existence de Dieu est jugée « probable » plutôt que certaine, l'efficacité de la prière « possible ». Elles sont aussi « clignotantes », pour reprendre l'expression d'Edgar Morin. La foi en Dieu ou en la Providence s'allume ou s'éteint selon les événements de la vie.

La foi sens dessus dessous

Le contenu même des croyances est profondément bouleversé. La plupart des chrétiens ne savent plus très bien, ou plus du tout, ce que recouvrent les dogmes de la Rédemption, de la Trinité ou de l'Immaculé Conception. Les croyances traditionnelles se mélangent à des croyances orientales (confusion de plus en plus fréquente par exemple entre résurrection et réincarnation) et le contenu de la foi est entièrement réagencé par chaque croyant, au risque d'être parfois totalement vidé de sa substance. J'ai montré ailleurs que nous assistons aussi à une triple transformation des représentations de Dieu [4] : on croit davantage à un Dieu intérieur qu'à un Dieu extérieur, à un Dieu plus aimant et féminin qu'à un Dieu juge, typiquement masculin, et surtout à un Dieu impersonnel plus qu'à un Dieu personnel. On parle ainsi plus volontiers du divin que de Dieu, d'une énergie plutôt que du Père. Un sondage mené à l'échelle européenne en 1999 indique que les croyants ne sont que 38 % à croire explicitement en un Dieu personnel[5]. Plus récemment, l'enquête menée auprès des catholiques français montre qu'ils sont 79 % à concevoir Dieu comme « une force, une énergie, un esprit » tandis que 18 % le considèrent comme « un Dieu avec qui je peux être en relation personnelle », marquant ainsi un retrait très net par rapport à la conception chrétienne traditionnelle.

Les perspectives concernant le salut ont elles-mêmes changé. Pendant longtemps, le chrétien a privilégié, en théorie du moins, le bonheur éternel dans le Royaume de Dieu au bonheur terrestre. L'espérance du paradis a pu rendre négligeables les petites ou les grandes misères de la vie présente, qui étaient souvent présentées dans les prêches comme un gage de salut : souffrez ici-bas pour gagner votre paradis ! La Réforme va apporter un premier ébranlement à cette certitude en soutenant le principe de la prédestination et du salut uniquement par la grâce : l'individu n'œuvre pas pour son salut, qui est l'affaire de Dieu, mais s'il mène une vie vertueuse, il peut déjà, s'il fait partie des élus, jouir tout de suite des bienfaits de Dieu. C'est très certainement sous l'effet des idées luthériennes que les prédicateurs catholiques ont progressivement réduit la place de l'enfer et du paradis dans leurs prêches, au profit de l'action chrétienne dans ce monde, c'est-à-dire l'action inspirée de la morale évangélique et de l'amour de Dieu et du prochain.

On est ainsi arrivé, dans l'Occident chrétien, à associer la religion à la quête du bonheur terrestre. C'est l'une des clefs de la très forte progression des courants évangéliques à travers le monde, eux qui insistent tant sur les bienfaits concrets de la foi, sur l'efficacité, en termes de réussite sociale et matérielle, de la prière. Et le chrétien occidental entend désormais ressentir dans tout son être les bienfaits de sa vie spirituelle, à l'inverse de la méfiance, voire du mépris du corps entretenu pendant des siècles par le christianisme qui a longtemps favorisé une discipline rigoureuse, souvent obsessionnelle, visant au contrôle absolu de l'âme sur le corps, considéré comme le lieu de toutes les tentations, donc de tous les péchés possibles.

Le retour des certitudes

Face à cette individualisation et à cette globalisation du religieux, on assiste depuis les années 80 à l'émergence d'une tendance au repli identitaire, un phénomène qui est d'ailleurs loin d'être spécifique au christianisme, mais qui touche aussi le judaïsme et l'islam, où le port des signes distinctifs que sont la kippa, la barbe ou le voile ainsi que la multiplication de lieux de restauration cacher ou halal rendent ce repli plus visible. Bien que plus discrète, la religiosité de nombreux chrétiens est tout aussi marquée par un besoin identitaire qui se transforme le plus souvent en quête de repères et de certitudes : on rejoint une communauté forte autour de laquelle on trace des frontières ; au sein de laquelle on pense avoir trouvé la Vérité et pouvoir échapper à la décadence religieuse ou spirituelle du monde contemporain. Ce phénomène s'exprime à travers l'essor des groupes charismatiques chez les catholiques et pentecôtistes chez les protestants, se présentant comme l'avant-garde d'un réveil religieux face à la montée d'un athéisme et d'un matérialisme menaçants et de confusions doctrinales qui sapent les fondements mêmes du christianisme.

Aux États-Unis, on assiste ainsi à l'explosion du phénomène des « born again », littéralement ceux qui renaissent – sous-entendu à la foi –, lesquels adoptent souvent des positions fondamentalistes allant jusqu'à remettre en cause la théorie darwinienne de l'évolution des espèces. En France, cette évolution a conduit en 2007 la Fédération protestante à se choisir, pour la première fois dans son histoire, un président issu de la mouvance évangélique, alors que ses instances dirigeantes ont toujours été issues de ce qui constituait jusque-là la mouvance majoritaire, le protestantisme réformé « classique ».

Ce nouveau conservatisme est une réaction évidente à la sécularisation de nos sociétés. Un seul chiffre permet en effet de mesurer l'ampleur du recul du christianisme en Europe. Il concerne le clergé catholique français. Entre 1970 et 2004, le nombre de prêtres a chuté de moitié, passant de 45 059 à 22 185 individus dont la moyenne d'âge s'établit à... 68 ans. Les années à venir seront marquées par une réduction encore plus importante du nombre de prêtres en raison de la faiblesse du renouvellement : 142 ordinations en 2005, qui fut le meilleur cru de ces dix dernières années. Ce n'est pas la fin du monde, mais c'est la fin d'un monde : celui d'une société organisée autour de ses paroisses et vivant au rythme de la foi partagée en Dieu.

Les chrétiens cultuels

Livrons-nous maintenant à une très brève évaluation statistique de l'état des lieux du christianisme en Europe et aux États-Unis à travers les trois grands critères de religiosité : l'appartenance à une Église, la croyance et la pratique.

Appartenir à une Église

En Europe, on tend de moins en moins à se déclarer chrétien. En 1999, 70 % des Européens revendiquaient leur appartenance au christianisme, qu'il soit catholique ou protestant, contre 80 % en 1981 [6]. Aux États-Unis en 2003, 76 % revendiquent cette appartenance (un chiffre stable depuis 1992 [7]).

En France, une enquête menée en 2007 a révélé un chiffre encore plus impressionnant : dans ce pays historiquement à très forte majorité catholique, à peine un Français sur deux se dit encore catholique et un tiers se déclare sans religion [8]. Ce recul est aussi manifeste dans le recours des Français à l'Église pour marquer les grandes étapes de la vie. En 1975, 73 % des mariages civils étaient suivis d'une cérémonie religieuse. En 2004, seules 34 % des unions sont célébrées religieusement –sachant que le nombre de mariages civils est lui-même en forte chute au profit du concubinage : 271 600 au lieu de 387 400 trente ans plus tôt. Quant au baptême, délivré quasi automatiquement en 1975 (près de 80 % des enfants étaient baptisés), il n'est plus réclamé que par une petite moitié des parents : 46,5 % en 2004. Seule la mort réconcilie encore avec l'Église : plus de 80 % des funérailles restent religieuses. Il est intéressant de constater que le geste religieux qui résiste le mieux à l'action dissolvante de la modernité est celui qui est au fondement même de l'attitude religieuse des premiers hommes : la ritualisation de la mort.

Croire

Les Américains détiennent un record en matière de foi : selon un sondage Gallup effectué en 2007, ils sont 94 % à croire en Dieu (son existence est certaine pour 86 %). En Europe, selon une étude menée en 2005, 70 % des individus affirment croire en Dieu [9] avec des variations très sensibles d'un pays à l'autre : de 97 % pour la Pologne à 37 % pour la République tchèque. [10]

En ce qui concerne l'autre croyance fondamentale, celle en la vie après la mort, on constate une hiérarchie similaire. Les États-Unis viennent en tête avec une adhésion de 89 % (dont 81 % certains de son existence). Sondage Gallup 2007. Les Européens ne sont que 53 % à croire en une survie de l'âme [11]. La Pologne est toujours en tête (81 %) et la République tchèque dernière (36 %), la France se situant plutôt dans la fourchette basse (43 %). Une importante proportion de sondés n'adhère pas pour autant au dogme chrétien de la résurrection : la croyance en la réincarnation recueille de plus en plus de suffrages ainsi que la reconnaissance d'une absence totale de représentation de l'au-delà.

Pratiquer

Le désaveu européen pour la religion s'exprime surtout au niveau de la pratique hebdomadaire – alors que la célébration de l'Eucharistie a toujours été au centre de la vie chrétienne. En France, 52 % de ceux qui revendiquent l'étiquette catholique ne fréquentent jamais les offices religieux, sauf pour les cérémonies comme les baptêmes, les mariages ou les enterrements. Et à peine 17 % se rendent à l'église au moins une fois par mois [12]. À l'échelle européenne, l'Assemblée parlementaire du Conseil de l'Europe a pris acte de ce reflux dans un rapport de 2007 intitulé *État, religion, laïcité et droits de l'homme* [13] : « Au cours des vingt dernières années, la pratique religieuse a sensiblement reculé en Europe. Moins d'un Européen sur cinq fréquente un service religieux au moins une fois par semaine alors qu'il y a vingt ans le chiffre était de plus du double. » Par contre, 63 % des Américains sont membres d'une église (ou d'une synagogue, mention incluse dans la plupart des sondages américains portant sur la pratique religieuse), c'est-à-dire qu'ils se revendiquent d'une paroisse qui, dans la tradition de l'Amérique profonde, continue d'être le lieu de socialisation où s'organisent les cours de sport pour les enfants ou ceux de cuisine et de bricolage pour leurs parents ; ce taux, que l'on retrouve dans plusieurs sondages, s'est néanmoins infléchi par rapport à 1992, où 70 % des Américains revendiquaient leur appartenance à un lieu de culte en particulier [14].

La religiosité des États-Unis

Les statistiques le montrent, il existe une différence importante entre l'Europe et les États-Unis, liée à l'histoire même de la nation américaine qui, dans la représentation collective de ses habitants, est née d'un processus providentiel, par la volonté divine qui a voulu que des colons européens, des protestants à l'époque persécutés dans leurs pays catholiques, débarquent sur cette terre promise afin d'y bâtir la « Nouvelle Jérusalem », comme Moïse avait fui les persécutions égyptiennes pour se réfugier avec son peuple sur la terre désignée par Yahvé. La colonisation de cet immense continent est souvent identifiée à celle de la Palestine antique. Dans *Les Mythes fondateurs de la nation américaine*, l'historienne Élise Marienstras livre un vaste ensemble de documents fort édifiants, datant de l'époque des premiers colons jusqu'à l'indépendance des États-Unis. Cette culture typiquement religieuse, faite de providentialisme et d'élection, traversera les siècles pour fonder une culture contemporaine qui en porte la marque. Dans ce contexte, il n'est pas étonnant d'apprendre que 27 % des Américains souhaitent que les religions instituées aient plus d'influence dans leur pays [15]. Et, chose impensable en Europe, un Américain sur cinq est convaincu que... Dieu favorise les USA [16] !

Les chrétiens culturels

Le décalage entre appartenance, croyance et pratique permet de mesurer de plus en plus le développement de ce que j'appelle des « chrétiens culturels » (par opposition aux « chrétiens cultuels » que je viens d'évoquer). L'érosion de la religion chrétienne se traduit en effet par le grossissement de deux groupes distincts : ceux qui se revendiquent comme athées ou sans religion et ceux qui continuent de se considérer comme chrétiens mais qui ne croient pas en Dieu et ne fréquentent jamais une église.

La proportion des athées convaincus reste finalement très faible : environ 5 % aux États-Unis comme en Europe, avec un record pour la France (14 % [17]). par contre la troupe des « sans-religion », composée d'agnostiques ou de croyants « hors piste », ne cesse de grandir en Europe : selon l'enquête sur les valeurs des Européens, ils formaient 25 % de la population en 1999, contre 15 % en 1981.

Reste le groupe, de plus en plus nombreux également, des chrétiens culturels. Ils ne fréquentent guère les églises, ou seulement pour des cérémonies exceptionnelles (baptêmes, funérailles, éventuellement Noël). Ils ne croient pas en Dieu ou sont dubitatifs. Mais ils se revendiquent encore comme chrétiens. Ils restent souvent attachés à la notion de transmission de la foi et des valeurs chrétiennes. Ils pensent qu'il est important de ne pas oublier nos racines religieuses. Mais ils restent distants envers les Églises et s'intéressent davantage à la dimension historique de la religion chrétienne qu'à la vie spirituelle. En France, le sondage effectué en 2007 sur les catholiques permet de bien mesurer la proportion de ces chrétiens non religieux : un catholique sur deux affirme en effet ne pas croire en Dieu et à peu près la même proportion se définit comme non pratiquante.

Une culture imprégnée de christianisme

Par-delà les déclarations des individus concernant leur sentiment d'appartenance au christianisme comme un héritage culturel, il faut souligner un aspect beaucoup plus général : nous sommes des héritiers de l'Europe chrétienne médiévale. Même si elles sont laïques et de moins en moins religieuses, les sociétés occidentales restent ancrées dans une histoire profondément marquée par le christianisme. Toute la culture occidentale est imprégnée de références à ces mille ans de chrétienté. Pointons-en rapidement quelques-unes.

Après Jésus-Christ

D'abord, élément essentiel de la vie sociale, notre calendrier est calqué sur la naissance de Jésus-Christ. Celle-ci sert de critère unique de datation des événements de l'histoire, mais aussi de la vie courante de chaque individu. Il n'en a pas toujours été ainsi, même dans l'histoire du christianisme. À l'époque de Jésus, et dans les siècles qui ont suivi, il existait des systèmes de datation multiples, prenant en compte à la fois l'ère biblique et la date, elle-même approximative, du règne de tel empereur ou de la prise de fonction de tel préfet. Il est de ce fait impossible de dater avec exactitude des événements comme la naissance de Jules César (vers 100 avant notre ère), ou même la mort de prestigieux Pères de l'Église, tel un saint Jérôme (datée rétrospectivement vers 420). À partir du IIe siècle, les chrétiens, encore très minoritaires, incluent dans leurs récits des martyrs, à côté de la datation telle qu'elle s'exprime à l'époque, la formule « sous le règne de notre Seigneur Jésus-Christ », sans plus de précisions. Au IVe siècle, quand le christianisme est reconnu, puis privilégié, et enfin fait religion d'État de l'Empire romain, l'Église s'implique dans la gestion de la Cité, qui nécessite un calendrier. Elle conserve l'année julienne, qui est celle de l'Empire depuis Jules César : une année de 365 jours divisée en 12 mois, avec une journée supplémentaire tous les quatre ans. Elle y adjoint le découpage des mois en semaines de sept jours, selon la tradition juive qui s'était propagée aux communautés chrétiennes dès leur naissance, à Jérusalem. L'empereur Constantin introduit les premières fêtes chrétiennes en détournant des fêtes païennes : Noël au solstice d'hiver, et le dimanche qui n'est plus le Jour du Soleil, mais du Seigneur.

Le premier à prendre conscience d'une lacune pour raconter l'histoire chrétienne est un pape, Hilaire. Vers 465, il fait appel à l'astronome et mathématicien Victorius d'Aquitaine et lui demande d'établir un calendrier proprement chrétien. Victorius prend pour point de départ la résurrection du Christ, mais son invention reste confidentielle. Vers 525, le pape Jean Ier demande au moine Dionysius Exiguus (Denis le Petit) de calculer le point de départ d'un nouveau calendrier : celui-ci choisit la naissance du Christ pour symboliser l'Incarnation, qu'il situe en 754 après la fondation de Rome. Ce calendrier de l'ère chrétienne, qui nous est aujourd'hui si familier, a pourtant mis du temps à s'imposer en Occident où la coutume de se référer au début du règne du souverain, ou plus tard du pape, a dominé jusqu'en 1100 ou 1200, l'usage de la datation à partir de la naissance du Christ restant l'apanage de la minorité lettrée. La datation rétrospective (avant Jésus-Christ) est encore plus tardive : au XVIe siècle, un Luther ne la manie pas encore, usant de la chronologie juive pour situer tous les événements antérieurs à la naissance de Jésus, et utilisant le calendrier chrétien uniquement pour les événements qui lui sont postérieurs. La réelle généralisation de la datation chrétienne n'interviendra de fait que sous... les Lumières.

Il faut signaler que le tempo occidental se décalera après la réforme grégorienne du calendrier qui, en 1582, pour ramener la date de Pâques aux normes fixées par le concile de Nicée I (le premier dimanche suivant la pleine lune de l'équinoxe du printemps) a brusquement fait perdre dix jours à l'année, le vendredi 15 octobre succédant au jeudi 4 octobre. Cette réforme ne sera d'abord acceptée que par les pays catholiques avant de s'étendre aux pays protestants vers 1700, à la Russie en 1918 et à la Grèce en 1923.

Les fêtes chrétiennes

L'année civile de l'ensemble de l'Occident est ponctuée de fêtes religieuses chrétiennes. Les plus importantes suivent les principaux événements de la vie du Christ : de sa naissance à Noël, à sa mort et sa Résurrection à Pâques, en passant par son ascension au ciel et la descente du Saint-Esprit sur les apôtres (Pentecôte). Que l'on soit à New York, à Paris ou à Bruxelles, le 25 décembre est un jour férié, celui des réunions familiales, et quand bien même il a perdu sa signification religieuse explicite pour beaucoup, villes et villages rivalisent d'ingéniosité pour décorer leurs rues et garnir le sapin de la fête. Noël n'est peut-être plus associé d'emblée à la naissance de Jésus, mais cette fête est entrée dans les mœurs occidentales au point qu'un nombre croissant d'Européens non chrétiens en adoptent certaines coutumes : le repas convivial, les cadeaux et même parfois le sacro-saint sapin garni de boules. Je crois d'ailleurs que Noël est l'exemple même d'une fête sécularisée qui a gardé une empreinte chrétienne profonde à travers le resserrement des liens familiaux, l'échange de cadeaux qui manifeste l'affection que nous avons pour nos proches, le sentiment de joie partagée qui s'accompagne d'un sentiment de compassion envers ceux qui restent seuls ce jour-là.

Quant à l'agneau pascal, s'il n'évoque plus la passion et la résurrection du Christ pour tout le monde, il demeure une grande tradition occidentale : le chômage du lundi de Pâques est respecté dans tout l'Occident, plusieurs pays lui adjoignant également un second jour férié, le vendredi saint. Par ailleurs, dans les pays de tradition catholique, la journée mariale du 15 août est également fériée, ainsi que la Toussaint... sans oublier le dimanche, le jour chômé par excellence, conçu pour permettre aux fidèles d'assister à la messe, et où l'ouverture des commerces donne lieu à des bras de fer partout... sauf aux États-Unis où l'argent roi a triomphé du repos dominical et où, à l'exception de dispositions prises par quelques municipalités, la majorité des commerces sont libres d'ouvrir ce jour-là.

Que reste-t-il de chrétien en nous ?

Parler chrétien

Bon nombre d'entre nous ignorent la signification des fêtes chrétiennes, n'ont jamais ouvert une bible, ni parfois même assisté de leur propre chef à un office religieux, mais un fait est certain : nous parlons tous « chrétien » et usons des Évangiles comme d'un inépuisable réservoir d'expressions qui émaillent nos discours quotidiens, aussi banals soient-ils. Cet héritage est-il un « fardeau sur les épaules » (Matthieu, 23, 4) de la laïcité ou « une arme à double tranchant » (Hébreux, 4,12) pour l'Église ? Essayons d'« ouvrir les yeux » (Jean, 9, 26) et de « passer au crible » (Luc, 22, 11) ce patrimoine, quitte ensuite, pour ceux qui le rejettent, à « pleurer comme une Madeleine » (en référence à Marie-Madeleine identifiée à la pécheresse qui arrose de ses larmes les pieds de Jésus – Luc, 7, 38) face à ce qu'ils voient comme un « calvaire » (l'autre nom du Golgotha – Matthieu, 27, 33). Il nous faut tout de même « rendre à César ce qui est à César, et à Dieu ce qui est à Dieu » – (Matthieu, 22, 21 ; Marc, 12, 17). Et tant pis s'il y a « des pleurs et des grincements de dents » (Matthieu, 13, 50 ; Luc, 13, 28) !

C'est à Jésus directement que nous empruntons un certain nombre de ces expressions dont nous usons au quotidien. Un Jésus qui utilisait un langage simple et des métaphores imagées pour frapper les esprits de ceux qui l'écoutaient. Est-ce la musique de ces mots qui les a sortis de l'église où autrefois les fidèles les entendaient, ou bien, justement, la force de ces images qui résument si bien toute une pensée ? Parmi ces images, certaines sont puisées à l'univers profane, et rien n'indique de prime abord qu'elles puissent avoir un substrat religieux ni, *a fortiori*, qu'elles aient été utilisées dans les Évangiles pour transmettre un message religieux, ce qui est pourtant le cas. On dit ainsi qu'il vaut mieux « bâtir sa maison sur le roc » (Matthieu, 7, 24 ; Luc, 6, 48) et « séparer le bon grain de l'ivraie » (Matthieu, 13, 30) ; on déplore ceux qui ont la fâcheuse manie de « crier sur les toits » (Matthieu 10, 27) une information confidentielle, et à ceux qui critiquent à tout va, on conseille de voir « la poutre dans (leur) œil plutôt que la paille dans celui du voisin (Matthieu, 7, 3 ; Luc, 6, 41-42). On « s'en lave les mains » (Matthieu, 27, 24) quand, comme Ponce Pilate, on n'assume pas la responsabilité de nos actes, et nous savons tous qu'il ne faut pas « jeter des perles aux cochons » (Matthieu, 7, 6), ni non plus « jeter la première pierre » (Jean, 8, 7), ordre intimé par Jésus à celui qui n'a jamais péché, parmi les Pharisiens venus lapider la femme adultère. Et quand il s'agit de prendre un nouveau départ, il nous reste des Évangiles quelques bons conseils : « On ne met pas du vin nouveau dans de vieilles outres » (Matthieu, 9, 17 ; Marc, 2, 22 ; Luc, 5, 37), ou encore « nul ne peut servir deux maîtres » (Matthieu, 6, 24 ; Luc, 16, 13). Sans oublier cette expression qui ne manque pas d'humour pour décrire le chef rassemblant les siens « comme la poule rassemble ses poussins » (Matthieu, 23, 37 ; Luc, 13, 34). Bien d'autres paroles de Jésus tombent sous le coup du bon sens : « À chaque jour suffit sa peine » (Matthieu, 6, 34), « Nul n'est prophète en son pays » (Matthieu, 13, 57), il faut « se méfier des faux prophètes » (Matthieu, 7, 15), « Qui cherche trouve » (Matthieu, 7, 8 ; Luc, 11, 9), « Laissons les morts enterrer leurs morts » (Matthieu, 8, 22), « l'esprit est ardent mais la chair est faible » (Matthieu, 26, 36-41).

Des expressions à contenu explicitement religieux sont entrées dans notre langage courant, mais nous les utilisons en oubliant ce que fut leur référence première. Ainsi évoquons-nous volontiers « la foi qui soulève les montagnes » (Matthieu, 17, 20 ; 21, 21), nous affirmons que « beaucoup sont appelés, mais peu sont élus » (Matthieu, 22, 14), « les premiers seront les derniers » (Matthieu, 20, 16 ; Marc, 10, 31 ; Luc, 13, 30) ou encore que « vous ne savez ni le jour ni l'heure » (Matthieu, 25, 13). Et combien se doutent qu'ils se réfèrent directement à l'Évangile johannique quand ils disent : « Il faut le voir pour le croire » (Jean, 20, 24), une phrase qui, il est vrai, ressemble plus à un slogan publicitaire qu'à un appel sur le chemin de Dieu !

Quand nous truffons nos conversations de mots tels que « Capharnaüm » (Luc, 10, 15) pour qualifier un lieu dans un grand désordre, « baiser de Judas » (Matthieu, 26, 48) pour évoquer une traîtrise, ou « marchands du Temple » (Jean, 2, 14) pour fustiger les quêtes déplacées de profit, nous n'avons pas besoin de les expliciter : des références partagées par nos interlocuteurs leur permettent de comprendre aussitôt ces codes. Il en va de même pour certaines injonctions qui pourraient sembler étranges à qui ne partage pas notre culture : « Arrière Satan ! » (Matthieu, 4, 10 ; Marc, 8, 33), « Lève-toi et marche ! » (Matthieu, 9, 5 ; Marc, 2, 8 ; Luc, 5, 23 ; Jean, 5, 8), « Homme de peu de foi, pourquoi as-tu douté ? » (Matthieu, 14, 31), « Que celui qui a des oreilles pour entendre, entende » (Matthieu, 11, 15 ; Luc, 8, 8 et 14, 35), « Que ta main gauche ignore ce que fait ta main droite » (Matthieu, 6, 3). Ne nous arrive-t-il pas aussi d'inverser certains enseignements, de dire « Je ne vais pas tendre la joue gauche », en faisant ainsi explicitement référence à la parole de Jésus : « Si quelqu'un te frappe sur la joue droite, tends-lui la joue gauche » (Matthieu, 5, 39 ; Luc, 6, 29).

D'autres expressions ne sont pas tirées des Évangiles, mais de l'institution ecclésiale qui s'est constituée par la suite. Ainsi de la mise à l'index – en référence à cette fameuse liste d'ouvrages dont la lecture a été interdite, mise en place au concile de Trente, en 1563. Ou encore « la messe est dite », une formule liturgique qui suit la bénédiction finale dans la messe selon le rite latin.

L'art chrétien

Osons cette lapalissade : l'art occidental n'est ni l'art islamique, ni l'art bouddhiste, ni celui de Chine ou d'Afrique. Que ce soit à Londres, à Berlin ou à Amsterdam, toiles et sculptures qui s'exposent ont en commun des codes particuliers qui les font reconnaître au premier coup d'œil comme provenant d'une partie spécifique du monde. Nous n'allons plus dans les églises ? Peut-être, mais nous savons néanmoins déchiffrer de manière quasi instinctive une Nativité, une Crucifixion, une Assomption ; les styles architecturaux roman, cistercien ou gothique sont, dans toute l'Europe, considérés comme un héritage collectif ; les *Ave Maria* de Bach, de Schubert ou de Gounod ne sauraient en aucune manière être considérés comme une musique exotique, quel que soit le pays européen où ils sont joués, indépendamment de l'origine du compositeur.

Jusqu'à la Renaissance et la redécouverte des canons esthétiques grecs et romains et de leur source d'inspiration souvent mythologique, l'art occidental a pour particularité d'être essentiellement chrétien. Fidèles, durant les premières décades qui ont suivi la Passion, à l'interdit juif de la figuration, les premiers chrétiens s'en sont libérés quand ils ont cessé de se considérer comme Juifs et d'observer les règles de pureté, c'est-à-dire après la chute du Temple qui a marqué la fin de l'*ekklesia* de

Jérusalem. Leur croyance en un Dieu incarné, qui a été vu par des témoins avant et même après sa mort, levait les obstacles bibliques devant sa possible représentation.

Le premier art pictural chrétien consiste en des symboles, agneau, poisson ou ancre signifiant la croix, tracés sur les parois des catacombes à l'époque des persécutions. Mais, baignés dans une culture gréco-romaine connue pour son goût des arts, considérés comme des citoyens romains à part entière, les disciples du Christ développent assez vite un art pictural pour mettre leur foi en images. La plus ancienne représentation d'une Vierge à l'enfant, retrouvée dans les catacombes de Priscille, à Rome, date de la fin du IIe siècle, période à laquelle s'ébauchent les prémices du culte marial. C'est de là que proviennent aussi les premières mosaïques représentant les martyrs chrétiens donnant leur vie pour leur foi, et qui sont supposés servir de modèle à tous les autres chrétiens, alors fortement minoritaires dans l'Empire. À la fin du IIIe siècle, Eusèbe de Césarée témoigne de l'existence de représentations du Christ qui participent au culte, mais leur présence dans les églises est condamnée, en 300, par le concile d'Elvire. À partir du premier concile de Nicée, en 325, les représentations de scènes de la vie de Jésus sont, au contraire, encouragées, y compris dans les églises, dans un but d'adoration.

Dès lors, toute la production artistique, c'est-à-dire l'art chrétien, se développe dans un double objectif. D'une part, dans un but cultuel : on prie devant les icônes ou les statues du Christ et de la Vierge, et il est fort possible que la plus vieille Nativité connue, datant du IVe siècle, a été peinte dans une chambre mortuaire des catacombes de Saint-Sébastien, à Rome, pour veiller sur ceux qui y étaient inhumés. Le second but poursuivi est celui de la pédagogie de l'image qui s'impose très rapidement : partout où s'installe le christianisme, les mêmes représentations racontent aux fidèles la vie de Jésus, en dépit de la défiance de certains évêques. « Ce que l'Écriture apporte à ceux qui savent lire, la peinture le présente aux illettrés qui la regardent car, en elle, les ignorants voient ce qu'ils doivent faire, en elle peuvent lire ceux qui ne savent pas l'alphabet. D'où vient que la peinture sert de lecture, en particulier pour les profanes », écrit Grégoire le Grand, vers 600, à l'évêque Serenus de Marseille qui avait fait détruire les représentations picturales dans les églises, craignant une dérive vers l'idolâtrie [18]. Au Moyen Âge, les vitraux sont le catéchisme du pauvre : les diocèses font appel aux plus grands artistes qui mettent leur art au service de la religion. L'Église est alors très riche et très puissante ; elle multiplie les commandes pour manifester sa grandeur – et celle du Christ. Les grands noms de la peinture et de la sculpture sillonnent l'Europe, laissant leurs fresques et leurs toiles au gré de leurs pérégrinations : Fra Angelico, Giotto, Léonard de Vinci, Botticelli, Van Eyck, Raphaël, Titien, Michel-Ange, Véronèse, et la liste est longue.

Il faut dire que l'Église d'Occident a été relativement épargnée par la querelle des images qui, au VIIIe siècle, se traduit en Orient par la destruction massive des œuvres qui ornent églises et monastères et s'achève en 787, quand le concile de Nicée II décrète que le Christ peut être représenté puisqu'il est vrai homme. C'est à peu près de cette époque que datent les premières Crucifixions, qui seront un élément essentiel de l'art religieux occidental.

Une même unité artistique se retrouve sur le plan architectural. Nous l'avons vu, le premier geste de Constantin après avoir reconnu l'Église chrétienne fut d'offrir à l'évêque de Rome des terrains où construire des lieux de culte, et des sommes considérables pour assurer la magnificence de ces lieux, à commencer par le Latran. Pour rivaliser dans son royaume avec la splendeur de cette basilique romaine où il a été couronné, vers 800, empereur d'Occident, Charlemagne multiplie les constructions d'églises, et surtout il décide que celles-ci devront être belles. Sous son égide, et par son vouloir, naît l'art carolingien, creuset des arts byzantin, germanique et méditerranéen, qui servira par la suite de modèle au développement du roman et du gothique. Pour la première fois, l'Europe se présente comme une entité qui exprime sa foi commune selon les mêmes critères.

La majorité des édifices carolingiens ont été détruits entre le XIe et le XIIe siècle, pour faire place à des bâtiments encore plus vastes, encore plus majestueux, financés par les empereurs, les rois et les princes d'Occident qui, par cette tradition de mécénat, scellaient leur alliance avec l'Église. L'art préroman, qui naît en Italie au tournant du millénaire, s'étend à la France, à l'Allemagne et à l'Espagne, puis à l'Angleterre et à l'est de l'Europe ; malgré quelques particularisme nationaux, le roman s'impose avec une unité de style qui en fait un art proprement européen : les façades sont sculptées dans un but pédagogique, les nefs se font monumentales ; le développement des ordres monastiques à partir de la réforme de Cluny contribue à l'essor de l'architecture romane, les abbayes se multiplient le long des routes de pèlerinage, à Conques, Moissac, Le Bec-Hellouin, à Vézelay, au Mont-Saint-Michel... Au début du XIIe siècle, l'ordre de Cluny compte plusieurs centaines d'abbayes qui rivalisent par leur architecture et par la beauté des œuvres qu'elles abritent et qui sont considérées comme la beauté de la liturgie, un éloge de la splendeur divine dont elles favorisent la contemplation.

La seconde réforme monastique qui démarre à Cîteaux et entend revenir aux valeurs évangéliques de pauvreté et de dépouillement imprime son empreinte sur l'art architectural : au XIIe siècle, les abbayes cisterciennes adoptent un style dépouillé, refusant jusqu'aux sculptures et aux peintures pour ne pas détourner le moine de la prière. L'un des chefs-d'œuvre de cette période est l'abbaye autrichienne de Heiligenkreuz, inaugurée en 1133, et dont l'activité monastique ne s'est jamais interrompue depuis cette date. Comme la plupart des bâtiments de cette époque, elle connaîtra au fil des siècles des rajouts qui en font un livre ouvert des évolutions architecturales de l'Europe : à la fin du XIIIe siècle, son église est dotée d'un sublime chœur gothique avec ses vitraux (un style qui naît avec la basilique de Saint-Denis, près de Paris, en 1137) ; au début du XVIIIe siècle, l'artiste vénitien Giovanni Giuliani la garnit de sublimes sculptures ; des peintres tels Martino Altomonte ou Georg Andreas Washuber l'ornent de fresques et de tableaux.

La musique fut elle aussi, pour les chrétiens, une manière de rendre grâce à Dieu. Au Ve siècle, le pape Grégoire le Grand codifie la liturgie avec sa succession de prières et de chants en latin, les mêmes qui sont repris dans toutes les églises d'Occident, et il nomme les notes de musique (selon les sept premières lettres de l'alphabet). Au fur et à mesure que se développent les édifices religieux et que se bâtissent les cathédrales, c'est-à-dire à partir du XIe siècle, les polyphonies se perfectionnent ; écrit à Paris vers 1180 par Léonin, le *Magnus Liber Organi* fournit une liste impressionnante d'alléluias et de graduels polyphoniques de cette époque. Dans les siècles qui suivent, des compositeurs commencent à signer des messes qui resteront, pour certaines, des chefs-d'œuvre de la musique occidentale ; l'une des premières messes complètes qui nous soient parvenues est celle du compositeur français Guillaume de Machaut, au début du XIVe siècle. Plus tard, Guillaume Dufay (1400-1474), Jean-Sébastien Bach en 1738, Joseph Haydn, Mozart, Beethoven, Franz Schubert, Franz Liszt, Charles Gounod et bien d'autres compositeurs produiront à leur tour des œuvres liturgiques, y compris des messes complètes.

On pourrait multiplier ainsi les exemples. La majeure partie de notre patrimoine artistique a été inspirée par la foi de nos ancêtres. Peu importe d'ailleurs que nous soyons croyants ou non pour l'apprécier. Mais il est certain qu'une connaissance minimale de la doctrine et de la symbolique chrétiennes ouvre à l'intelligence de cet immense patrimoine. C'est pourquoi il me semble important de ne pas négliger l'histoire du christianisme dans l'enseignement scolaire.

Le christianisme invisible

Troisième niveau d'imprégnation du christianisme dans nos sociétés occidentale, le plus souterrain et le plus profond : ce que j'ai appelé la philosophie du Christ. En dépit de toutes les déviations qui lui ont été imposées au cours des siècles, la philosophie du Christ a réussi à imprégner profondément la civilisation occidentale jusqu'à modeler les valeurs phares de notre monde. Comme ce point a déjà fait l'objet des deux chapitres précédents, je n'insisterai pas davantage sur la manière dont s'est réalisée cette mutation d'une éthique chrétienne à une morale laïque. Ce qu'il importe de constater, c'est que nous restons imprégnés, bien souvent sans en avoir conscience, par ce christianisme devenu invisible.

Cela n'a pas échappé à Michel Onfray qui a parfaitement pointé dans son *Traité d'athéologie* que « l'époque dans laquelle nous vivons n'est pas athée. Elle ne paraît pas post-chrétienne non plus, ou si peu. En revanche, elle demeure chrétienne, et beaucoup plus qu'il n'y paraît. [...] En attendant une ère franchement athée, nous devons composer avec une *épistémè* judéo-chrétienne très prégnante [19]. » Le mot *épistémè* désigne l'ensemble des connaissances propres à une société. Or, aussi paradoxal que cela puisse paraître à beaucoup, tant la religion chrétienne semble avoir presque totalement disparu de nos sociétés, tant les signes de son effacement sont grands, elle demeure très présente à travers notre manière fondamentale de concevoir le monde, les relations entre les individus, le rapport à soi, les repères qui nous guident et qui fondent notre agir. C'est pourquoi Michel Onfray parle « d'athéisme chrétien » et souligne que : « La pensée laïque n'est pas une pensée déchristianisée, mais chrétienne immanente. Avec un langage rationnel, sur le registre décalé du concept, la quintessence de l'éthique judéo-chrétienne persiste. Dieu quitte le ciel pour descendre sur terre. Il ne meurt pas, on ne le tue pas, on ne l'économise pas, on l'acclimate sur le terrain de la pure immanence. Jésus reste le héros des deux visions du monde, on lui demande seulement de ranger son auréole, d'éviter le signe ostentatoire [20]. »

Je partage évidemment cette analyse qui ne fait que confirmer la thèse centrale de ce livre : le message du Christ s'est échappé de l'Église pour revenir dans le monde moderne sous une forme laïcisée. Nous sommes bien d'accord là-dessus. Mais là où je diverge avec Michel Onfray, c'est sur la conclusion qu'il en tire : c'est dramatique ! Il est à mes yeux nécessaire et légitime de faire un tri critique dans le legs judéo-chrétien et lui-même donne quelques exemples – la conception de la souffrance, le rapport au corps, la bio-éthique... – tout à fait probants. Mais pourquoi rejeter en bloc tout ce qui vient du judéo-christianisme du seul fait que cela vient du judéo-christianisme ? En quoi est-ce gênant que les droits de l'homme viennent du christianisme ? Le principal, c'est bien qu'ils existent ! Y a-t-il de quoi s'alarmer parce que la devise républicaine française reprend à son compte les préceptes chrétiens de liberté, d'égalité et de fraternité ? Faut-il se mettre en colère parce que nos démocraties modernes ont mis en œuvre le principe de séparation des pouvoirs religieux et politique prôné par le Christ ? Faut-il condamner la compassion et la dignité de l'être humain parce qu'elles ont été enseignées par Jésus ?

Michel Onfray est un bon déconstructeur et je souscris à bien des critiques qu'il adresse aux monothéismes. Mais que propose-t-il à la place du Décalogue ou de la morale kantienne qui permette de dépasser la loi naturelle du plus fort et de vivre en société sans s'entre-tuer ? À la place de la règle d'or : « Ne fais pas à autrui ce que tu ne veux pas qu'il te fasse » ? À la place de l'amour du prochain, de l'idée éthique d'humanité et des autres concepts judéo-chrétiens ou issus du judéo-christianisme ? En quoi consiste précisément l'*épistémè* post-chrétienne qu'il appelle de ses vœux ? Sur quels principes entend-il fonder les relations humaines, l'organisation de la vie sociale, le rapport à soi ? Pas un mot sur ces questions essentielles dans le *Traité d'athéologie* qui entend déconstruire un ordre ancien sans proposer des solutions nouvelles et pertinentes.

Le Christ philosophe

Nietzsche est sans conteste le maître incomparable de la déconstruction moderne. Sa pensée est salutaire parce qu'elle libère des traditions hypocrites, des superstitions aliénantes. Et puis quel style ! J'ai dévoré Nietzsche vers seize ou dix-sept ans et ça m'a fait un bien fou. Mais passé la déconstruction, Nietzsche ne propose rien de très cohérent en remplacement de la morale qu'il dénonce. De plus, sa haine du christianisme rend détestables à ses yeux la compassion et la sensibilité humanitaire moderne qui en découle. Il se réjouit publiquement qu'un tremblement de terre ait pu faire d'innombrables victimes sur l'île de Java et, parfaitement fidèle à sa logique, il affirme : « Proclamer l'amour universel de l'humanité, c'est, dans la pratique, accorder la préférence à tout ce qui est souffrant, malvenu, dégénéré... Pour l'espèce, il est nécessaire que le malvenu, le faible, le dégénéré périssent [21]. » On sait comment ses idées ont été récupérées par les nazis.

Comme le souligne Luc Ferry, le déconstructeur fait merveille lorsqu'il s'agit de détruire les systèmes religieux et métaphysiques, mais il est incapable d'avoir une critique de son propre discours. Il s'enferme bien souvent dans une contradiction insoluble lorsqu'il dénonce les valeurs humanistes au nom de leur inspiration religieuse ou transcendante, tout en les adoptant pratiquement dans sa vie. Il ne peut s'extraire de « cette intenable et permanente dénégation qui consiste à reconnaître dans son expérience intime l'existence de valeurs qui engagent absolument, tout en s'attachant sur le plan théorique à défendre une morale relativiste, rabaissant cet absolu au statut d'une simple illusion à surmonter [22] ».

Le christianisme invisible de nos sociétés modernes a sans doute des défauts, il repose certes sur une forme séculière de transcendance qui fonde nos valeurs... mais on n'a pas encore trouvé mieux pour légitimer et tenter de mettre en œuvre une éthique universelle du respect de l'autre. À moins, et pourquoi pas, de haïr comme Nietzsche l'égalité, l'amour du prochain, la fraternité ou la sensibilité à la souffrance d'autrui, je ne vois pas en quoi le message judéo-chrétien et ses avatars laïcs seraient si néfastes et par quoi on pourrait les remplacer de si merveilleux. Les yeux grands ouverts et la raison critique en éveil, assumons donc sereinement ce qu'il y a de bon et d'utile à l'homme dans notre héritage. Et admettons, même de manière provisoire, que nos idéaux aient encore besoin d'une forme quelconque de transcendance pour tenir debout. À tout prendre, ne vaut-il pas mieux une éthique humaniste issue du message judéo-chrétien que la barbarie ?

Notes

1. Pierre Bréchon, « L'évolution du religieux », *in* « L'univers des croyances », *Futuribles*, janvier 2001, p. 39-42.
2. Enquête CSA publiée dans *Le Monde des religions*, janvier-février 2007.
3. *Confession d'un philosophe*, réponses à André Comte-Sponville, Albin Michel, 2003, p. 165.
4. *Les Métamorphoses de Dieu*, *op. cit.*
5. Les valeurs des Européens, 1999.
6. Enquête menée dans neuf pays d'Europe de l'Ouest, *in Futuribles* n° 277, juillet/août 2002, p. 134.
7. Sondage Gallup.
8. Voir note 2.
9. Sondages commandés en 2005 par le Reader's Digest aux instituts nationaux de quatorze pays européens.
10. Pologne 97 %, Portugal 90 %, Russie 87 %, Autriche 84 %, Espagne 80 %, Suisse 77 %, Finlande 74 %, Hongrie 73 %, Allemagne 67 %, Royaume-Uni 64 %, France 60 %, Belgique 58 %, Pays-Bas 51 %, République tchèque 37 %.
11. Voir note 9. Les réponses à cette question se déclinent ainsi, dans chaque pays : Pologne 81 %, Autriche 67 %, Suisse 64 %, Espagne 60 %, Grande-Bretagne 58 %, Portugal 57 %, Russie et Finlande 51 %, Pays-Bas 45 %, France, Allemagne et Hongrie 43 %, Belgique 37 % et République tchèque 36 %.

12. Voir note 2.
13. Recommandation 1807. Texte adopté le 29 juin 2007 par l'Assemblée parlementaire du Conseil de l'Europe.
14. Sondages Gallup 2006 et 1992.
15. Sondage Gallup, janvier 2007.
16. Sondage Gallup, 2006.
17. Voir note 2.
18. Grégoire le Grand, *Registre des lettres*, 11, 10.
19. Michel Onfray, *Traité d'athéologie*, Grasset, Paris, 2006, p. 70.
20. *Ibid.*, p. 259.
21. *La Volonté de puissance*, 151, Le Livre de Poche, p. 166.
22. *Apprendre à vivre*, *op. cit.* p. 275-276.

Épilogue

Jésus face à la femme samaritaine

Cet ouvrage s'est ouvert avec la rencontre imaginée par Dostoïevski entre Jésus et le Grand Inquisiteur. Je voudrais le clore par le récit d'une autre rencontre : celle de Jésus face à la femme samaritaine, telle que la rapporte l'auteur – ou les auteurs – du quatrième Évangile, attribué par la tradition chrétienne à l'apôtre Jean. Je prends bien soin de préciser « telle que la rapporte », car nul ne saura jamais avec certitude si le récit de cette rencontre est authentique ou reconstitué dans une perspective théologique. L'époque tardive de la rédaction du quatrième Évangile plaide en faveur de la reconstitution. Les détails très concrets qu'il recèle vont dans le sens d'un témoignage oculaire.

Écrit en grec environ soixante-dix ans après la mort du Christ, c'est en effet l'Évangile le plus spéculatif et le plus élaboré sur le plan théologique. Mais c'est aussi, paradoxalement, celui qui est le plus attentif aux détails. Un seul exemple : l'évangéliste précise très souvent le moment de la journée et même parfois l'heure précise où surviennent les événements rapportés. Lors de sa propre rencontre avec Jésus, Jean – qui est soit l'auteur, soit l'inspirateur de cet Évangile – tient à préciser : « C'était environ la dixième heure » – 16 heures de nos heures actuelles (Jean, 1, 39). Ne nous souvenons-nous pas tous de l'heure à laquelle ont eu lieu les rencontres les plus marquantes de notre vie ? C'est « à la septième heure » que Jésus accomplit sa première guérison en délivrant d'une fièvre mortelle le fils du fonctionnaire royal (Jean, 4, 52) ; c'est « à l'aurore » qu'il libère la femme adultère de la foule qui veut la lapider (Jean, 8, 2) ; « c'est vers la sixième heure » que Pilate condamne Jésus à la crucifixion (Jean, 19, 14) ; « il faisait encore sombre » le matin où Marie de Magdala se rend au tombeau du Christ (Jean, 20, 1) etc. C'est aussi l'Évangile où l'humanité de Jésus apparaît avec le plus de force à travers mille traits concrets : ses regards, sa tristesse, ses colères, ses larmes, sa lassitude.

Comme je l'ai dit dans le prologue de ce livre, il n'est pas essentiel à mon propos que les paroles rapportées par les évangélistes soient fidèles à la lettre à celles prononcées par le Christ. C'est important pour le croyant, mais pour le philosophe et l'historien des religions il s'agit de considérer le texte tel qu'il est, d'en analyser la logique, la portée, l'enseignement, et de voir l'impact que cette parole peut avoir dans l'histoire des idées. C'est dans cette perspective que je voudrais évoquer en conclusion de cet ouvrage un passage du quatrième Évangile qui, de mon point de vue, synthétise parfaitement la philosophie du Christ et en montre le caractère le plus révolutionnaire, le plus subversif. Prenons le temps de lire attentivement ce texte et essayons de comprendre, à travers ses moindres détails, l'enseignement que l'évangéliste entend délivrer.

Au chapitre 4, Jean (admettons par commodité de langage qu'il soit l'auteur de l'Évangile, ce qui de toute façon importe peu) nous dit que Jésus et ses disciples quittent la Judée pour revenir en Galilée. Ils traversent donc la Samarie. Ils s'arrêtent près de la ville de Sychar, à l'endroit où se trouve le puits du patriarche Jacob, le petit-fils d'Abraham. Voici le texte intégral de la suite du récit :

« Jésus, fatigué par la marche, se tenait donc assis tout contre la source. C'était environ la sixième heure. Une femme de Samarie vient pour puiser de l'eau. Jésus lui dit : " Donne-moi à boire. " Ses disciples en effet s'en étaient allés à la ville pour acheter de quoi manger. La femme samaritaine lui dit : " Comment ! toi qui es juif, tu me demandes à boire à moi qui suis une femme samaritaine ? " (Les Juifs, en effet, n'ont pas de relations avec les Samaritains.) Jésus lui répondit : " Si tu savais le don de Dieu et qui est celui qui te dit : Donne-moi à boire, c'est toi qui l'aurais prié et il t'aurait donné de l'eau vive. " Elle lui dit : " Seigneur, tu n'as rien pour puiser, et le puits est profond. D'où l'as-tu donc, l'eau vive ? Serais-tu plus grand que notre père Jacob, qui nous a donné ce puits et y a bu lui-même, ainsi que ses fils et ses bêtes ? " Jésus lui répondit : " Quiconque boit de cette eau aura soif à nouveau ; mais qui boira de l'eau que je lui donnerai n'aura plus jamais soif : l'eau que je lui donnerai deviendra en lui source d'eau jaillissant en vie éternelle. " La femme lui dit : " Seigneur, donne-moi cette eau, afin que je n'aie plus soif, et ne vienne plus ici pour puiser. " Il lui dit : " Va, appelle ton mari et reviens ici. " La femme lui répondit : " Je n'ai pas de mari. " Jésus lui dit : " Tu as bien fait de dire : ' Je n'ai pas de mari ' ; car tu as eu cinq maris, et celui que tu as maintenant n'est pas ton mari ; en cela tu as dit vrai. " La femme lui dit : " Seigneur, je vois que tu es un prophète... Nos pères ont adoré sur cette montagne et vous, vous dites : c'est à Jérusalem qu'est le lieu où il faut adorer. " Jésus lui dit : " Crois-moi, femme, l'heure vient où ce n'est ni sur cette montagne ni à Jérusalem que vous adorerez le Père. Vous, vous adorez ce que vous ne connaissez

pas ; nous, nous adorons ce que nous connaissons, car le salut vient des Juifs. Mais l'heure vient – et c'est maintenant – où les véritables adorateurs adoreront le Père en esprit et en vérité, car tels sont les adorateurs que cherche le Père. Dieu est esprit, et ceux qui adorent, c'est en esprit et en vérité qu'ils doivent adorer. " La femme lui dit : " Je sais que le Messie doit venir, celui qu'on appelle Christ. Quand il viendra il nous dévoilera tout. " Jésus lui dit : " C'est Moi, celui qui te parle. " Là-dessus arrivèrent les disciples, et ils s'étonnaient qu'il parlât à une femme. » (Jean, 4, 6-27).

À travers ce récit, l'évangéliste délivre deux enseignements décisifs. Mais commençons par situer le contexte très particulier de cette rencontre.

Drôle d'endroit pour une rencontre

Les Samaritains sont une secte dissidente du judaïsme, apparue quelques siècles avant le Christ. Ils lisent la Torah (les cinq premiers livres de la Bible) mais ne reconnaissent aucun autre texte. Autre divergence fondamentale avec les Juifs : Jérusalem et son Temple ne sont pas un lieu saint, celui de la rencontre entre Dieu et son peuple. Pour eux, l'espace sacré est la montagne de Samarie : le mont Garizim. Ils sont donc détestés des juifs pieux de l'époque du Christ. Ainsi, lorsqu'ils veulent le discréditer, les pharisiens lancent à Jésus cette insulte suprême : « Tu es un Samaritain et tu as un démon » (Jean, 8, 48). Et lorsque Jésus veut dire en quoi consiste l'amour du prochain, il prend l'exemple terriblement provocateur pour ses auditeurs d'un Samaritain qui secourt un homme blessé au bord de la route, alors qu'un prêtre et un lévite étaient passés peu avant sans prendre la peine de le secourir (Luc, 10, 29-37). Si les Juifs avaient inventé l'Inquisition, les Samaritains auraient sans aucun doute fini sur le bûcher. Ils se contentaient de les mépriser et évitaient tout contact avec eux. De même, la plupart des docteurs de la loi et les rabbis de l'époque évitaient-ils de parler à des femmes, qu'ils méprisaient presque autant.

On comprend dès lors la surprise de cette femme lorsque Jésus lui adresse la parole, et plus tard celle des disciples du Christ lorsqu'ils découvrent qu'il a dialogué avec elle. Cette liberté du Christ, son absence de jugement et de préjugés, son souci de s'adresser aux marginaux et aux exclus de la société, traverse tous les Évangiles. Elle inaugure bien, comme nous allons le voir, le double message qu'il entend délivrer ici.

Autre fait singulier à souligner : il est anormal que cette femme samaritaine aille puiser l'eau à midi, en pleine chaleur. Le puits est assez éloigné de la ville et les femmes vont chercher l'eau le matin et le soir, quand la chaleur est moins forte. Pourquoi donc cette femme vient-elle à ce moment précis ? La réponse paraît évidente quand on apprend qu'elle a eu cinq maris et que l'homme avec qui elle vit n'est pas son mari. Matin et soir, le puits est le lieu où les femmes se rencontrent, où elles bavardent, où elles partagent aussi les commérages. De toute évidence, la vie amoureuse chaotique de cette femme doit faire jaser, et elle n'a aucune envie de croiser les regards narquois et d'entendre les propos moqueurs ou féroces des autres femmes du village. Voire de rencontrer la femme dont elle a peut-être pris le mari. Elle vient donc puiser de l'eau au seul moment où elle est sûre d'être tranquille : en plein cagnard ! On peut deviner à cet indice qu'elle est lasse d'être jugée, ce qui rend d'autant plus surprenante pour elle l'absence totale de jugement de ce prophète juif qui a pourtant mystérieusement mis au jour sa blessure. Jésus lui dit les faits – « tu as eu cinq maris et celui que tu as maintenant n'est pas ton mari » – sans se prononcer sur le caractère moral ou immoral de la situation. Il fait d'ailleurs preuve d'une certaine malice, puisqu'il l'invite à aller chercher son mari alors que la suite du dialogue montre qu'il connaît parfaitement sa situation. Il l'amène ainsi à se dévoiler, à quitter le discours convenu pour dire sa blessure, à se montrer en vérité et à aller au cœur de ce qui la préoccupe le plus : où faut-il adorer le vrai Dieu ? À Jérusalem comme le font les Juifs, ou bien sur cette montagne, comme le font les Samaritains ?

« Si tu savais le don de Dieu »

Le premier enseignement de Jésus à la femme samaritaine porte sur l'amour. Le deuxième sur l'intériorisation de la vie spirituelle et la liberté de conscience. Les Évangiles entendent montrer qu'amour et liberté sont les deux piliers du message que le Christ veut apporter à l'humanité. Mais nulle part cet enseignement n'est aussi concentré qu'en ce bref dialogue entre Jésus et cette femme. Cette femme qui est triplement méprisée : en tant que femme par les hommes, en tant que Samaritaine par les Juifs, en tant que femme volage par les autres femmes. Cette femme qui porte deux blessures : une blessure affective et une blessure religieuse. Jésus va droit au but. Il connaît sa vie amoureuse chaotique, sa quête insatiable de l'amour, c'est pourquoi il lui dit : « Si tu savais le don de Dieu, et qui est celui qui te dit : Donne-moi à boire, c'est toi qui l'aurais prié et il t'aurait donné de l'eau vive. » Il affirme à cette femme qu'il peut lui donner l'eau qui étanchera vraiment sa soif. Et comme elle s'étonne de cette promesse alors qu'il n'a même pas de cruche pour puiser, il précise :

Épilogue

« Quiconque boit de cette eau aura soif à nouveau ; mais qui boira de l'eau que je lui donnerai n'aura plus jamais soif. » Jésus sait que cette femme a du mal à aimer et à être aimée comme son cœur y aspire et il se présente comme celui venu apporter l'amour de Dieu, le seul capable de désaltérer le cœur humain.

Les chapitres du quatrième Évangile qui précèdent cet épisode entendent révéler progressivement cette mission. Dans le premier chapitre, l'évangéliste affirme que Jésus est bien au-dessus de tous les prophètes, il est la parole divine incarnée : « Nul n'a jamais vu Dieu ; le Fils unique Engendré, qui est dans le sein du Père, lui, l'a fait connaître. » (Jean, 1, 18). Au deuxième chapitre, il raconte que Jésus se rend à des noces avec sa mère. Les mariés n'ont plus de vin à offrir à leurs invités. Marie demande à Jésus de changer l'eau en vin. C'est son premier miracle dont la signification symbolique marque la singularité de sa destinée : il est celui qui révèle les véritables noces, celles de Dieu avec chaque être humain. Il apporte l'amour de Dieu quand l'amour humain ne suffit plus. Au chapitre suivant, Jésus le dira explicitement au sage Nicodème : « Car Dieu a tant aimé le monde qu'il a donné son Fils, l'Unique Engendré, afin que quiconque croit en lui ne se perde pas, mais ait la vie éternelle. Car Dieu n'a pas envoyé le Fils dans le monde pour juger le monde, mais pour que le monde soit sauvé par son entremise » (Jean, 3, 16-17). Le chapitre 4, celui de la rencontre avec la Samaritaine, se situe dans le prolongement de cette révélation progressive de l'identité véritable de Jésus et de sa mission.

Le fait que cette rencontre ait lieu en tête-à-tête auprès d'un puits n'a rien d'anodin. Dans la Bible, les rencontres amoureuses ont souvent lieu près d'un puits. C'est près d'un puits que le serviteur d'Abraham demande à Dieu de lui désigner la future femme d'Isaac, le fils de son maître, et qu'il découvre Rebecca (Genèse, 24). C'est près d'un puits que Jacob, le fils d'Isaac, tombe amoureux de Rachel (Genèse, 29). C'est près d'un puits encore que Moïse rencontre sa future épouse Cippora (Exode, 2). Et c'est près d'un puits, un puits qui renvoie directement à l'histoire des patriarches de la Bible, puisqu'il s'agit du puits attribué à Jacob, que Jésus rencontre la Samaritaine, cette femme en quête d'amour qui n'arrive pas à garder ou à se satisfaire d'un mari. Il lui révèle donc que les véritables noces, les noces éternelles, sont celles qui unissent Dieu et l'être humain. Peu importe dès lors qu'elle ait eu un, cinq ou dix maris. Sa soif d'amour ne sera apaisée que lorsqu'elle aura découvert l'amour personnel que Dieu a pour elle et qu'il assimile à une « source d'eau jaillissant en vie éternelle ». La femme ne peut évidemment saisir la portée de cette parole et demande à Jésus de lui donner cette eau afin qu'elle n'ait plus à aller puiser au puits. Pour lui faire comprendre que l'eau vive dont il parle est le symbole de l'amour, il lui demande : « Va, appelle ton mari et reviens ici. » La femme lui confesse alors sa première grande blessure, celle pour laquelle Jésus lui a déjà donné le remède : « Je n'ai pas de mari. » Puis, quand il lui dit qu'il connaît sa vie amoureuse douloureuse, elle le reconnaît comme un prophète et lui fait part sans détour de la question qui lui brûle le cœur : « Nos pères ont adoré sur cette montagne et vous, vous dites : c'est à Jérusalem qu'est le lieu où il faut adorer. »

Quelle est la religion vraie ?

La souffrance affective de la Samaritaine dissimule une plaie plus profonde encore : où est le vrai culte ? De même qu'elle n'arrive pas à trouver l'amour vrai, elle

Épilogue

ne parvient pas à savoir quelle est la religion véritable. Une telle question peut nous sembler aller de soi à l'aune de nos critères modernes, et pourtant il n'en est rien. La plupart des Samaritains ne se la posaient certainement pas puisque leur divergence avec les Juifs constituait l'essence même de leur identité et reposait sur la certitude qu'il fallait rendre un culte à Dieu sur la montagne et non à Jérusalem. Il en va de même pour les Juifs de l'époque : bien peu ont dû se poser la question de savoir si les Samaritains n'avaient pas finalement raison d'adorer au mont Garizim. Or, l'Évangéliste montre que cette femme n'a aucune certitude. Elle est davantage préoccupée par la recherche inquiète de la vérité que par la fidélité sécurisante aux repères communautaires de son peuple. À cette époque et dans ce contexte culturel, cette attitude est singulière. Où faut-il adorer Dieu ? Quelle est la religion vraie ?

Cette question n'a pas pris une ride depuis deux mille ans. Je dirais même qu'elle se pose avec encore plus d'acuité dans notre monde actuel ouvert au pluralisme et à la quête spirituelle personnelle que pendant les dix-sept siècles de chrétienté où la réponse était évidente pour tous, comme elle l'est encore dans les univers religieux traditionnels. Comme l'a déjà pointé Montaigne, le doute, le scepticisme, est devenu l'horizon incontournable du monde moderne. La Samaritaine est éminemment moderne : elle est ouverte, elle s'interroge, elle remet en cause la tradition dont elle a hérité, elle regarde ce qui se passe ailleurs... et c'est ce qui plaît à Jésus. C'est sans doute la raison pour laquelle il a choisi cette personne – une femme, une hérétique, une sceptique – pour lui révéler l'un des aspects les plus ultimes de son enseignement. En tout cas, c'est ce que montre le texte du quatrième Évangile. Car cette femme ne somnole pas, pieusement affalée sur une vérité qu'elle pense posséder, comme tant de croyants. Elle cherche, elle est en chemin, elle a soif. Jésus peut lui révéler ce que ses disciples n'auraient sans doute jamais eu l'idée de demander : où faut-il adorer Dieu ? Quel est le culte authentique ? Où est la vérité religieuse ? La parole qu'il va lui dire est si profonde qu'elle n'a pas été entendue par l'immense majorité des chrétiens à travers l'histoire. Si explosive que l'institution se gardera bien de la comprendre et de la mettre en pratique. Peut-être aura-t-il fallu attendre nos yeux de Modernes pour en saisir toute la portée ?

En une seule phrase, Jésus anéantit en effet toute prétention pour une religion – quelle qu'elle soit – à être le *lieu* de la vérité. La femme lui demande s'il faut adorer au Temple ou sur le mont Garizim et Jésus affirme : « Crois-moi, femme, l'heure vient où ce n'est ni sur cette montagne, ni à Jérusalem que vous adorerez le Père. » Et il ajoute aussitôt : « Mais l'heure vient – et c'est maintenant – où les véritables adorateurs adoreront le Père en esprit et en vérité. »

Pour comprendre la portée d'une telle parole, il faut savoir que le fondement même de toute attitude religieuse est la définition d'un espace sacré et la recherche d'un centre. Depuis l'aube des temps et dans toutes les cultures, les hommes religieux cherchent à sacraliser l'espace. C'est assez compréhensible : l'idée que le sacré puisse être partout, insaisissable, diffus, n'est guère rassurante. La première tâche des religions va donc consister à définir un *espace* où réside le sacré plus que partout ailleurs. Là où on est sûr de le trouver, de pouvoir prier ou faire des sacrifices, d'être entendu et si possible exaucé. Pour les hommes préhistoriques et les chasseurs-cueilleurs qui vénéraient les forces et les esprits de la nature, ce seront les grottes, les sources, les montagnes. Avec le passage du Paléolithique au Néolithique, il en va tout autrement. L'homme commence à se détacher de la nature et se sédentarise. Il construit des villages, puis des cités. Progressivement, la nature est désacralisée – c'est le début du désenchantement du monde décrit par Max Weber. Mais le besoin d'isoler du monde un espace sacré demeure : les hommes édifient au sein des cités des temples dédiés aux divinités qui ont remplacé les esprits de la nature. L'avènement du monothéisme juif ne change rien à cette donne : les Hébreux construisent un temple en l'honneur de Yahvé, le Dieu unique, à Jérusalem, considérée comme la cité sainte, l'axe du monde spirituel. Toute la vie religieuse du monde juif tourne autour de Jérusalem et de son Temple au sein duquel le grand prêtre effectue le sacrifice – mot dont l'étymologie signifie « faire le sacré » – dans sa partie la plus sacrée : le saint des saints. On le constate encore aujourd'hui, toutes les religions du monde ont des lieux saints (Jérusalem, Bénarès, La Mecque, Rome, Bodhgayâ, Constantinople, etc.) et des édifices sacrés : temples, églises, synagogues, mosquées, pagodes. Sans parler de la permanence de la sacralité de certains lieux naturels : fleuves, grottes, montagnes. La notion d'espace sacré est au fondement même de l'attitude religieuse.

La parole de Jésus à la Samaritaine vient relativiser ce fondement. À partir de maintenant, explique Jésus, ce n'est plus sur cette montagne ou au Temple de Jérusalem qu'il faut adorer Dieu, mais en esprit et en vérité. En un premier sens, cela signifie qu'il n'y a plus d'espace particulier dans le monde où adorer Dieu ; le seul espace sacré est l'esprit humain. Le Christ opère une désacralisation du monde au profit de l'intériorité de la vie spirituelle. Le cœur de l'homme est le véritable temple où a lieu la rencontre avec le divin. Il devient dès lors secondaire d'aller prier ici ou là, de franchir le seuil d'un édifice religieux : seul compte véritablement le fait de s'intérioriser, d'entrer en soi et de s'interroger sur la relation à l'Absolu.

De la religion extérieure à la spiritualité intérieure

Mais cette parole a une portée encore plus profonde. Car Jérusalem et la montagne de Samarie ne sont pas simplement des lieux de culte. Ce sont les *centres* des religions juive et samaritaine. En évoquant Jérusalem et la montagne, la femme se demande de manière ultime quelle est la religion vraie. Jésus lui répond : aucune.

Avant de poursuivre, il prend cependant soin de préciser que les Juifs ont une supériorité sur les Samaritains : ils ont reçu une révélation plus complète qui leur donne une meilleure connaissance de Dieu : « Nous, nous adorons ce que nous connaissons, car le salut vient des Juifs. » Qu'est-ce que cela signifie ? Qu'avant la venue du Christ, toutes les religions n'ont pas le même niveau de connaissance de Dieu ou de l'Absolu, mais que toutes tendent vers la relation à cet Indicible. L'adoration – c'est-à-dire l'attitude religieuse fondamentale – est la même partout, même si certaines cultures religieuses vont plus loin que d'autres dans la connaissance et l'explicitation de Dieu ou du divin. Les Juifs ont reçu une révélation plus ultime du mystère de Dieu, il n'en demeure pas moins que les Samaritains adorent de manière juste le même Dieu. Ce discours est aujourd'hui celui de la plupart des institutions religieuses, qui admettent que toutes les grandes religions sont légitimes, tout en étant chacune convaincue que la leur est un peu – ou beaucoup – supérieure aux autres. Sans être aussi intolérantes que par le passé, elles sont persuadées, et nombre de leurs fidèles avec elles, d'avoir quelque chose de plus, d'être le lieu véritable de la rencontre entre l'homme et Dieu, de posséder le nec plus ultra de la Révélation divine (judaïsme, christianisme, islam) ou de la connaissance de l'Absolu (bouddhisme, hindouisme, taoïsme). Jésus aurait pu en rester là avec la Samaritaine. La conclusion logique de son discours aurait été de lui dire : Tu peux adorer sur cette montagne comme tu l'as appris dans ta tradition, mais ce serait quand même mieux d'aller adorer au Temple de Jérusalem, puisque les Juifs sont le peuple élu et qu'ils ont davantage reçu que les Samaritains. Ce n'est pas ce que l'évangéliste lui fait dire.

Jésus franchit un pas étonnant au regard de l'histoire des religions en affirmant : « Crois-moi, femme, l'heure vient – et c'est maintenant – où ce n'est ni sur cette montagne, ni à Jérusalem qu'il faut adorer, mais en esprit et en vérité. » Ce que Jean fait dire à Jésus, c'est que dorénavant aucune religion devant Dieu n'est supérieure à une autre ; qu'il n'est pas essentiel d'être samaritain ou juif (on pourrait aujourd'hui ajouter chrétien, hindou, bouddhiste ou musulman) puisque, au-delà de la diversité des cultures religieuses, ce qui compte c'est la vérité de la relation intime à Dieu. Jésus fait exploser l'exclusivisme religieux et sape le discours légitimateur de toute tradition religieuse : sa prétention à être un centre, une voie obligée de salut. Il entend aider l'homme à dépasser la religion extérieure, nécessairement plurielle et concurrentielle, pour l'introduire dans la spiritualité intérieure, radicalement singulière et universelle.

Adorer en esprit et en vérité

Entendons-nous bien : je ne dis pas que Jésus a voulu éradiquer toute idée de religion. Il n'a jamais voulu annuler le judaïsme et il a choisi des apôtres, ce qui signifie qu'il a souhaité qu'une communauté de disciples continue de transmettre son enseignement. Jésus n'annule pas la religion, il *relativise* la religion extérieure et montre que l'attitude religieuse, aussi utile et légitime qu'elle puisse être, n'est pas suffisante si elle n'est pas intérieure et vraie. Ainsi comprise, la parole de Jésus ne remet pas en cause l'attitude religieuse en tant que telle, elle la recentre sur l'essentiel. Elle ne rend pas caduque l'existence de rituels, d'institutions, d'actes religieux collectifs : elle affirme qu'il ne s'agit là que de *moyens* et non de fins.

L'universalité et la permanence de l'attitude religieuse montrent que l'homme a besoin de rituels. Parce qu'il a un corps, il a besoin d'incarner sa croyance par des gestes et des symboles : postures de prière, encens, chants, sons, feu, eau, etc. Parce qu'il est un animal social, il a besoin de célébrer sa foi avec d'autres, par des rituels collectifs, des liturgies. Je ne crois pas à une religion du pur esprit, totalement individualiste, qui ne s'incarnerait dans aucun geste sensible. Ou alors nous serions dans une sagesse philosophique purement intellectuelle. Et même certaines sagesses antiques et celles de l'Extrême-Orient impliquent le corps (postures de méditation, prosternations, usage de l'encens et de la lumière dans le bouddhisme par exemple) et relient l'individu à un groupe. Mais la perspective du Christ n'est pas ici celle d'une sagesse purement philosophique. Il ne prêche pas un humanisme laïc, même s'il le rend théoriquement possible, mais une foi personnelle reliée à Dieu.

Épilogue

L'adoration exprime, en terme monothéiste de croyance en un Dieu personnel, l'essence de toute attitude religieuse qui la distingue de l'attitude strictement philosophique : se relier à une transcendance. Par son caractère éminemment rationnel et universel, le message du Christ, je l'ai assez montré, peut être laïcisé. On peut en tirer un humanisme qui ne sorte pas de l'horizon humain. Mais pris dans son intégralité, il est religieux. Jésus n'a jamais cessé de se référer à son « Père », à ce Dieu dont il dit qu'il « est Amour » et auquel l'être humain, créé à son image et selon sa ressemblance (Genèse, 1, 26), est appelé à s'unir jusqu'à lui « devenir semblable » (I Jean, 3, 2). Tentant d'expliciter le message du Christ, la grande tradition spirituelle chrétienne, en particulier celle d'Orient, a ainsi montré que le but ultime de la vie chrétienne est la divinisation de l'homme dans et par le Christ. « Dieu a créé l'homme à son image » signifie pour les Pères de l'Église grecs que l'homme est la seule créature terrestre qui porte l'empreinte de Dieu en elle. L'être humain possède raison, volonté et libre arbitre. Par ces facultés, il peut atteindre à la ressemblance divine. Cette ressemblance n'est pas donnée d'emblée. Elle est présente en creux, en appel, en potentialité, en désir. En s'appuyant sur ces deux facultés divines que sont l'intelligence et la volonté, l'être humain, en pleine liberté, va aspirer à devenir semblable à Dieu. Et c'est avec le secours constant de la grâce divine qu'il pourra y parvenir. Pour cela, l'homme doit descendre en lui, au plus intime de son être, car c'est là que se fait la rencontre avec Dieu, comme le rappelle le Christ : « Le Royaume de Dieu est au milieu de vous » (Luc, 17, 21). La théologie mystique chrétienne affirme ainsi que tous les êtres humains sont appelés à devenir semblables à Dieu à travers le Christ, figure de l'homme-Dieu qui établit un pont entre le monde humain et le monde divin. Cette déification n'est pas confusion ou absorption dans le divin ineffable comme pour les religions orientales. Elle est une participation à la vie divine qui maintient l'altérité de Dieu et celle de l'homme.

Le message du Christ est donc un message religieux au sens le plus plein du terme (relier l'humain et le divin), mais un message qui relativise la religion extérieure au profit de la spiritualité intérieure. Les religions du tournant néolithique et l'avènement du monothéisme juif avaient désacralisé la nature. Jésus désacralise les religions. Il ne supprime pas pour autant toute notion de sacré : chaque être humain est sacré en tant qu'il vient de Dieu et qu'il peut retrouver sa Source – le Père, le principe premier, l'Un, le divin, l'Absolu, quel que soit le nom que l'on donne à la Transcendance – dans l'intimité de son esprit. Rien n'a dès lors autant de valeur que la conscience humaine : conscience libre qui cherche la vérité. Après le Christ, la religion est encore possible, mais à une seule condition : qu'elle accepte cette radicale autonomie des individus qui sont placés, dans leur conscience, seuls face à Dieu comme face à l'autre, ainsi que l'a bien exprimé Emmanuel Levinas.

Plus aucune médiation institutionnelle, plus aucun geste sacrificiel, plus aucun rituel n'est indispensable. Certes, les croyants peuvent se rassembler. Ils peuvent prier ensemble, partager la parole, chanter, effectuer des rituels. Mais ces gestes n'ont plus rien à voir avec des gestes religieux traditionnels censés avoir une efficacité immédiate en vue du salut. Le Christ fait comprendre à la Samaritaine que cette ère est révolue, que dorénavant tous ces gestes sont utiles, mais non plus indispensables puisqu'il n'y a plus de centre religieux.

Difficile liberté

Or nous avons vu que les chrétiens sont vite revenus à une attitude religieuse classique. Après la destruction du Temple de Jérusalem, ils ont commencé par se redonner un centre, Rome pour les chrétiens d'Occident, Constantinople pour ceux d'Orient, et ils ont remis l'individu sous la coupe du groupe, de la tradition. C'est d'ailleurs, à mon sens, la critique profonde qu'on peut adresser à l'institution ecclésiale : avoir survalorisé le moyen – l'institution, les sacrements, le magistère – au détriment de la fin, en arrivant parfois jusqu'à totalement la subvertir, comme l'a montré l'Inquisition. Elle a retourné le message révolutionnaire du Christ pour permettre à l'humanité de « retomber sur ses quatre pattes », comme dit Kierkegaard. Elle a déployé tout l'arsenal religieux traditionnel qui apporte à l'homme la sécurité d'une vérité unique, d'une morale intangible, d'un ordre cosmique et social, d'une pratique rituelle qui le protège des mauvais esprits ou lui assure son salut éternel.

Il ne sert cependant à rien d'accabler l'Église. D'abord il est difficile de reprocher à une religion de ne pas parvenir à dépasser la religion ! Il est évidemment plus facile pour chaque chrétien de dépasser spirituellement la religion que pour l'institution, censée représenter et guider une communauté. Ensuite, elle est historiquement le fruit de la volonté de millions de chrétiens qui, à travers les siècles, ont formé sa doctrine et accepté son joug. La domination d'un petit groupe sur la foule ne peut s'exercer durablement que parce qu'il existe dans le peuple un désir de « servitude volontaire », pour reprendre l'expression de La Boétie [1]. Le Grand Inquisiteur n'a sans doute pas tort lorsqu'il dit à Jésus que l'être humain est un révolté qui préfère pourtant la sécurité à la liberté, « ce don funeste qui lui cause de tels tourments ». Il aura fallu attendre quinze siècles pour que cette exigence de liberté mûrisse au point de ne plus supporter la sécurité de la domination ecclésiale et rende l'individu autonome. Passé ce premier acte de libération, l'histoire moderne montre bien que les hommes n'ont effectivement eu de cesse de remettre cette précieuse liberté entre les mains de nouveaux tyrans : les États totalitaires. La leçon a été rude et il est probable que les Occidentaux ne retournent plus vers des totalitarismes religieux ou politiques. Puissions-nous maintenant ne pas nous tourner vers de nouvelles formes plus subtiles encore d'aliénation : celles par exemple à l'égard d'une idéologie de la consommation ou de la technique.

Rien en effet ne semble aussi difficile à vivre que la liberté. Non pas évidemment la liberté illusoire de pouvoir faire ce qu'on veut et qui peut très facilement nous asservir à nos pulsions ou nous faire dominer les autres. Mais la liberté intérieure qui nous rend réellement autonomes et responsables envers autrui. Or Jésus, à travers son enseignement tel qu'il est retranscrit par les Évangiles, entend montrer que cette liberté vraie se réalise pleinement dans le lien à Dieu. Loin d'asservir l'homme, ce lien le libère. C'est évidemment incompréhensible pour un esprit moderne non religieux. Car toute notre philosophie de l'autonomie s'est justement construite en s'opposant à cette idée de dépendance à l'égard d'un ordre supérieur. C'est tout à fait vrai au niveau politique. Mais la liberté politique ne résout pas le problème soulevé par les philosophes de l'Antiquité ou par le Bouddha : celui de la liberté intérieure. Comment être vraiment libre à

Épilogue

l'égard de tout ce qui nous attache ? Le Christ entend libérer l'individu extérieurement et intérieurement. Extérieurement en le rendant autonome à l'égard de l'autorité de la tradition, comme nous l'avons vu. Intérieurement en affirmant qu'il existe une dépendance qui peut le faire grandir et même accroître sa liberté, celle qui se joue dans l'intimité de son esprit à l'égard de Dieu. Non pas évidemment un Dieu au visage humain, mais un Dieu ineffable qui est esprit. Non pas un Dieu tyrannique, mais un Dieu amour qui, par sa grâce, par son souffle, permet à l'homme de s'élever à sa dignité la plus grande, d'atteindre son accomplissement. L'adoration, telle qu'en parle le Christ à la Samaritaine, est donc un pacte intime entre Dieu et l'homme, qui échappe à la validation sociale ou politique, qui transcende les traditions et les autorités religieuses : « Ce n'est ni à Jérusalem, ni sur cette montagne que vous adorerez. » Nul ne peut le contraindre, l'obliger ou le valider. Il est purement spirituel.

Dans son entretien avec Nicodème, qui précède le dialogue avec la Samaritaine, le Christ utilise l'image du vent insaisissable pour parler de cette liberté de la vie spirituelle qu'il assimile à une seconde naissance : « Il vous faut naître d'en haut. Le vent souffle où il veut et tu entends sa voix. Mais tu ne sais pas d'où il vient ni où il va. Ainsi en est-il de quiconque est né de l'Esprit » (Jean, 3, 8). Dans la suite de l'Évangile de Jean, Jésus revient sans cesse sur ce thème : l'Esprit-Saint, le Souffle divin, est envoyé aux hommes par le Christ après sa mort. Il conduira les hommes jusqu'à la vérité tout entière (Jean, 16, 13), une vérité qui les rendra libres (Jean, 8, 32). Dans la vision chrétienne, c'est donc la vérité qui libère. Et cette vérité est apportée de manière ultime par l'Esprit de Dieu dans l'intime du cœur de l'homme.

Seul l'amour est digne de foi

Mais cette vérité et cette liberté n'ont de sens que dans ce qui constitue la nature même de Dieu : l'amour. C'est pourquoi les textes du Nouveau Testament rappellent constamment que Dieu est amour et que toute la finalité de la vie spirituelle, c'est d'aimer toujours plus, jusqu'à devenir semblable à Dieu. Comme le dit saint Paul, sans l'amour, la foi est vaine : « Quand je parlerais les langues des hommes et des anges, si je n'ai pas l'amour, je ne suis plus qu'airain qui sonne ou cymbale qui retentit. Quand j'aurais le don de prophétie et que je connaîtrais tous les mystères et toute la science, quand j'aurais la plénitude de la foi, une foi à transporter des montagnes, si je n'ai pas l'amour, je ne suis rien. Quand je distribuerais tous mes biens en aumônes, quand je livrerais mon corps aux flammes, si je n'ai pas l'amour, cela ne me sert de rien » (I Corinthiens, 13, 1-3 [2]). Le Grand Inquisiteur passait sans doute des heures à prier. Les kamikazes religieux qui tuent encore de nos jours disent adorer Dieu. Or, Jésus affirme que l'adoration ne rime à rien si elle n'est pas fondée sur l'amour et ne conduit pas à un plus grand amour.

Ainsi compris, le message du Christ apparaît dans sa singularité : l'acte d'adoration explicite n'est pas nécessaire pour que l'esprit humain soit en lien avec Dieu, pour qu'il soit mû par l'Esprit « qui souffle où il veut ». « Adorer en esprit et en vérité » signifie, dans une pleine compréhension du message évangélique, que tout homme qui agit de manière vraie et aimante est relié à Dieu. Pour Jésus, Dieu est la source de toute bonté et la bonté n'a pas besoin de la connaissance religieuse pour jaillir dans le cœur de l'être humain et s'exprimer. C'est ainsi qu'un théologien protestant comme Dietrich Bonhoeffer – exécuté en 1945 au camp de concentration de Flossenbürg par les nazis pour avoir participé à un complot contre Hitler – a parlé du Christ comme « le Seigneur des irréligieux [3]. »

Nous faisons sans peine le constat, en regardant les fidèles de toutes les religions, que la connaissance des Écritures saintes, le lien explicite avec Dieu, l'adoration religieuse peuvent sans doute aider le croyant, mais qu'ils ne constituent jamais la garantie d'une conduite bonne. À l'inverse, l'absence de religion n'empêchera pas un homme d'être vrai, juste et bon. Le message du Christ valide cette observation universelle en lui donnant un fondement théologique : de manière ultime, *adorer Dieu, c'est aimer son prochain.* Le salut est offert à tout homme de bonne volonté qui agit en vérité selon sa conscience. C'est la raison pour laquelle Jésus enseigne à la Samaritaine qu'aucune médiation humaine, aucun geste sacrificiel, aucune institution n'est indispensable pour permettre à l'homme d'être relié à Dieu et de vivre de sa grâce qui ouvre les portes de la Vie éternelle.

Dans la célèbre parabole du Jugement dernier, le Christ l'exprime d'une autre manière : « Quand le Fils de l'Homme viendra dans sa gloire, escorté de tous les anges, alors il prendra place sur son trône de gloire. Devant lui seront rassemblées toutes les nations, et il séparera les gens les uns des autres, tout comme le berger sépare les brebis des boucs. Il placera les brebis à sa droite et les boucs à sa gauche. Alors le Roi dira à ceux de droite : " Venez les bénis de mon Père, recevez en héritage le Royaume qui vous a été préparé depuis la fondation du monde. Car j'ai eu faim et vous m'avez donné à manger, j'ai eu soif et vous m'avez donné à boire ; j'étais un étranger et vous m'avez accueilli ; nu et vous m'avez vêtu ; malade et vous m'avez visité ; prisonnier et vous êtes venus me voir. " Alors les justes lui répondront : Seigneur, quand nous est-il arrivé de te voir affamé et de te nourrir, assoiffé et de te désaltérer, étranger et de t'accueillir, nu et de te vêtir, malade ou prisonnier et de venir te voir ? Et le Roi leur fera cette réponse : En vérité je vous le dis, dans la mesure où vous l'avez fait à l'un de ces plus petits de mes frères, c'est à moi que vous l'avez fait » (Matthieu, 25, 31-40).

La subversion du message christique

Pour clore cette « méditation » sur ce texte de Jean, je voudrais poser une question toute simple : pourquoi le message de Jésus, tel qu'il est synthétisé dans le dialogue avec la Samaritaine, a-t-il été si peu perçu pendant des siècles ? Et pourquoi, encore de nos jours, un tel message est-il si peu audible, même par des esprits chrétiens ou religieux ? Pourquoi l'enseignement du Christ dans ce qu'il a de plus profond et spirituel est-il si difficile à entendre ? Le message de Jésus constitue en fait une critique radicale de l'attitude religieuse traditionnelle, qui répond à des besoins humains universels. Cette critique porte sur quatre points essentiels qui sont présents, de manière plus ou moins explicite, dans le dialogue avec la Samaritaine.

Nous venons de voir comment Jésus remettait en cause la notion d'espace sacré, celle de tradition religieuse se définissant comme un centre. Or il est très difficile pour un homme religieux d'admettre qu'il n'y a pas de centre, que la religion à laquelle il appartient n'est pas dépositaire de la Vérité. En chrétienté, la formule « hors de l'Église point de salut » s'est ainsi substituée à l'idée du Nouveau Testament selon laquelle il n'y a pas de salut en dehors du Christ comme Verbe

Épilogue

de Dieu fait homme. On pourrait dire la même chose de toutes les religions : un croyant a besoin de croire que le lieu (c'est-à-dire la tradition religieuse) où s'incarne sa foi est le seul vrai, au pire le meilleur. C'est très humain. Et c'est ce que le Christ vient contester, exigeant de l'homme religieux d'adorer Dieu en esprit et en vérité au lieu de se reposer sur les certitudes et les préceptes que lui donne sa religion, laquelle restera toujours liée à un espace particulier, c'est-à-dire à une culture humaine. Cette critique s'adresse bien entendu aussi aux institutions et aux autorités religieuses en leur montrant la limite de leur pouvoir : elles ne sont que des moyens au service de l'individu dans sa relation libre et directe à la Transcendance.

À cette remise en cause de l'espace sacré – au sens large – s'ajoute une remise en cause du temps religieux. Jésus entend également dépasser l'attitude religieuse traditionnelle fondée sur l'idée que le passé est toujours supérieur au présent et au futur, que la perfection est liée aux origines. En annonçant, comme nous l'avons vu au chapitre 6, l'envoi de l'Esprit-Saint qui doit « conduire à la vérité tout entière », le Christ renverse la perspective : le mieux est encore à venir, l'humanité est en situation de progression. Et lorsqu'il dit à la Samaritaine : « ...l'heure vient – et c'est maintenant – où les vrais adorateurs adoreront le Père en esprit et en vérité », il marque une rupture profonde avec le passé. Il fonde une conception de l'attitude religieuse radicalement nouvelle, qui propose à l'individu, en tout temps et en tout lieu, d'être directement lié à Dieu par sa conscience. En cela, « les temps sont accomplis ». Cette parole peut paraître aujourd'hui comme une parole libératrice, mais il faut en mesurer la portée : l'avenir ne se construit plus en référence à un passé parfait établi comme modèle par la collectivité, mais dans le présent de la vie spirituelle individuelle. Comme l'être humain n'a de cesse de vouloir se rassurer face à l'incertitude de l'avenir et au sentiment de sa propre fragilité en prenant appui sur le passé et sur le groupe, un tel message n'a rien de rassurant, bien au contraire ! Il libère l'individu du poids du passé et de la tradition, mais il peut être source d'angoisse pour certains.

Autre retournement : l'enseignement du Christ sur le pur et l'impur. Dans cette logique de séparation entre le sacré et le profane – déjà mise en œuvre à propos de l'espace – les religions considèrent, avec une certaine diversité, qu'il existe des aliments purs et impurs, des éléments naturels qui souillent l'homme (les menstruations, le sperme) et d'autres qui le purifient (l'eau, le feu), des personnes pures et des personnes impures (les intouchables en Inde par exemple). Or Jésus rompt radicalement avec cette mentalité religieuse fondamentale. En conversant avec cette femme samaritaine, il se souille deux fois aux yeux des Juifs zélés de son époque : il parle avec une femme et avec une non-Juive. Comme il l'avait fait déjà en mangeant chez un publicain ou en se laissant toucher par une pécheresse.

Il est tout aussi explicite en ce qui concerne les aliments lorsqu'il affirme, au grand dam de ses interlocuteurs : « Ce n'est pas ce qui entre dans la bouche qui souille l'homme, mais ce qui sort de sa bouche, voilà ce qui souille l'homme » (Matthieu, 15, 10). Peu importe ce que mange l'homme, aucun aliment n'est pur ou impur, aucune chose naturelle n'est pure ou impure, et *a fortiori* aucun être humain selon des critères extérieurs d'appartenance à un peuple, à une religion ou à une caste. Ce qui est pur ou impur, c'est ce qui vient du cœur de l'homme, c'est ce qui sort de lui : paroles, pensées, actions. Jésus va jusqu'au bout de la désacralisation du monde naturel initié par la révolution néolithique et monothéiste. Puisque Dieu est esprit, seul l'esprit est sacré. Seule compte, de manière ultime, l'intériorité de l'homme.

Une philosophie de la non-puissance

Quatrième renversement enfin, celui qui a trait à la conception de Dieu comme une divinité guerrière et toute-puissante qui dirige et protège son peuple. Tous les peuples et toutes les cités antiques vénéraient une (ou plusieurs) divinité(s) qu'ils considéraient comme supérieure(s) aux autres et protectrice(s). Avec l'avènement du monothéisme juif, cette logique a non seulement perduré, mais elle s'est même exacerbée : il n'y a pas plusieurs divinités avec une hiérarchie de puissance, mais un seul Dieu, celui qui s'est révélé à Abraham et à Moïse. Et ce Dieu manifeste sa toute-puissance en sauvant son peuple, en le libérant de la main de ses ennemis, en lui accordant la victoire sur ses adversaires. Ce que nous appelons l'Ancien Testament, c'est-à-dire la Bible hébraïque, relate l'histoire d'amour entre le peuple juif et « Yahvé Sabbaot », qui signifie « Dieu des armées. » La question terrible à laquelle doit faire face le peuple juif à partir de l'exil, puis de l'occupation grecque et romaine, est d'expliquer pourquoi son Dieu tout-puissant ne le libère pas du joug de ses oppresseurs. Cette interrogation se lie à une autre contradiction plus radicale encore, car congénitale à la fondation du judaïsme : comment concilier la vocation nécessairement universelle du Dieu unique avec le choix que fait Dieu d'élire Israël parmi toutes les nations ? L'apparition et le développement de la figure du Messie peuvent sans doute se comprendre comme une tentative de résoudre ces deux contradictions : Dieu enverra un messie (littéralement un « oint »), une sorte de grand roi, pour libérer son peuple, et davantage encore pour instaurer un Royaume universel dont Jérusalem sera l'épicentre. Comme l'a montré Marcel Gauchet le messianisme est un « impérialisme mystique » : « Le destin final d'Israël, qui justifie sa présente élection, ce sera de se subordonner toutes les autres nations, afin de faire régner la loi de Yahvé dans l'univers entier [4]. »

À la fin de son dialogue avec la Samaritaine, Jésus révèle sa messianité : « La femme lui dit : " Je sais que le Messie doit venir, celui qu'on appelle Christ. Quand il viendra il nous expliquera tout. " Jésus lui dit : " Je le suis moi qui te parle. " » Or Jésus n'a rien du Messie attendu : un grand roi triomphant. Il est menuisier, né dans une petite bourgade sans importance, et mène une vie errante, entouré d'une cohorte de disciples peu instruits et de nombreuses femmes ! Ainsi, lorsqu'il commence à manifester sa mission messianique, les bons religieux ne cessent d'exprimer leur scepticisme : « Celui-là n'est-il pas le fils de Joseph le charpentier ? » (Matthieu, 13, 54) ; « De Nazareth peut-il sortir quelque chose de bon ? » (Jean, 1, 46) ; « Ses amis ne sont-ils pas des pêcheurs et des publicains ? » (Luc, 7, 34). Par sa naissance, Jésus n'a pas le profil du Messie attendu. Par sa mort, il va renverser entièrement la figure messianique, et plus encore la figure traditionnelle de Dieu.

Que le Messie qui doit instaurer le règne universel de Dieu sur terre soit d'humble extraction, c'est fort surprenant, mais cela peut encore passer. Par contre, qu'il finisse crucifié, renié de tous et visiblement abandonné par Dieu, c'est totalement inconcevable. Certes, le prophète Isaïe avait parlé du serviteur souffrant, étonnante préfiguration de la figure christique : « Ce sont nos souffrances qu'il portait et nos douleurs dont il était chargé. Et nous, nous le considérions comme puni, frappé par Dieu et humilié » (Isaïe, 53,4). Mais avant la naissance du christianisme – donc, après la passion et la résurrection du Christ – on n'avait pas encore identifié ce mystérieux personnage au Messie. C'est pourquoi ses disciples sont scandalisés quand Jésus leur annonce par trois fois qu'il va monter à Jérusalem pour y mourir. Le Messie ne peut pas mourir de la main des hommes. Comme je l'ai évoqué dans le prologue, Jésus va jusqu'à dire à Pierre qui refuse l'annonce de sa Passion : « Passe derrière moi Satan, car tes pensées ne sont pas celles de Dieu, mais celles des hommes » (Marc, 8, 33). Déçus par son discours trop spirituel et par son refus de se mêler des affaires politiques, de nombreux disciples l'ont abandonné en cours de route : ils attendaient un Messie puissant venu les libérer des Romains et non un Messie humble et pacifique. Il est même possible que la véritable raison de la trahison de Judas soit liée à cette profonde déception. En livrant Jésus aux grands prêtres, en accélérant sa fin lamentable, ou bien il se venge par dépit, ou bien il le met au pied du mur et le provoque pour qu'il réagisse enfin !

En fait, la mort du Christ est conforme à son message : il renverse les valeurs sociales de préséance (les premiers seront derniers), il élève les humbles, il s'adresse en priorité aux pauvres et aux exclus, il fait l'éloge des enfants, lave les pieds de ses disciples, révèle le cœur de son enseignement à une femme non juive... et il meurt de la manière la plus dégradante qui soit : humilié, torturé et crucifié. La figure du Messie qu'il impose n'est donc pas celle d'un Messie glorieux qui pulvérise ses ennemis, mais d'un Messie modeste,

« doux et humble de cœur » (Matthieu, 11, 29), qui renonce à exercer sa puissance face à ceux qui le persécutent. C'est d'ailleurs ainsi qu'il faut comprendre, au-delà de son sens symbolique, la raison – apparemment contradictoire avec le reste de son message – pour laquelle les Évangiles affirment que Jésus a fait des miracles. S'il n'avait pas manifesté sa puissance par des signes extraordinaires – guérison des aveugles, des lépreux, des sourds-muets, des paralytiques, multiplication des pains, changement de l'eau en vin et même résurrection de Lazare – nul n'aurait pu saisir qu'il s'était *lui-même interdit* d'exercer cette puissance surnaturelle pour échapper à la mort. On aurait probablement pensé qu'il était un doux rêveur qui n'avait rien pu faire pour éviter sa fin tragique. Or la force dramatique des Évangiles – que les faits rapportés soient authentiques ou pas – tient dans cette contradiction entre la puissance que Jésus manifeste à travers ses miracles tout au long de sa vie publique et la non-puissance qu'il manifeste lors de sa passion. Cette contradiction flagrante, cette absurdité, n'a pas échappé aux témoins de sa crucifixion : « Il en a sauvé d'autres, qu'il se sauve lui-même s'il est le Christ de Dieu, l'Élu » (Luc, 23, 35).

Non seulement Jésus inverse totalement la figure du Messie tout-puissant, mais il inverse aussi celle du Messie terrestre : son Royaume n'est pas de ce monde. Par cette sortie « hors du monde », Jésus résout ainsi la contradiction structurelle du judaïsme : le véritable règne de Dieu est dans l'au-delà. Tout le sens de la Résurrection – pour autant qu'elle ait eu lieu évidemment, mais rien n'empêche au non-croyant d'essayer de comprendre la cohérence du mythe chrétien, à défaut de sa véracité – se comprend aussi dans cette logique de sortie du monde, de passage d'un Royaume terrestre à un Royaume céleste. Ce qu'affirment les Évangiles, c'est que Jésus n'est pas venu sur la Terre pour imposer le règne de Dieu, mais pour attirer les hommes à lui et leur montrer le chemin qui conduit au Royaume des Cieux, dont il manifeste l'existence par sa résurrection, puis par son ascension au Ciel (qui n'est pas un lieu physique mais le symbole de l'au-delà). Un Messie guerrier aurait triomphé par la force de ses ennemis pour imposer la loi divine sur terre. Jésus est un Messie crucifié, « scandale pour les Juifs et folie pour les païens » selon la formule de Paul (I Corinthiens, 1, 23), qui manifeste par sa *non-puissance* que la seule vraie loi est celle de l'amour.

Les paroles que Jésus dit à la Samaritaine juste avant de se révéler comme le Messie s'éclairent ainsi totalement : l'amour libère l'individu de la communauté dans la mesure où il l'en distancie intérieurement. Il lui donne une liberté nouvelle. Il l'inscrit dans le monde tout en le plaçant hors du monde. Jésus ne nie pas l'inscription nécessaire de l'individu dans la société – et éventuellement dans une société religieuse particulière – mais il l'émancipe *intérieurement* de toutes les règles extérieures pour affirmer le primat de sa vie spirituelle intime et de sa conscience, éclairée du dedans par l'Esprit de Dieu.

Quel que soit le caractère divin ou non de Jésus, on peut comprendre pourquoi le message du Christ, tel qu'il est transmis par les Évangiles, est si difficile à accepter pour l'homme de la tradition, pourquoi il a mis tant de siècles à se déployer et a pu être perverti. Pourquoi aussi il prend une résonance nouvelle dans la modernité qu'il a contribué à façonner. Jésus a apporté un bouleversement, un retournement, de toutes les valeurs religieuses traditionnelles. Il a désacralisé le monde, l'espace, l'autorité du passé et de la tradition, la logique sacrificielle. À l'inverse, il a libéré l'individu du groupe et a sacralisé sa conscience libre. Rompant encore avec les idéologies sociales et religieuses classiques, il a fondé de manière décisive les notions éthiques d'égalité et d'humanité. Mais ce n'est pas tout : il a enlevé à l'homme religieux ce à quoi ce dernier tient sans doute le plus : la maîtrise de son salut, son autojustification. Jésus affirme que tout homme est sauvé parce que Dieu l'aime... et non parce qu'il fait son devoir, accomplit ses prières, se met en règle. Enfin, il prône une sagesse de l'amour et de la non-puissance qui change radicalement le visage traditionnel du Dieu inspirant la crainte et qui contredit l'instinct le plus universellement répandu : celui de s'affirmer en dominant l'autre.

Avenir du christianisme en Occident

Le christianisme est-il condamné à disparaître dans la modernité occidentale? ne cesse-t-on de se demander. La crise historique sans précédent des Églises pourrait le laisser penser. Mais le christianisme peut-il se réduire à ses formes religieuses et institutionnelles? Selon une idée communément admise, notre monde est devenu chrétien au IVe siècle avec la conversion de l'empereur Constantin, et a cessé progressivement de l'être depuis la Renaissance et les Lumières. On l'aura compris, je récuse cette idée et j'ai défendu ici la thèse exactement inverse. Le christianisme n'est pas d'abord une religion, avec des dogmes, des sacrements et un clergé ; c'est avant tout une spiritualité personnelle et une éthique transcendante à portée universelle. Lorsqu'il s'est mué en religion officielle de l'Empire romain, le message du Christ a été largement perverti, mais, comme nous

Épilogue

l'avons vu, il va en partie renaître sous la forme d'un humanisme laïc à partir de la Renaissance. Loin d'avoir perdu la bataille des idées, le message évangélique imprègne donc bien plus qu'on ne le croit nos sociétés laïques et sécularisées et la voie spirituelle chrétienne redevient aujourd'hui en Occident davantage affaire d'individus touchés par la personne de Jésus et par sa parole que de dogme ou de piété collective.

La révolution apportée par la philosophie du Christ a créé une véritable onde de choc dans l'histoire humaine. Elle reste cependant sans doute encore largement à venir, tant les grands principes éthiques de dignité, d'égalité et d'humanité demeurent souvent de vains mots. Comme le faisait remarquer Victor Hugo, avec ses mots de croyant du XIXe siècle, « la sainte loi de Jésus-Christ gouverne notre civilisation, mais elle ne la pénètre pas encore [5] ».

Mais au-delà de la question de l'avenir du christianisme, ma conviction profonde, c'est qu'il faut aujourd'hui refonder l'humanisme en dépassant les clivages qui opposent croyants et non croyants. Cela demande de nous réconcilier avec notre histoire en assumant et en relisant tout notre héritage humaniste : de la Grèce ancienne et du judaïsme aux Lumières modernes, en passant par le christianisme. Enracinés dans nos valeurs les plus fortes, nous serons mieux à même de dialoguer avec ceux qui, dans les autres aires de civilisation et à partir d'une autre histoire, ont ce même souci du respect de l'être humain.

Face au péril des fanatismes religieux et de leur vision totalitaire de la société, mais aussi du matérialisme consumériste déshumanisant, notre monde a besoin d'un nouvel élan humaniste qui réunisse tous ceux qui sont attachés à la dignité et à la liberté de la personne humaine.

Notes

1. Étienne de La Boétie, *Discours de la servitude volontaire*, Vrin, Paris.
2. Seule liberté que je me suis accordée dans cet ouvrage à l'égard de la traduction de la Bible de Jérusalem que j'ai choisi d'adopter : je retranscris ici le terme grec *agapé* par « amour » et non par « charité ». Ce dernier terme est en effet aujourd'hui beaucoup trop connoté dans un sens péjoratif pour rendre ce que Paul veut exprimer par le terme *agapé*, qui signifie l'amour qui vient de Dieu. Pour l'anecdote, David Ben Gourion avait déjà confié au père de Vaux, le directeur de l'École biblique de Jérusalem, lorsque ce dernier lui avait offert la traduction de la Bible, qu'il aurait bien mieux fallu traduire *agapé* par amour. On est bien d'accord !
3. Sa pensée ultime nous est connue à travers ses lettres de captivité rassemblées et publiées en 1951 sous le titre *Résistance et soumission* (Labor et fides).
4. *Le Désenchantement du monde*, *op. cit.*, p. 157-170.
5. *Les Misérables*, Tome 1, Livre cinquième, XI.

Remerciements

Je remercie Djénane Karéh Tager et Samuel Rouvillois pour leurs pertinentes critiques. Quels que soient nos accords et nos désaccords intellectuels, ce livre ne serait pas ce qu'il est sans leur aide précieuse.

Site internet de l'auteur :
http://www.fredericlenoir.com

Table

Prologue. Jésus face au Grand Inquisiteur 7

    Une incroyable perversion 9
    Chrétienté contre christianisme.............. 11
    L'« anticléricalisme » du Christ 15
    Le Christ philosophe....................... 20
    Une biographie incertaine,
    un message révolutionnaire 23

I. L'histoire de Jésus et le Jésus de l'Histoire 27

    Quand l'exégèse devient une science........ 28
    Les sources non chrétiennes 31
        Flavius Josèphe 31
        Tacite et Pline le Jeune.................... 32
        Le Talmud de Babylone 33
    Les sources chrétiennes 34
        Les écrits canoniques 34
        Les écrits apocryphes 37
        Les critères d'authenticité.................. 39
    La vie de Jésus............................ 40
        La Palestine au temps de Jésus............ 41
        Une famille juive 43
        Le prédicateur itinérant 45
        Un sacré caractère 51
        Le thaumaturge 52
    La passion................................ 53
    Les apparitions du Ressuscité 56

II. La philosophie du Christ 61

La spiritualité du Christ 63
   Viens et suis-moi 64
   Les paradoxes du Royaume. 66
   Donner un sens à la souffrance. 68
L'éthique du Christ 71
   L'égalité 71
   La liberté de l'individu 74
   L'émancipation de la femme 77
   La justice sociale 79
   La séparation des pouvoirs 82
   La non-violence et le pardon. 84
   L'amour du prochain. 87
La personne humaine 89

III. Naissance du christianisme 97

Jésus et le judaïsme 98
Trois gestes nouveaux 100
De Jésus au Christ 104
La première Église 106
Paul de Tarse 108
Le Logos divin 112
Les querelles christologiques 114
Les martyrs 116
La fin des persécutions et la théologie trinitaire 119

IV. Une société chrétienne 127

La religion officielle 128
   Une nouvelle cohésion sociale 130
   L'Église orthodoxe d'Orient. 133
La contre-offensive chrétienne 134
   Le monachisme : sauvegarde de l'idéal
   évangélique et de la culture 135
L'Église et le pouvoir 139
L'Europe chrétienne 143
   Les réformes clunisienne et grégorienne 143
   La Trêve de Dieu 144
   Pauvreté et charité 146
   Essor de la culture et fondation des universités 147

Réforme cistercienne et naissance des ordres mendiants	148
L'Église, bras armé du Christ	150
Augustin et la guerre juste	151
Les croisades	153
Raison et foi	155
La lutte contre les hérésies	156
L'Inquisition	158
Les Indiens ont-ils une âme ?	161
La controverse de Valladolid	163
V. De l'humanisme chrétien à l'humanisme athée	169
L'humanisme de la Renaissance et la Réforme	170
Liberté et connaissance	172
La Réforme protestante	175
L'humanisme des Lumières	178
Monde moderne contre tradition	179
Raison critique et autonomie du sujet	180
Des Lumières croyantes et laïques	183
La morale kantienne	184
L'humanisme athée	187
Comte : la religion comme aliénation intellectuelle	188
Feuerbach : la religion comme aliénation anthropologique	189
Marx : la religion comme aliénation économique	191
Freud : la religion comme aliénation psychique	192
VI. La matrice du monde moderne	197
Histoire et progrès	200
Naissance de l'idée moderne de progrès	200
Essor et critique du mythe du progrès	202
Origine religieuse de la notion de progrès : histoire du salut et millénarisme	204
La raison	209
Nietzsche et les meurtriers de Dieu	210
Max Weber et la rationalisation	211
La raison interrogative	215
La question des « racines chrétiennes » de l'Europe	221

L'Église catholique et le monde moderne.....	224
La condamnation des idées modernes.........	225
Le concile Vatican II.....................	228
Une difficile remise en cause...............	232

VII. Que reste-t-il de chrétien en nous?......... 237

Le christianisme dans la modernité..........	239
Pluralisme et scepticisme....................	240
La foi sens dessus dessous...................	241
Le retour des certitudes....................	243
Les chrétiens cultuels......................	244
Appartenir à une Église.....................	245
Croire...................................	245
Pratiquer.................................	246
La religiosité des États-Unis................	247
Les chrétiens culturels	248
Une culture imprégnée de christianisme......	249
Après Jésus-Christ.........................	249
Les fêtes chrétiennes.......................	251
Parler chrétien............................	253
L'art chrétien.............................	256
Le christianisme invisible...................	261

Épilogue. Jésus face à la femme samaritaine... 269

Drôle d'endroit pour une rencontre..........	272
« Si tu savais le don de Dieu »...............	274
Quelle est la religion vraie?.................	276
De la religion extérieure à la spiritualité intérieure	280
Adorer en esprit et en vérité	282
Difficile liberté	285
Seul l'amour est digne de foi	288
La subversion du message christique.........	290
Une philosophie de la non-puissance	293
Avenir du christianisme en Occident.........	298

Remerciements............................... 301

Du même auteur

FICTION

Le Secret
Albin Michel, 2001
et Le Livre de poche, 2003

La Prophétie des deux mondes
1. L'Étoile d'Ishâ
2. Le pays sans retour
3. Solâna
4. La Nuit du Serment
(dessin et couleur d'Alexis Chabert)
Albin Michel, 2003, 2004 et 2005
et Vent des savanes, 2008, pour le t. 4

La Promesse de l'ange
(avec Violette Cabesos)
Albin Michel, 2004
et Le Livre de poche, 2006
Prix des maisons de la presse, 2004

L'Oracle della Luna
Le tragique et lumineux destin de Giovanni Tratore
Albin Michel, 2006
et Le Livre de poche, 2008

L'Élu, le fabuleux bilan des années Bush
(dessin et couleur d'Alexis Chabert)
L'Écho des savanes, 2008

Bonté divine !
(avec Louis Michel Colla)
pièce théâtre
Albin Michel, 2009

La Parole perdue
(avec Violette Cabesos)
Albin Michel, 2011

ESSAIS ET DOCUMENTS

Le Temps de la responsabilité
(postface de Paul Ricœur)
Fayard, 1991

Mère Teresa
Biographie
(avec Estelle Saint-Martin)
Plon, 1993
et Pocket, 1994

Sectes, mensonges et idéaux
(avec Nathalie Luca)
Bayard, 1998

Le Bouddhisme en France
Fayard, 1999

La Rencontre du bouddhisme et de l'Occident
Fayard, 1999
et Albin Michel, 2001

L'Épopée des Tibétains
Entre mythe et réalité
(avec Laurent Deshayes)
Fayard, 2002

Les Métamorphoses de Dieu
Des intégrismes aux nouvelles spiritualités
Plon, 2003
et Hachettes littératures, « Pluriel »,
2005 (nouv. éd., 2010)

« Code Da Vinci », l'enquête
(avec Marie-France Etchegoin)
Robert Laffont, 2004
et Seuil, « Points » n° P1484, 2006

Tibet, le moment de vérité
Plon, 2008
repris sous le titre
Tibet. 20 clés pour comprendre
Seuil, « Points Essais » n° 642, 2010

Petit Traité d'histoire des religions
Plon, 2008
et Éditions Points, « Points Essais », n° 654, 2011

La Saga des Francs-Maçons
(avec Marie-France Etchegoin)
Robert Laffont, 2009

Socrate, Jésus, Bouddha
Trois maîtres de vie
Fayard, 2009
et Le Livre de poche, 2011

Comment Jésus est devenu Dieu
Fayard, 2010
et Le Livre de poche, 2012

Petit Traité de vie intérieure
Plon, 2010

La Rencontre du bouddhisme et de l'Occident
Albin Michel, 2011

ENTRETIENS

Au cœur de l'amour
(avec Marie-Dominique Philippe)
Fayard, 1987

Les Communautés nouvelles
Entretiens avec les fondateurs
Fayard, 1988

Les Risques de la solidarité
(entretiens avec Bernard Holzer)
Fayard, 1989

Les Trois Sagesses
(entretiens avec Marie-Dominique Philippe)
Fayard, 1994

Toute personne est une histoire sacrée
(avec Jean Vanier)
Plon, 1995

Mémoire d'un croyant
(avec l'abbé Pierre)
Fayard, 1997 et Le Livre de poche, 1999

Entretiens sur la fin des temps
(avec J.-Cl. Carrière, J. Delumeau, U. Eco et S. J. Gould)
Fayard, 1998 et Pocket, 1999

Fraternité
(avec l'abbé Pierre)
Fayard, 1999

Sommes-nous seuls dans l'univers ?
*(entretiens avec J. Heidmann, A. Vidal-Madjar,
N. Prantzos et H. Reeves)*
Fayard, 2000 et Le Livre de poche, 2002

Le Moine et le Lama
*(entretiens avec Dom Robert Le Gall
et lama Jigmé Rinpoché)
Fayard, 2001
et Le Livre de poche, 2003*

Mal de Terre
*(avec Hubert Reeves)
Seuil, 2003 et « Points Sciences » n° 164, 2005*

L'Alliance oubliée
La Bible revisitée
*(avec Annick de Souzenelle)
Albin Michel, 2005*

Mon Dieu… Pourquoi ?
Petite méditation sur la foi chrétienne et le sens de la vie
*(avec l'abbé Pierre)
Plon, 2005*

Dieu
Entretiens avec Marie Drucker
R. Laffont, 2011

DIRECTION D'OUVRAGES ENCYCLOPÉDIQUES

Encyclopédie des religions
*2 volumes
(avec Ysé Tardan-Masquelier)
Bayard, 1997*

Le Livre des sagesses
L'aventure spirituelle de l'humanité
*(avec Ysé Tardan-Masquelier)
Bayard, 2002 et 2005 (poche)*

La Mort et l'Immortalité
Encyclopédie des croyances et des savoirs
*(avec Jean-Philippe de Tonnac)
Bayard, 2004*

NORMANDIE ROTO IMPRESSION S.A.S À LONRAI
DÉPÔT LÉGAL : FÉVRIER 2009. N° 97772-8 (132478)
Imprimé en France

Éditions Points

Le catalogue complet de nos collections est sur Le Cercle Points, ainsi que des interviews de vos auteurs préférés, des jeux-concours, des conseils de lecture, des extraits en avant-première…

www.lecerclepoints.com

Collection Points Essais

DERNIERS TITRES PARUS

630. Malaise dans la civilisation, *par Sigmund Freud*
631. Roland Barthes, *par Roland Barthes*
632. Mes démons, *par Edgar Morin*
633. Réussir sa mort, *par Fabrice Hadjadj*
634. Sociologie du changement
     par Philippe Bernoux
635. Mon père. Inventaire, *par Jean-Claude Grumberg*
636. Le Traité du sablier, *par Ernst Jüng*
637. Contre la barbarie, *par Klaus Mann*
638. Kant, *textes choisis et présentés*
     par Michaël Fœssel et Fabien Lamouche
639. Spinoza, *textes choisis et présentés par Frédéric Manzini*
640. Le Détour et l'Accès, *par François Jullien*
641. La Légitimité démocratique, *par Pierre Rosanvallon*
642. Tibet, *par Frédéric Lenoir*
643. Terre-Patrie, *par Edgar Morin*
644. Contre-prêches, *par Abdelwahab Meddeb*
645. L'Éros et la Loi, *par Stéphane Mosès*
646. Le Commencement d'un monde, *par Jean-Claude Guillebaud*
647. Les Stratégies absurdes, *par Maya Beauvallet*
648. Jésus sans Jésus, *par Gérard Mordillat et Jérôme Prieur*
649. Barthes, *textes choisis et présentés par Claude Coste*
650. Une société à la dérive, *par Cornelius Castoriadis*
651. Philosophes dans la tourmente, *par Élisabeth Roudinesco*
652. Où est passé l'avenir?, *par Marc Augé*
653. L'Autre Société, *par Jacques Généreux*
654. Petit Traité d'histoire des religions, *par Frédéric Lenoir*
655. La Profondeur des sexes, *par Fabrice Hadjadj*
656. Les Sources de la honte, *par Vincent de Gaulejac*

657. L'Avenir d'une illusion, *par Sigmund Freud,*
658. Un souvenir d'enfance de Léonard de Vinci
    par Sigmund Freud
659. Comprendre la géopolitique, *par Frédéric Encel*
660. Philosophie arabe
    textes choisis et présentés par Pauline Koetschet
661. Nouvelles Mythologies, *sous la direction de Jérôme Garcin*
662. L'Écran global, *par Gilles Lipovetsky et Jean Serroy*
663. De l'universel, *par François Jullien*
664. L'Âme insurgée, *par Armel Guerne*
665. La Raison dans l'histoire, *par Friedrich Hegel*
666. Hegel, *textes choisis et présentés par Olivier Tinland*
667. La Grande Conversion numérique, *par Milad Doueihi*
668. La Grande Régression, *par Jacques Généreux*
669. Faut-il pendre les architectes?, *par Philippe Trétiack*
670. Pour sauver la planète, sortez du capitalisme, *par Hervé Kempf*
671. Mon chemin, *par Edgar Morin*
672. Bardadrac, *par Gérard Genette*
673. Sur le rêve, *par Sigmund Freud*
674. Claude Lévi-Strauss et l'anthropologie structurale
    par Marcel Hénaff
675. L'Expérience totalitaire. La signature humaine 1
    par Tzvetan Todorov
676. Manuel de survie des dîners en ville
    par Sven Ortoli et Michel Eltchaninoff
677. Casanova, l'homme qui aimait vraiment les femmes
    par Lydia Flem
678. Journal de deuil, *par Roland Barthes*
679. La Sainte Ignorance, *par Olivier Roy*
680. La Construction de soi
    par Alexandre Jollien
681. Tableaux de famille, *par Bernard Lahire*
682. Tibet, une autre modernité
    par Jean-Pierre Barou et Sylvie Crossman
683. D'après Foucault
    par Philippe Artières et Mathieu Potte-Bonneville
684. Vivre seuls ensemble. La signature humaine 2
    par Tzvetan Todorov
685. L'Homme Moïse et la Religion monothéiste
    par Sigmund Freud
686. Trois Essais sur la théorie de la sexualité
    par Sigmund Freud
687. Pourquoi le christianisme fait scandale, *par Jean-Pierre Denis*
688. Dictionnaire des mots français d'origine arabe
    par Salah Guemriche